Sueños que guían

Manual de interpretación onírica

Karina Malpica

Sueños que guían

Manual de interpretación onírica

EDICIONES OBELISCO

Si este libro le ha interesado y desea que le mantengamos informado de
nuestras publicaciones, escríbanos indicándonos qué temas son de su interés
(Astrología, Autoayuda, Ciencias Ocultas, Artes Marciales, Naturismo,
Espiritualidad, Tradición…) y gustosamente le complaceremos.

Puede consultar nuestro catálogo en www.edicionesobelisco.com

Colección Espiritualidad, Metafísica y Vida interior
SUEÑOS QUE GUÍAN
Karina Malpica Valadez

1.ª edición: noviembre de 2010

Maquetación: *Natàlia Campillo*
Corrección: *M.ª Jesús Rodríguez*
Diseño de cubierta: *Enrique Iborra*
Sobre una ilustración de: *Fotolia*

© 2010, Karina Malpica Valadez
(Reservados todos los derechos)
© 2010, Ediciones Obelisco, S. L.
(Reservados los derechos para la presente edición)

Edita: Ediciones Obelisco, S. L.
Pere IV, 78 (Edif. Pedro IV) 3.ª planta, 5.ª puerta
08005 Barcelona - España
Tel. 93 309 85 25 - Fax 93 309 85 23
E-mail: info@edicionesobelisco.com

Paracas, 59 C1275AFA Buenos Aires - Argentina
Tel. (541-14) 305 06 33 - Fax: (541-14) 304 78 20

ISBN: 978-84-9777-691-2
Depósito Legal: B-37.328-2010

Printed in Spain

Impreso en España en los talleres gráficos de Romanyà/Valls, S. A.
Verdaguer, 1 - 08786 Capellades (Barcelona)

*Este libro no sería lo que es sin la paciente
guía de mi Consejo Asesor Onírico,
por eso está dedicado a ellos.*

*También está dedicado a ti
que sueñas para despertar...*

Presentación

«Un sueño es una manifestación de imágenes y a veces sonidos que muestran interrelaciones comunes y no comunes. Es un espejo que refleja algún aspecto de la vida o el inconsciente, un escenario para ensayar posibilidades de expresión externas, una ventana de oportunidad para el autoconocimiento.»

STEPHORN KAPLAN WILLIAMS

Manual para la interpretación de los sueños

¿Qué es un Consejo Asesor Onírico?

Hace unos días presencié un debate en la televisión acerca de los sueños. Participaron un psicólogo clínico, una psicoanalista junguiana, un sacerdote católico, un rabino judío, un periodista y un filósofo, además de los dos moderadores, quienes también tenían sus respectivas ideas sobre los sueños.

La primera pregunta para los invitados fue qué opinaban acerca de los diccionarios de sueños que predicen cosas estilo: «Soñar que se te caen los dientes significa que te vas a quedar sin trabajo».

La psicoanalista contestó que los diccionarios de ese tipo son un peligro porque las imágenes que aparecen en nuestros sueños tienen una interpretación muy personal en función de nuestras propias creencias.

El sacerdote dijo que la conciencia es la forma principal que tiene Dios para comunicarse con nosotros y que muy pocas veces utiliza la vía de los sueños pero, en tal caso, como dice la Biblia, hace falta un experto para interpretarlos. «Alguien que tenga carisma», dijo, y definió el carisma como un don de Dios. El rabino estuvo de acuerdo en la necesidad de un buen intérprete, igual que la psicoanalista.

Uno de los moderadores, quien se declaró agnóstico, interrumpió para expresar que le parecía absurdo que los sueños estuvieran codificados y que hiciera falta un experto para descifrarlos. Dijo que si Dios era Dios, por qué no expresaba las cosas con claridad para que los destinatarios de los sueños las comprendieran… Además, estaba preocupado con el tema del libre albedrío y preguntaba que si los sueños en realidad predicen cosas, hasta qué punto tenemos la capacidad de cambiar esas predicciones o estamos sujetos a un destino que no podemos cambiar.

El rabino respondió que hay cosas que pueden cambiarse mediante el ejercicio de nuestra libertad de elegir; pero hay cosas que ya no podemos cambiar porque son consecuencia de nuestras elecciones pasadas. Para ejemplificar dijo que el ataque a las torres gemelas de Nueva York no podía cambiarse, porque era una consecuencia de actos pasados; pero el atentado contra un líder israelí, sí. Además dijo que ambas cosas estaban codificadas en la Torá, pero la segunda contenía la palabra duda y la primera no.

Todos se rieron de él y dijeron que hasta en el directorio telefónico se pueden encontrar las claves o las comprobaciones que quieras una vez pasados los eventos porque todas esas supuestas predicciones son una búsqueda o manipulación *a posteriori*. Para burlarse más, uno de los presentes incluso añadió que en la Constitución de Estados Unidos alguien había decodificado el escándalo Clinton-Lewinsky usando un código numérico escogido al azar.

Cuando volvieron a darle la palabra, el rabino insistió en que había cosas que podían cambiarse y cosas que no. Dijo: «Yo puedo decidir si me tomo un veneno o no, ése es mi libre albedrío y hasta allí puedo cambiar las cosas; pero si ya me lo tomé, ya no puedo evitar que el veneno me mate. Ahí se acaba mi capacidad de cambiar las cosas». La moderadora, suspicaz, dijo que no era cierto, que todavía podía llamar a una ambulancia...

El rabino fue el más atacado porque acababa de publicar un libro que el presentador agnóstico había leído y cuyas tesis principales sometió a debate, como la idea de que los sueños pueden contener mensajes divinos.

En otro intento de defensa, el rabino contó la siguiente anécdota: Una señora judía cuya hija había muerto, para no sufrir tanto recordando la casa donde vivieron juntas, abandonó Israel y se fue a vivir a Francia con la intención de pasar allá el tiempo que le restaba de vida antes de que su cadáver regresara a Israel para ser enterrado en la tumba que ya había comprado junto a la de su hija. Estando en Francia soñó con su hija, quien le advirtió que alguien, por equivocación, había sido enterrado en la tumba reservada para ella. La mujer llamó a su abogado en Israel para que investigara si era cierto y resultó que sí, que por error habían enterrado a alguien en su tumba al lado de su hija. La historia salió en los periódicos de Israel y el rabino preguntaba a todos cómo pudo saber la mujer esa información, estando a kilómetros de distancia, ¿quién se comunicó con ella en sus sueños para advertirle del error?

El único que contestó fue el filósofo, diciendo que era fácil responder a eso porque sólo había dos opciones: que se trataba de una casualidad o de un montaje… Desde su perspectiva, los sueños no tienen significado ni mensaje, sólo son cosas que hace el cerebro antes de que una persona se despierte… Dijo que no puede concebir a un Dios que no tenga cosas más importantes que hacer que enviarnos sueños irrelevantes sobre tumbas. El psicólogo, convencido de que los sueños sólo se pueden estudiar desde el punto de vista fisiológico, aseguró que el debate había caído en el absurdo…

Absurdo o no, el tiempo del programa se agotó sin que los invitados llegaran a ninguna conclusión consensuada y el debate quedó cerrado con un chiste muy bueno del periodista: «Soñar no cuesta nada… hasta que se lo cuentas a un psicoanalista…».

Mientras miraba los créditos en la pantalla me pregunté qué habría pasado si yo hubiera sido una de las invitadas a ese infructífero debate en el que no se alcanzó ningún consenso. Seguramente habría intentado hacerles ver que todos y cada uno de ellos tenían razón al mismo tiempo, porque la experiencia onírica es demasiado vasta como para encuadrarla en una sola perspectiva.

Para mí es evidente que existen distintos tipos de sueños y, por lo tanto, su estudio ha de llevarse a cabo desde diferentes enfoques de forma simultánea. Considero necesario que se estudien desde el punto de vista fisiológico, como pretende la psicología clínica, para contar con información acerca de la interrelación entre la mente y el cuerpo; no obstante, creer en la ciencia no excluye creer en lo espiritual y, por consiguiente, en la posibilidad de que lo divino, como cada uno lo conciba, pueda comunicarse ocasionalmente con nosotros a través de los sueños, tal como aseguró el sacerdote católico.

Tampoco descarto, como explicaba el rabino, que las almas de algunas personas ya fallecidas se puedan comunicar con sus parientes que siguen vivos para transmitirles mensajes de consuelo o comunicarles cosas pendientes. Debido a mi propia experiencia y la de algunos alumnos que acuden a mis talleres de trabajo con sueños, sé que es posible entrar en contacto con inteligencias ajenas a nuestra individualidad durante las horas que pasamos dormidos.

A pesar de ello, creo que lo más común es que sea una parte misma del soñador la que trata de ponerse en contacto con la conciencia a través de los sueños y, en múltiples ocasiones, sólo intenta descargar emociones, deshacerse de información intrascendente o reciclarla de alguna forma. Por eso es obvio, tal como aseguraba el filósofo, que hay sueños que en verdad no significan absolutamente nada; sin embargo, eso no quiere decir que todos los sueños caigan necesariamente bajo esta categoría como si fuese la única existente.

Hay otros sueños que contienen mensajes importantes, no sólo para uno mismo, sino para otras personas. Lo sé porque yo misma recibo mensajes para la gente que acude a mis terapias y lo hago de forma tan regular, que para mí está muy claro que no se trata de casualidades. La mayoría de estos mensajes contienen alguna parte simbólica, por eso a veces me pregunto, como el conductor agnóstico, por qué rayos se envían cifrados y no se expresan de forma literal... Mientras encuentro una respuesta concluyente, cada vez que analizo un sueño busco lo que las imágenes oníricas significan para mí o para el soñador en cuestión porque creo, al igual que la psicoanalista, que los simbolismos pueden ser muy personales. No obstante, nunca descartaría la utilización de un buen diccionario de simbología porque también creo que existen patrones arquetípicos comunes a toda la experiencia humana.

En conclusión: existen muchos tipos de sueños, o mejor dicho, existen muchas clases de experiencias oníricas. En algunas estamos a solas, reciclando información o dialogando simbólicamente con distintas partes de nuestro inconsciente. Y en otras ocasiones podemos recibir visitas o información de inteligencias distintas a la nuestra, algunas de las cuales tienen importantes mensajes que desean transmitirnos. De hecho, estoy convencida de que todos disponemos de una especie de **Consejo Asesor Onírico**[1] con el cual podemos entrar en contacto mientras dormimos. Creo que una parte sabia de nosotros mismos preside este consejo. A esta parte sabia algunos le llaman el alma, otros el ser superior, otros la supraconciencia. A mí me gusta llamarla mi **sabiduría interior**. Y creo que los demás miembros de este consejo son almas o inteligencias que habitan en otras dimensiones no físicas a quienes concebimos, de acuerdo a nuestra particular idiosincrasia, como ángeles de la guarda, aliados, ancestros, espíritus de los sueños o maestros de sabiduría. A mí me gusta considerarlos como mis **guías**.

He llegado a sostener estas creencias debido a mi propio bagaje de vivencias, herencias, lecturas y sueños. Sin embargo, para aprovechar la información contenida en este libro, no es necesario que creas lo mismo que yo. Basta con que pruebes las técnicas que aquí se ofrecen para que puedas sacar provecho de los mensajes que contienen algunos de tus

---

1. Onírico significa que pertenece al mundo de los sueños, ya que Oneiros era el dios griego de los sueños.

sueños, independientemente de cuál consideres que sea la fuente de estos mensajes. Si te decides a explorar el camino onírico, probablemente llegarás a sacar tus propias conclusiones.

Cualquier persona que recuerde sus sueños de forma regular puede darse cuenta de que no todos son intrascendentes. Además de las mencionadas visitas de parientes recién fallecidos que mucha gente asegura haber recibido, estadísticamente, alrededor de un diez por ciento de la población reporta haber tenido, por lo menos alguna vez en su vida, algún sueño profético o premonitorio en el cual ha podido ver por adelantado sucesos que acontecieron posteriormente.[2]

También existen los famosos sueños lúcidos, en los que cobramos conciencia de estar soñando dentro de escenarios completamente ajenos al mundo físico. Y los llamados viajes astrales, en los que se tiene la sensación de que la conciencia flota sobre la habitación o el entorno donde el cuerpo físico se ha quedado dormido, de forma que se le puede observar desde afuera. Por si fuera poco, hay gente que asegura haber soñado los números de la lotería o que ha escapado de peligrosos accidentes gracias a oportunas advertencias oníricas…

Realmente está fuera del alcance de éste libro –y de cualquier otro– tratar a fondo todos los tipos de experiencias oníricas que pueden darse durante las horas del sueño humano. Para ello haría falta algo así como una «Enciclopedia de la Experiencia Onírica». Por eso, en estas páginas, reduciremos el tema a una sola clase de sueños: aquellos que contienen mensajes, normalmente cifrados, cuyo objetivo es guiar la conducta o las acciones del soñador.

Distinguir los sueños que contienen mensajes de los que no, y posteriormente llevar a cabo un análisis para poder llegar a descifrar los sueños que guían, requiere de un entrenamiento que nos provea de unas técnicas básicas y nos ayude a desarrollar nuestra intuición para saber cuándo conviene aplicar una determinada técnica y cuándo es mejor emplear otra. Por eso, según mi forma de ver las cosas, interpretar nuestros sueños es más un arte que una ciencia. Y al igual que ocurre con cualquier otra disciplina artística, es necesario dedicarle un mínimo de tiempo al trabajo con tus sueños.

---

2. Ryback, David y Letitia Sweitzar: *Vea el futuro en los sueños*, Martínez Roca, Madrid, 1994. Por cierto, curiosamente, los autores señalan que las mujeres tienen 8 de cada 10 sueños proféticos.

Al principio basta con 5 minutos antes de dormir a fin de autoprogramarte para recordar el contenido de tus sueños y otros 10 minutos al despertar para escribirlos o grabarlos. Si puedes dedicar 15 minutos al día durante esta **primera fase** de tu entrenamiento, podrás mejorar de forma rápida y sustancial el recuerdo de tus sueños. En el momento en que consigas recordar al menos uno o dos sueños por semana, podrás avanzar a la **segunda fase**, que consiste en sentarte a revisar e interpretar el contenido de uno solo de esos sueños, el que tú elijas, aplicando alguna de las técnicas que se explicarán en este libro, lo cual te llevará cerca de media hora una vez por semana. Cuando hayas hecho esto durante al menos un mes, podrás pasar a la **tercera fase**, que consiste en hacer un análisis retrospectivo mensual, que puede ocuparte una tarde al mes. Seis meses después de seguir esta disciplina, habrás adquirido todas las herramientas básicas para pasar a la **cuarta fase**, en la cual tú decides qué hacer con tus sueños: cuáles te conviene analizar y cuáles no, con qué técnicas, con qué frecuencia, etcétera.

Durante el resto de tu vida seguirás soñando y seguirás recibiendo mensajes en tus sueños. La inversión de estos seis meses de disciplina te otorgará autonomía y libertad para que, en adelante, puedas practicar el arte de la interpretación onírica a tu propio ritmo y conveniencia. El objetivo final de todo este entrenamiento consiste en que seas capaz de aplicar en tu vida diurna el conocimiento que obtengas durante tus experiencias oníricas y viceversa, lo cual te permitirá acelerar tu evolución personal y facilitará nuestra evolución colectiva. Por eso te animo a que te lances cuanto antes a esta aventura. En cualquier caso, te doy la más cordial bienvenida al divertido camino de la transformación por medio de las claves que te aportarán tus sueños.

Recibe un abrazo y mucha paz,
de parte mía y de tu Consejo Asesor Onírico.

PRIMERA TAREA:

ELIGE TUS HORARIOS DE TRABAJO ONÍRICO

Piensa en las actividades que realizas cada día, cada semana y cada mes. Consulta tu agenda, tu horario de clases o lo que sea necesario para que tengas un claro esquema de cómo empleas tu tiempo. Después reorganízalo de tal forma que puedas disponer de quince minutos diarios para consignar tus sueños, una hora a la semana para trabajar con uno de ellos y una tarde al mes para poder realizar un análisis comparativo de los sueños que hayas tenido durante ese periodo o algún otro trabajo onírico más profundo con alguno de ellos. Conozco gente que prefiere trabajar con horarios fijos. Por decir algo: todos los jueves de 6 a 7 de la tarde y el último jueves del mes de 6 a 10. Son personas que pueden respetar esa cita puntualmente porque sus actividades diarias son bastante regulares y ellos son disciplinados. Hay otras personas que tienen horarios más flexibles o que se mueven más por impulsos y prefieren ocupar cualquier hora que tengan libre en cualquier momento de la semana y lo mismo hacen con su tarde mensual. Yo soy más de ese estilo… Usualmente doy clases los fines de semana y el resto de los días no tengo horarios fijos, así es que me dedico a mis sueños cuando coincide que tengo tiempo y ganas; no obstante, el día de la luna llena, sea cual sea, procuro siempre dedicarlo a *mi tarde lunar con los sueños* y en esto soy bastante disciplinada… Elige lo que más se adapte a tu personalidad y a tus circunstancias, pero defínelo con claridad antes de comenzar.

Capítulo 1

«El templo de Esculapio (en griego Asclepius) se erigió en su origen como un lugar de gran energía sanadora donde una persona enferma podía acudir, dormir y tener un sueño intrínsecamente curativo. El rito se fue transformando a lo largo del tiempo y los encargados del templo, o *therapeutes*, empezaron a hacer de intérpretes de las instrucciones sanadoras ocultas en el simbolismo del sueño. Fue entonces cuando a los sueños se les atribuyó una fuerza curativa menor, y pasaron a ser mensajes crípticos que debían ser interpretados por los terapeutas, los cuales analizaban de un modo adecuado estos comunicados de los dioses con el propósito de determinar el curso correcto. La palabra "terapeuta" tiene pues algo más que un origen etimológico griego.»

RICHARD YENSEN
Hacia una medicina psiquedélica

¿Qué son los sueños?

Llamamos sueños a las imágenes o escenas asociadas a distintas sensaciones y sentimientos que recordamos al despertar, pero ¿exactamente qué son? Nadie lo sabe con certeza. Hay muchísimas definiciones e hipótesis probables. Sin embargo, sean lo que sean, esos recuerdos oníricos tienen cierto grado de influencia en nuestra vida y, en ocasiones, afectan considerablemente nuestro ánimo. Lo sé porque me dedico a investigar los estados no ordinarios de conciencia y mantengo en internet un sitio web[3] con información sobre drogas, plantas sagradas, chamanismo, espiritualidad contemporánea y sueños, por lo que a menudo me escriben personas realmente angustiadas intentando que les aclare si es cierto que su madre va a morir porque así lo vieron en un sueño... si soñar con un entierro es malo, si en verdad una relación va a terminar mal porque su pareja rompió un jarrón de flores en una escena onírica... y cantidad de cosas por el estilo.

He tenido que redactar una respuesta genérica explicando a las personas que cada soñador es un mundo y cada sueño un enigma y, por lo tanto, no hay ecuaciones simbólicas que se apliquen a todos por igual. Si tienes un historial previo de sueños premonitorios y sueñas que tu madre se morirá pronto, es probable que así ocurra y que se te esté dando esta información para que te prepares, te despidas y le ayudes a irse en paz; pero, si no sueles tener sueños de este tipo, es más adecuado considerar la imagen onírica de tu madre como la representación de una tendencia de tu inconsciente que simboliza algo que ella te transmitió y esa tendencia es la que está a punto de morir. ¿Esto es malo o es bueno? Depende de la tendencia que represente... Por ejemplo, si

---

3. www.mind-surf.net

sueñas que entierras a un profesor que te criticaba, estás deshaciéndote de una tendencia autocrítica y es apropiado; pero si lo que asocias a la persona muerta es algo positivo, quizá estás dejando que muera en ti algo valioso.

Por otra parte, si tu pareja rompe un jarrón de flores en tu sueño y recientemente ha hecho algo que de alguna forma te haya herido o te haya roto el corazón, es más probable que el sueño esté expresando simbólicamente esos sentimientos de tu pasado inmediato. Si no es así, puede verse como una alerta que tendría que interpretarse en el contexto de tu vida al momento de soñarlo.

En cualquier caso, la única persona que tiene la última palabra sobre el significado de un sueño es el soñador mismo. Los terapeutas o asesores oníricos sólo podemos ofrecer nuestra ayuda para que el soñador explore su propio mundo interior y descubra el sentido único de sus particulares simbolismos. Por eso mi objetivo al escribir este libro consiste justamente en acompañarte durante tu propia búsqueda compartiendo contigo los aprendizajes, las técnicas y las experiencias de las que dispongo.

Los sueños siempre me han fascinado y han ocupado gran parte de mis pensamientos diurnos. Cuando era niña me intrigaba mucho pensar antes de dormirme que todo lo que sucedería en mis sueños, al abrir los ojos por la mañana, desaparecería por completo. A veces me proponía volver a los mismos escenarios de la noche anterior cuando me habían gustado, pero no recuerdo haberlo conseguido nunca a voluntad. Sin embargo, algún otro día, fortuitamente volvía a encontrarme allí de nuevo y me parecía fantástico. Me preguntaba si habría alguna forma de acceder a un determinado escenario cuando yo quisiera o si todos los escenarios posibles estaban contenidos dentro de una especie de enorme carrusel giratorio y tendría que pasar algún tiempo antes de volver a tener acceso a ellos.

A esa edad no tenía un pensamiento tan sistemático como para formular algún experimento que me permitiera averiguarlo, así es que recurrí a mi abuela María, la persona más ilustrada de mi mundo infantil. Tenía la fama de leer un libro diario, no sólo de derecho penal, que era su profesión, sino de cualquier otro tema… así es que seguro que ella habría leído alguno sobre los sueños y podría decirme cómo regresar a mis escenarios nocturnos favoritos. Y sí, seguro que había leído algún libro de Freud o de Jung porque me dijo que no había escenarios fijos, ni personajes fijos, que todo lo que cada uno soñaba era parte de sí mismo, de su propia mente, y que yo tenía una gran imaginación, por eso soñaba cosas tan maravillosas y tan distintas cada día.

Puesto que no me atreví a desconfiar de mi abuela, trasladé todas mis dudas hacia mí misma. Nunca me sentí a la altura de esa afirmación de que todo lo que yo soñaba era parte de mí misma. ¿Quién era yo? ¿Cómo era posible que yo tuviera más creatividad y más recursos que todos los que hacían las películas de Disney? ¿Por qué los personajes que aparecían en mis sueños no sabían que eran parte de mí y actuaban en contra de mi voluntad? ¿Por qué a veces algunos incluso me atacaban? ¿Acaso había algo mal en mí? Supongo que al no encontrar respuestas satisfactorias, poco a poco dejé de preocuparme por los sueños. Al menos hasta los quince años.

El primer sueño que tengo consignado es de esa época:

«Nuevo principio»
Una ola gigante nos persigue. Estamos en una ciudad de construcciones altas y todos corremos por una calle estrecha. Al girar la cabeza veo que la enorme ola ya cubrió todos los edificios y es evidente que no hay escapatoria. Me da pánico porque creo que todos moriremos ahogados. Empiezo a sentir el agua en mi piel, siento cómo me va cubriendo. Sigo caminando y me doy cuenta de que no estoy muerta, pienso que puedo respirar bajo el agua y digo: «Éste es un nuevo principio».

Luego estoy en una zona donde hay armas y naves bajo el agua. Después observo desde el aire una isla pequeña con luz verde y veo que hay un hombre bailando la danza del venado, lleva el traje típico con astas de ciervo en la cabeza, un taparrabo y sonajeros en las manos. Al mirarlo bien me doy cuenta de que es el chico que conocí el otro día...

Nunca he podido olvidar las imágenes de este sueño, pero no recuerdo con exactitud qué es lo que sentí además del pánico que anoté. Aún no sabía que lo más importante al consignar un sueño es apuntar todos los sentimientos que experimentamos ya que la base de todo análisis onírico descansa en la reacción emocional que nos producen las imágenes, los escenarios y los personajes de nuestros sueños. No sé si me tranquilicé después de comprobar que seguía viva bajo el agua, quizá sentí alegría, tal vez me dieron miedo las armas y seguramente habré experimentado algo especial al ver a quien posteriormente sería mi primera pareja bailando aquella danza mexicana de origen prehispánico que presencié tiempo antes en algún festival cultural.

Después de anotar aquel sueño recuerdo estar en clase de etimología escribiendo en la pizarra «Éste es un nuevo principio». El profesor tradujo mi frase al latín y yo escribí *«Hoc est novum principium»* en la portada de mi carpeta. Durante un tiempo al ver aquella frase me pregunté, ¿un nuevo principio de qué? Y seguro que cada día tuve respuestas distintas ya que, como cualquier adolescente, en aquella época viví muchas cosas por primera vez y mi sueño fue un anuncio del impacto que me causaría todo aquello.

Alguna parte dentro de mí escogió unas bellas, extrañas, arquetípicas y disparatadas imágenes para expresar con su propio lenguaje simbólico los sentimientos que yo estaba empezando a experimentar en aquella época: la ola gigante me provocó el mismo pánico que me producían todos los rápidos cambios de mi condición de niña a mujer. Ese pánico se pasaría pronto y yo me adaptaría a la situación, igual que pude respirar debajo del agua cuando la ola me cubrió por completo. No obstante, habría cosas que continuarían haciéndome sentir temor, como las armas; y que me darían libertad, como las naves. Cosas que me llevarían a alturas insospechadas, como el descubrimiento de la sexualidad con aquel que aparecía en una isla vestido con las astas del ciervo en celo, lo cual representa el primer amor que me mantuvo absorta y a(isla)da durante un buen tiempo… Así es que, a fin de cuentas, mi abuela tenía razón, ya que cada cosa que había en ese fantástico sueño era una representación de mi vida en aquellos momentos.

Claro que no hice este análisis después de haber soñado eso, ya que en aquellos días no tenía elementos para hacerlo y, simplemente, me concentré por completo en vivir lo que sus imágenes presagiaban. El análisis vino tiempo después, cuando leí por primera vez un *Manual para la interpretación de los sueños*,[4] escrito por Kaplan, uno de los seguidores de las teorías de Jung.

Aunque las distintas técnicas de análisis presentadas en aquel manual confirmaban lo que mi abuela me había dicho, yo seguía teniendo muchas dudas: ¿Qué o quién dentro de mí sabía por adelantado lo que yo apenas estaba comenzando a vivir? ¿Quién o qué escogió esas imágenes y no otras para manifestar en mi sueño ese resumen emocional anticipado? ¿Quién o qué quiso enviarme el mensaje de que me

---

4. Kaplan, W. S.: *Manual para la interpretación de los sueños*, Edaf, Madrid, 1989.

encontraba a las puertas de «un nuevo principio»? ¿Para qué? ¿De qué sirvió en ese momento que yo tuviera ese sueño? ¿Qué hubiera pasado si yo hubiese tenido la capacidad de comprender ese mensaje en aquella época en vez de haberme limitado a escribirlo? ¿Qué hubiera pasado si no hubiera recordado nunca este sueño al igual que tantos otros que nunca recordé?

A partir de realizar ese tardío análisis comencé a anotar todos mis sueños y, poco a poco, fui leyendo todos los libros que iba encontrando sobre el tema, lo cual en determinados momentos me confundía porque había interpretaciones muy distintas acerca de la naturaleza de las representaciones oníricas. Y todas me parecían válidas ya que cada una presentaba argumentos y ejemplos convincentes para respaldar sus puntos de vista…

Después de leer a Kaplan quise comenzar por el principio y volví a leer las teorías de Freud, el fundador del psicoanálisis, una doctrina pionera en el estudio de los sueños que los utiliza como herramientas de diagnóstico terapéutico. Hoy en día, además del psicoanálisis, sólo la Gestalt y la psicología transpersonal continúan con el estudio de los sueños. El resto de las corrientes psicológicas los han descartado, básicamente porque la Asociación Americana de Psicología (APA), que es quien dicta y exporta las normas de la psicología científica contemporánea, ha excluido a estas tres corrientes de sus filas por considerar que no tienen suficientes criterios de cientificidad, al aceptar postulados «indemostrables» tales como la existencia del alma humana.[5]

Ya que la traducción más aproximada del término griego *psique* significa alma, la etimología de *psicología* significa precisamente «estudio del alma».[6] Y como hecho curioso, se puede añadir que la palabra *terapeuta* está directamente asociada con la interpretación onírica que se practicaba en el templo griego de Asclepio. En un principio las personas acudían allí a pasar la noche para tener un sueño que les ofreciera respuestas a sus dudas. Entonces se consideraba que el sueño en sí ya era curativo. Más adelante, al sentir la necesidad de conocer el significado de los sueños que se presentaban en forma simbólica fue cuando surgió la figura de los *therapeutes* como intérpretes auxiliares.

5. Leahey, T.H.: *Historia de la psicología*, Pretince Hall, Madrid, 2005.

6. Coromines, J.: *Breve diccionario etimológico de la lengua castellana*, Gredos, Barcelona, 1998.

Muchos años después de que la tradición onírica griega pasara a la historia, Freud comenzó sus estudios sobre los sueños con la firme idea de estar haciendo ciencia. Poco después, al ampliar ese estudio, su discípulo Jung se encontró con la existencia verificada de ciertos sueños en los que se ponen de manifiesto fenómenos desconocidos tales como la precognición o la telepatía, y consideró deber de todo científico que se precie de serlo estudiar este tipo de casos más a fondo hasta develar sus causas. Con toda su lúcida mentalidad científica aseguró: «Naturalmente, jamás afirmaré que las leyes que los rigen son "sobrenaturales", sino sólo que son inaccesibles a nuestro saber balbuciente».[7] Y la misma idea continuamos compartiendo los terapeutas que practicamos hoy en día las corrientes transpersonal, Gestalt y psicoanalítica.

Para comprender los paulatinos avances de la investigación onírica contemporánea es importante situarla en su contexto histórico. Después de un largo periodo en el que los sueños pasaron de ser revelaciones divinas a ser supersticiones medievales, las teorías freudianas fueron las primeras formulaciones que se hicieron en Occidente al respecto. Y desde su óptica pionera, los sueños consistían en «la realización encubierta de un deseo reprimido».[8]

En la época victoriana de represión sexual, época en que fue concebida esta teoría, había una epidemia de mujeres «histéricas» a las que se trataba con remedios absurdos que iban desde baños helados hasta descargas eléctricas. Freud encontró que muchas de estas pacientes y sus respectivas parejas practicaban la abstinencia sexual y experimentaban una gran culpabilidad asociada a los temas sexuales. Eso nos ayuda a comprender por qué Freud llegó a asegurar que «el sujeto libera sus deseos a través de los símbolos del sueño», y redujo todos esos símbolos al limitado rango de alusiones sexuales que observaba en la mayoría de las personas que acudían a psicoanalizarse con él.

Freud postuló la teoría de que mientras dormimos las barreras que representan la autocensura están más relajadas y permiten el surgimiento de los deseos inconscientes. Pero esta censura no está desconectada del todo, por lo que tampoco permite actuar libremente y en su totalidad a la energía instintiva que él denominaba *libido* y tomó como la única fuente de los sueños.

---

7. Jung, C. G.: *Energética psíquica y esencia del sueño*, Paidós, Barcelona 1982.

8. Jacob A. Arlow: *The legacy of Sigmund Freud*, International University Press, Boston, 1984.

Como había muchas otras personas que no manifestaban esta problemática y tenían sueños distintos, era de esperar que incluso sus más allegados discípulos comenzaran a cuestionar este reduccionismo de la vida onírica a la satisfacción encubierta de deseos o instintos sexuales reprimidos. Jung, el más destacado de ellos, definió el sueño como una «autorrepresentación espontánea de la situación actual de lo inconsciente expresada en forma simbólica».[9]

En sus memorias comenta que todos los problemas que le concernían personal o científicamente habían estado acompañados o precedidos de sueños significativos. Por eso llegó a la conclusión de que los sueños pueden manifestar deseos de la libido, pero también pueden contener el valor de una idea positiva conductora que resulte útil al soñador. Desde su perspectiva, este tipo de sueños proceden de «los más íntimos y secretos espacios del alma».[10]

Después de Jung el interés por el estudio de los sueños como herramienta de diagnóstico y las técnicas que él ofreció para analizarlos han seguido evolucionando y desarrollándose hasta nuestros días. Él es el predecesor directo de varias corrientes y enfoques contemporáneos que trabajan no sólo con los sueños, sino con muchos otros interesantes postulados junguianos como son los arquetipos, el inconsciente colectivo, la teoría de los tipos psicológicos, la integración interna de lo masculino y lo femenino, la imaginación activa y el proceso de individuación como propósito de la evolución personal del ser humano.

A continuación, voy a enumerar brevemente los paradigmas que considero más sobresalientes para el trabajo con sueños desde la perspectiva transpersonal y psicoanalítica actual.

Paradigmas psicoanalíticos y transpersonales

1. Los diferentes estratos de la psique
Si comparásemos la psique humana con un iceberg, podría decirse que la pequeña parte que flota sobre el mar es el **consciente** (o la *conciencia*) y comprende los procesos mentales con los que nos identificamos cotidianamente cuando estamos despiertos. Toda la masa

---

9. Jung, Carl G.: *op. cit.*

10. Jaffé, Aniela: *C. G. Jung: Memories, dreams, reflections*, Vintage Books, New York, 1989.

que se encuentra hundida bajo el mar, que al empezar el trabajo psicoanalítico siempre es comparativamente mayor que la parte superficial, es el **inconsciente** *(o el subconsciente)* y podría compararse con un sótano donde se almacenan todas nuestras experiencias en forma de sentimientos, impresiones e información sensorial. Aquí hay distintas fuerzas o tendencias que obedecen a impulsos contradictorios, que muchas veces se oponen a los deseos de la parte consciente y son los responsables de boicotear la salud emocional y los esfuerzos de la persona. Es por ello que la primera etapa del psicoanálisis consiste en hacer consciente lo inconsciente.

Durante los sueños también podemos tener acceso a información que no forma parte de nuestra historia como individuos, sino que pertenece al colectivo humano (se especula que la memoria de todo el linaje que precede a una persona desde los inicios de la humanidad podría estar almacenada en alguna parte de su código genético). Este banco de información es conocido como el **inconsciente colectivo** de la humanidad. A esto se debe, por ejemplo, que diferentes culturas humanas geográficamente aisladas compartan los mismos símbolos, cosmologías o arquetipos. Y por eso algunas imágenes que aparecen en nuestros sueños, pueden ser descifradas a través del estudio comparativo de la simbología. Personas como Bert Hellinger, que han continuado estudiando este inconsciente colectivo después de Jung, aseguran que está subdividido en función de los grupos a los que pertenecemos, comenzando por nuestra familia de origen (padres, hermanos, abuelos, tíos) y la familia propia (pareja e hijos), nuestro grupo étnico, raza o nación, las sociedades, organizaciones, empresas o clubes a los que pertenecemos, etcétera. Cada uno de los cuales tiene un alma o un inconsciente sistémico cuyos problemas afectan a todos los miembros que componen ese grupo, incluso sin que haya información consciente al respecto. Lo cual es el fundamento de la terapia sistémica llamada *Constelaciones* (familiares y organizacionales).

Los terapeutas transpersonales incluimos, además, una cuarta subdivisión, llamada el **supraconsciente** *(o la conciencia expandida)*, que es la fuente de la cual brotan las ideas geniales, los *insights* (comprensiones instantáneas) y el conocimiento directo e instantáneo que fundamenta la intuición. Por eso nuestra prioridad consiste en poner a la persona en contacto con esta fuente interna de sabiduría. A diferencia del inconsciente colectivo, la supraconciencia es una forma de ver las cosas que continúa siendo individual, sin embargo, es mucho más penetrante que la conciencia ordinaria de vigilia y nos presenta una visión expandida.

En condiciones ordinarias sólo tenemos acceso a los procesos que tienen lugar en el consciente, sin embargo, durante los sueños y otros estados modificados de conciencia (provocados por la fiebre, por la ingestión de ciertos alcaloides o plantas capaces de alterar el sistema nervioso central, por una profunda relajación, meditación o estado de trance), podemos tener acceso a lo que se encuentra en nuestro inconsciente individual y colectivo así como en nuestro supraconsciente.

2. Los personajes oníricos

Todos los **personajes** que aparecen dentro de nuestros sueños representan las diversas **tendencias** existentes en nuestra propia psique. Cuanto más familiares nos resultan los personajes, significa que dichas tendencias están más cercanas a nuestro consciente. Y cuanto más desconocidos nos parezcan, esto indica que se encuentran más soterradas en nuestro inconsciente (personal o colectivo) o forman parte del supraconsciente. Por ejemplo, si en tus sueños aparece un hermano con el cual mantienes una estrecha y buena relación, lo que ese hermano realice durante tu sueño representa una tendencia cercana a tu conciencia que apoya los proyectos o ideas que tienes conscientemente. En cambio, si sueñas con una antigua amistad de la cual te alejaste porque traicionó tu confianza, lo que haga este personaje en tus sueños representa una parte de tu inconsciente que, de alguna forma, no está de acuerdo con lo que estás haciendo o pensando hacer, lo cual tu psique puede percibir como una traición, por eso escoge presentarte la imagen del amigo o la amiga traidora para advertírtelo. Por otra parte, si sueñas que recibes un buen consejo de un desconocido o de un personaje famoso al que admiras, aunque no lo conozcas en persona, estás entrando en contacto con una parte de tu supraconsciente. Y si sueñas con algún personaje arquetípico (el anciano sabio, el tramposo, el héroe, la doncella, etc.) es probable que estés entrando en contacto con el inconsciente colectivo.

3. Lo femenino y lo masculino

Todo ser humano, ya sea hombre o mujer, tiene un aspecto femenino, llamado **ánima**, y otro aspecto masculino, llamado **ánimus**, que han de llegar a conciliarse dentro de la psique. Ello es parte del proceso de individuación o proceso evolutivo que nos permite conquistar el equilibrio interno y alcanzar la verdadera madurez.

Dentro de nuestros sueños, las actuaciones de los personajes masculinos y femeninos diagnostican el estado de armonía o desarmonía entre ambas partes de nuestra psique en un momento dado. Por ejemplo, si durante una temporada los personajes violentos dentro de tus sueños son hombres, el diagnóstico sería que tu parte masculina está sojuzgando a tu parte femenina. En el particular contexto de la vida del soñador, quizá, esto podría significar que está sometiendo sus sentimientos a la fuerza de la razón, lo cual resulta contraproducente, ya que los sentimientos reprimidos se convierten en la clase de fuerzas o tendencias inconscientes que suelen boicotear el bienestar o las intenciones conscientes.

4. Las imágenes como sustituto de emociones

Las **imágenes** que aparecen en nuestros sueños, ya sean simbólicas o literales, sustituyen o expresan las **emociones o ideas** que asociamos a ellas. Por ejemplo, si sueñas con un doctor y durante tu infancia un doctor te operó y sufriste mucho, tu asociación con doctor será la de algo que provoca dolor antes de sanar; aunque para otra persona pueda representar simplemente sanación… Otro ejemplo: si la casa de tus abuelos representa para ti seguridad, cada vez que sueñas con ella, significa que estás buscando seguridad frente a los acontecimientos que suceden en tu vida en esos momentos. En cambio, para otra persona a la que sus ocupados padres solían dejar en casa de sus abuelos, podría representar abandono, y soñaría con ella en momentos de su vida en que volviera a sentirse abandonado por alguien.

Debido a que las vinculaciones entre imágenes y emociones pueden llegar a ser muy diferentes entre una persona y otra, normalmente se recurre al clásico método freudiano de la libre asociación de ideas para descubrir el simbolismo de los sueños de cada persona. Este método consiste en que el analista le pregunta al soñador qué es lo primero que le viene a la mente cuando menciona cada una de las imágenes principales del sueño con el que estén trabajando.

5. El mecanismo de resistencia

En nuestra psique existe un mecanismo de defensa que nos impide entrar o profundizar en las experiencias que más nos duelen. Dentro de la teoría psicoanalítica recibe el nombre de **resistencia**. Se trata del mismo mecanismo reflejo que nos lleva a cerrar una mano herida para resguardarla de sufrir un daño mayor si seguimos exponiéndola al contacto. Aunque lo oportuno sería más bien limpiarla y desinfectarla para que sane cuanto antes, si queremos hacerlo, tendremos que ir en contra del mecanismo reflejo de autoprotección y abrir voluntariamente la mano herida, soportando el dolor que nos provoque el proceso de higienización. Del mismo modo, al trabajar con nuestros sueños podemos toparnos con alguna resistencia que puede manifestarse como una distracción, un cansancio súbito, deseos de dormir, dolor de cabeza o cualquier otro síntoma físico.

Lo que tienen en común estas manifestaciones es el propósito de escapar por cualquier medio de lo que estemos haciendo. Por eso es importante estar alerta, percatarnos del momento justo en que aparece algún tipo de resistencia y encontrar la manera de vencerla poniendo en práctica nuestra paciencia y perseverancia. En ocasiones, es bueno esforzarse un poco y continuar con el análisis y a veces es más recomendable posponerlo para algún otro momento en que contemos con ayuda o con más fuerza o elementos para enfrentarlo.

Concepciones chamánicas y esotéricas acerca de los sueños

Después de un tiempo de haber trabajado con esos útiles paradigmas, me percaté de que también tenía experiencias oníricas que no cabían dentro de estas teorías. A raíz de un par de sueños significativos que pusieron de manifiesto la limitación de mis conocimientos oníricos, comencé a leer algunos libros de antropología y chamanismo que abordaban el tema de los sueños y más tarde empecé también a leer libros de metafísica y espiritualidad contemporánea o «nueva era».

De entrada, descubrí con sorpresa que había muchas culturas alrededor del mundo donde el oficio de «intérprete de sueños» era bastante común. Me enteré de que los egipcios pensaban que los sueños eran recuerdos de los viajes del alma durante el descanso del cuerpo físico y practicaban el sueño lúcido. Y de que hay millones de personas en la India que también creen en la idea de los viajes del alma fuera del cuerpo, ya que sus más antiguos textos sagrados afirman que, debido a estos viajes del alma, los niños pueden soñar con impresiones de sus vidas pasadas y los ancianos con imágenes de sus próximas encarnaciones.

Los chinos también creían que el alma podía separarse del cuerpo durante el sueño y viajar a otros mundos, en los cuales era posible comunicarse con los que ya habían partido, y después regresar al cuerpo con recuerdos del encuentro, por eso a los altos oficiales chinos se les instaba a buscar guía divina en los sueños a fin de tomar mejores decisiones y realizar juicios con sabiduría.

Entre los huicholes de México y muchos otros pueblos indígenas de América, aún se cree que un dios o un antepasado puede enviar un mensaje a una persona sensible, como un marak'ame (chamán), e inclusive a un grupo de personas, cuando lo considera necesario.

Sin embargo, lo que más me sorprendió fueron las concepciones oníricas de los iroqueses de América del Norte y los senois de Malasia. Me quedé fascinada al ver cómo estos pueblos «primitivos» se adelantaron varios siglos a los principales postulados del psicoanálisis y de la Gestalt.

Ambas culturas creen que dentro de las caóticas imágenes de los sueños se esconde un significado y hay que ir más allá de la apariencia para captar el verdadero mensaje, ya que éste contiene las claves de lo que va mal en la vida del soñador: la enfermedad física, los problemas mentales, los conflictos interpersonales e incluso la mala suerte. Por consiguiente, el sueño es la clave de la terapia (en el capítulo 9 comentaré más al respecto).

Otra cosa que me llamó mucho la atención es la creencia indígena en la existencia de otros mundos que sólo pueden visitarse en un estado onírico. Idea compartida de forma unánime por todos los autores esotéricos, ocultistas, metafísicos y «nueva era».

Al igual que la teoría de las supercuerdas dentro de la física cuántica, los teósofos y los cabalistas, por ejemplo, postulan la existencia de otras dimensiones sin cuyo aporte energético no existiría la nuestra. C. W. Leadbeater realizó una investigación entre los miembros de la sociedad teosófica que habían explorado a través de la meditación y el sueño lúcido esas distintas dimensiones y realizó una cartografía que contiene siete planos o mundos, subdivididos a su vez en siete subplanos.[11]

Los teósofos aseguran que el mundo que vemos con nuestros ojos físicos es sólo uno de ellos. Creen que cuando dormimos, abandonamos el «vehículo físico» y trasladamos nuestra conciencia a otro «vehículo más sutil» en el cual viajamos por lo regular al mundo o «plano astral», donde se desarrollan la mayoría de los sueños de los que habla Freud, o sea, aquellos en los que la libido se dedica a satisfacer sus deseos. Y dicen

---

11. Leadbeater, C. W.: *El plano astral y el plano mental*, Ed. Kier, Argentina, 1984.

que sólo ocasionalmente llegamos a alcanzar el «plano mental», donde tendrían lugar los sueños del alma de los que habla Jung, por medio de los cuales recibimos información y conocimientos que podemos utilizar en nuestra vida cotidiana.

Entre los metafísicos que leí también está Lobsang Rampa, quien define los sueños como «una racionalización de los acontecimientos que ocurren en el mundo astral»,[12] los cuales nunca recordamos tal cual debido a «un conflicto entre las voluntades del cuerpo astral que querría que recordáramos con claridad al despertarnos y el cuerpo físico que no puede permitirlo». A eso se debe, desde su óptica, que nuestros sueños contengan con frecuencia «imágenes asombrosamente deformadas de cosas que realmente no podrían suceder».

Por su parte, los miembros de Eckankar, una curiosa religión organizada en torno al fenómeno onírico, aseguran que los sueños no son viajes del alma, ni tampoco ilusiones, sino que son «experiencias interiores» que tienen lugar en «mundos más elevados», a los que llaman dimensiones espirituales. En su cartografía hay doce planos que ellos consideran «los doce pasos hacia el Reino Secreto de Dios».[13] Y creen que «estas experiencias interiores son tan importantes para obtener sabiduría, conocimiento y comprensión como lo es cualquier experiencia aquí en la tierra».[14]

Algo similar asumen los autores nueva era, la mayoría de los cuales afirman recibir información de inteligencias que habitan esos otros planos, a través de la facultad que antiguamente se llamaba «mediumnidad» y actualmente se conoce como «canalización». Todos ellos se refieren al ser humano como un ser multidimensional que en esta época de su evolución está comenzando a vivir de forma consciente su propia existencia paralela en otros planos y comienza a contactar de manera más directa con sus guías personales, que antiguamente se consideraban como ángeles de la guarda o espíritus protectores.

Aseguran que antes de establecer este contacto en la vida diurna, las personas que ya están preparadas reciben una especie de entrenamiento inconsciente en los planos oníricos para que, poco a poco, vayan abriéndose a la idea y abandonando sus miedos y prejuicios. Conforme van re-

---

12. Rampa, Lobsang: *Usted y la eternidad,* Troquel, Buenos Aires, 1964.

13. Twitchell, Paul: *The Spiritual Notebook,* Eckankar, Minneapolis, 1971.

14. Klemp, Harold: *The Art of Spiritual Dreaming,* Eckankar, Minneapolis, 1999.

cibiendo instrucciones e información que comprueba su existencia, pueden validar sus experiencias y sentir más confianza, tanto en sí mismas, como en la existencia y en la buena voluntad de sus guías.

Geoffrey Hoppe canaliza a una entidad no física que se hace llamar Tobías, como el personaje bíblico, que se supone fue una de sus encarnaciones. Este ser asegura que los sueños son un método para mantener el equilibrio entre la energía humana y la energía espiritual, ya que los humanos no podemos sostenernos todo el tiempo en la tierra, sin poder volar libremente de regreso a los reinos no físicos de los cuales procede nuestra esencia espiritual. Así es que vamos a muchos y muy diferentes lugares, por eso hay muchos tipos diferentes de sueños. Asegura que gran parte de las personas literalmente permanecen muy cerca de su cuerpo físico cuando duermen, mientras que otras viajan a otras dimensiones.

Desde su perspectiva muchas veces vamos a «la tierra de los potenciales», donde escogemos cosas importantes de nuestra vida como miedos, relaciones, preocupaciones acerca de nuestro cuerpo, de nuestras ataduras emocionales, o de nuestros seres queridos y ensayamos diferentes potencialidades, para ver cómo se sienten. A veces las traemos a la realidad física y a veces las dejamos en esos paisajes oníricos. Dice que éstos son los sueños de tipo más común que tienen la mayor parte de las personas, tratando de resolver temas terrestres mientras duermen. En otras palabras, «no van demasiado lejos».

Sin embargo los que él llama *Shahumbra,* un término con el cual se refiere a las antiguas almas encarnadas, van un poco más allá y colaboran con el equilibrio energético de la Tierra. Ayudan a otros humanos, que también están en estado de sueño, a resolver dificultades y retos de sus vidas. «Ellos son esencialmente maestros y consejeros en el estado de sueño.» Y asegura que otros pocos van incluso más lejos:

> Viajan a reinos que por naturaleza no son físicos, hechos de energía, que la mente simplemente no entiende. Muchos regresan a los consejos y trabajan con nosotros en temas energéticos. Algunos regresan simplemente para descansar o rejuvenecer. Algunos vienen para enseñar a los ángeles que nunca han estado en forma física cosas acerca de cómo es vivir en la Tierra. [15]

---

15. Este fragmento lo traduje de una grabación de la voz de Geoffrey Hoppe canalizando públicamente a Tobías en Reno, Nevada, el 26 de agosto de 2005.

Se supone que éstos son los sueños más difíciles de comprender porque cuando las personas regresan su energía a sus cuerpos físicos en la Tierra, sus mentes no tienen forma de entender lo que hicieron y despiertan con lo que parece una errática confusión de símbolos, entonces, simplemente los consideran basura y los descartan, «lo cual no importa mucho porque lo que han hecho de nuestro lado continúa siendo relevante».

Según Tobías, el reto consiste en que se está creando un vínculo entre la existencia física y la existencia no física de los humanos porque ha llegado el tiempo de no mantenerlas separadas, como cosas diferentes, desconectadas y sin comunicación. «Ha llegado la hora de percibirlas como la verdadera continuidad de la existencia que son.»

Para concluir, quiero citar una última reflexión de Tobías que él considera destinada a las viejas almas que suelen tener de vez en cuando sueños inexplicables:

> Hay otro tipo de sueños que estás teniendo tú en particular, Shaumbra. Estos sueños se relacionan con tiempos anteriores a tu venida a la Tierra, antes de que ocuparas ningún cuerpo. Son sueños de lo que llamamos el periodo de La Guerra de las Galaxias. Sueños de los tiempos en que estabas en las familias angélicas y se crearon los universos físicos y al mismo tiempo muchas batallas. Muchos grupos trataban de robar energía a los otros. Algunas veces esos aspectos de tu pasado encontrarán la manera de entrar en tu realidad, especialmente en tus sueños, queriendo saber qué está pasando, queriendo evaluarte porque tienen, ¿cómo decirlo?... una agenda muy específica, una poderosa razón para averiguar dónde estás, así es que se meten en tus sueños y entonces tienes recuerdos de tu familia espiritual, tienes recuerdos de algunas de las guerras que tuvieron lugar y generalmente tampoco recordarás estos sueños literalmente. Éstos también serán símbolos que se enlazan en una trama o una historia que a veces no tiene sentido y te preguntas qué está pasando. Sin embargo estos sueños traerán de regreso fuertes sentimientos. Quizá el anhelo de tu verdadera familia, a veces un sentimiento de vacío, o muchas veces, al despertar por la mañana después de mucho soñar, estás enojado o alterado y realmente no sabes por qué. Tratas de recordar el sueño y no te parece lógico que te causara esos sentimientos, pero lo que estás haciendo es tener vistazos, estás recordando cosas que pasaron mucho antes de que vinieras a la Tierra. [16]

16. Ídem.

Con base en estos puntos de vista, a continuación, presentaré un resumen de los paradigmas que considero más sobresalientes de estos enfoques.

Paradigmas metafísicos de los sueños

1. Los sueños son viajes

Las experiencias oníricas son *viajes del alma* hacia otros mundos, dimensiones o planos de existencia que realiza nuestra conciencia mientras el cuerpo físico descansa. Por lo tanto, son una parte tan importante de la experiencia humana como lo es la vida en estado de vigilia, ya que esos mundos son tan reales o, en todo caso, tan irreales como el plano físico.

2. Existen diferentes regiones o mundos oníricos

Hay más de un mundo invisible a los ojos humanos. O en todo caso, hay varias *regiones distintas* que difieren drásticamente las unas de las otras. Hay mundos enteramente creados por el soñador que son producto de su propia mente y sólo reflejan sus creencias y expectativas. Pero también hay otros mundos independientes del soñador, con los que éste puede interactuar cuando viaja de forma consciente, o cobra conciencia durante el viaje de que se halla en alguna «realidad no ordinaria».

3. Hay regiones oníricas que son nuestro propio reflejo

Los planos creados por la mente del soñador están habitados por *seres oníricos* que creamos como representaciones de nuestras experiencias internas y externas. Algunos de estos seres pueden estar en conflicto entre sí o con el soñador mismo, ocasionando problemas en su vida, por lo que es necesario buscar la forma de armonizarlos. En este sentido, la *interpretación,* la práctica del *sueño lúcido* y en ocasiones la *representación* de los sueños durante el estado de vigilia son herramientas que tienen una utilidad terapéutica muy valiosa.

4. Hay regiones oníricas habitadas por otros seres

Los planos o mundos cuya existencia no depende del soñador están habitados por diversos *seres inteligentes*, que tampoco forman parte de nuestra conciencia individual. Hay una gran diversidad de habitantes con tan distintas apariencias, propósitos, ocupaciones, ideas y tendencias como sucede en el plano material. E incluso más. No obstante, se les divide en tres clases: los seres negativos (parásitos astrales, habitantes del submundo, entidades negativas, etc.); los seres duales o ambiguos (ancestros, apus, devas, duendes, etc.); y los seres positivos (seres de luz, guías, maestros de sabiduría, ángeles, etc.) Estas tres clases de seres inteligentes habitan en planos distintos cuya vibración es progresivamente más sutil y elevada. Y tienen distintas intenciones con respecto a los soñadores que ocasionalmente llegan a sus respectivos planos mientras sus cuerpos físicos descansan. Se supone que las entidades negativas son hostiles y tratan de asustarlos o de aprovecharse de ellos; que los seres duales pueden ser bien intencionados o no, dependiendo de su propia evolución individual y de las circunstancias; y que los seres más elevados siempre intentan transmitirles amor e información útil para su vida personal o para la vida de su comunidad.

5. Es posible viajar a voluntad por las regiones oníricas

Esto puede ocurrir de forma inconsciente o consciente. Lo más normal es tener un *viaje inconsciente*. Si el soñador se queda dormido inmediatamente después de una cena copiosa, de haber tenido un altercado con alguien o de haber visto una película violenta, este tipo de cosas anclan la conciencia en los planos inferiores y, por lo tanto, su conciencia no se elevará más allá de los planos llamados astrales. En cambio, si el soñador medita antes de dormirse, practica oraciones o logra pacificarse de alguna otra forma, su conciencia se elevará a los planos superiores teniendo experiencias oníricas distintas. Lo mismo ocurre cuando voluntariamente solicita recibir algún tipo de orientación durante sus sueños. Entonces recibirá la instrucción o el consejo requerido, ya sea que lo recuerde o no.

En el segundo caso, si lo que se pretende hacer es un *viaje consciente*, el soñador debe entrenarse para lograrlo practicando técnicas que potencien el sueño lúcido o el viaje astral. Esto permite trabajar en forma directa sobre la mente del propio soñador, armonizando a los seres oníricos que él mismo ha producido, o visitar a otros seres inteligentes con quienes el soñador puede interactuar para pedirles consejo o simplemente para pasar un rato agradable.

Cuanto más continuaba adentrándome en estas cuestiones, más dudas tenía: ¿Los sueños se producen en la mente o en verdad acontecen en otras dimensiones? ¿Tienen que interpretarse o tienen que vivirse con mayor conciencia para recordarlos sin transformarlos en imágenes confusas o simbólicas? ¿En verdad existen los guías? ¿Realmente es posible contactar con ellos en los sueños? ¿A quién creer? ¿Qué postura escoger? ¿Es necesario escoger una sola postura?

El sabio Jung siempre dijo que sus teorías sobre los sueños no eran las únicas válidas porque el fenómeno onírico era tan extremadamente amplio que no podría ser abarcado por una sola teoría. Así es que, para explorar yo misma este fenómeno y llegar a mis propias conclusiones, decidí emprender mi propia investigación acerca de la naturaleza y utilidad de los sueños.

Con este fin llevé a cabo lo que en psicología se conoce como un *estudio de caso único longitudinal*, o sea, se estudia a un solo sujeto a lo largo de diferentes momentos en el tiempo; lo cual hice utilizando como objeto de estudio mis propios sueños consignados a lo largo de seis años.

Además de anotarlos y clasificarlos conforme a mis propias categorías funcionales, trabajé con varios de ellos utilizando técnicas de análisis desarrolladas por diferentes autores. También llevé a cabo algunas variaciones de las mismas, inventé mis propias formas de encontrar significados ocultos, recibí otras técnicas dentro de mis propios sueños y ensayé diversos ejercicios para experimentar lo que se conoce como sueños lúcidos y viajes astrales. Aunque algunas de estas prácticas no me aportaron gran cosa, otras las encontré fascinantes y otras más resultaron ser sumamente útiles para diagnosticar el origen de ciertos bloqueos, para obtener ideas creativas, para sanar y resolver un montón de problemas cotidianos.

A medida que fui profundizando en el conocimiento de mis propios sueños, empecé a transmitir lo que iba descubriendo. Comencé organizando cursos en los que compartía información sobre los parámetros psicoanalíticos con pequeños grupos a quienes guiaba una vez por semana en la aplicación de las técnicas de análisis onírico. Poco después, conforme fui ampliando mis perspectivas sobre el mundo onírico realmente fui entrando en contacto, dentro de mis sueños, con inteligencias distintas a la mía a quienes pude distinguir claramente como tales mediante diversas comprobaciones. Algunos de estos seres inteligentes efectivamente se presentaron como mis guías y mientras duermo han ido transmitiéndome información para mi crecimiento individual, para mi trabajo con otras personas y posteriormente también para redactar este libro.

En la actualidad ya no doy cursos semanales con pequeños grupos cerrados, sino talleres abiertos de fin de semana en los que he incorporado tanto los parámetros psicoanalíticos y transpersonales, como los metafísicos y chamánicos, junto con la información que yo misma he ido recibiendo de mis guías. A estos talleres acuden todo tipo de personas interesadas en sacar provecho de sus propios sueños.

Aunque principalmente los organizo en México y en España, en ocasiones he tenido la oportunidad de trabajar también en Francia, Suiza, Alemania, Perú y Argentina. Gracias a esto, además de estudiar mis propios sueños, he tenido la maravillosa oportunidad de escuchar y colaborar en el análisis de cientos de sueños de numerosas personas de diferentes edades, culturas, profesiones y creencias.

Al recapitular sobre todas estas experiencias, finalmente he comprendido que Sigmund Freud no estaba equivocado cuando decía que en los sueños podemos escenificar deseos reprimidos; Carl Jung tenía razón porque a través de los sueños podemos recibir mensajes del alma; W. Leadbeater también estaba en lo cierto porque en nuestros sueños podemos visitar espacios que no difieren mucho de aquellos en los que habitamos cuando estamos despiertos; y además creo que, en verdad, podemos recibir mensajes de nuestros guías a través de nuestros sueños porque me ha ocurrido a mí y a otras personas que conozco.

Todos hablamos de nuestras respectivas experiencias, las cuales no se excluyen mutuamente si consideramos que existen distintas clases de sueños o experiencias oníricas. Algunas son relevantes y otras son totalmente intrascendentes.

Pocas personas suelen tener experiencias de una sola clase, la mayoría tenemos de varios tipos distintos a lo largo de nuestra vida onírica. De esto tratará el siguiente capítulo de este libro. Por ahora basta con decir que podemos desperdiciar nuestra vida diurna siendo desdichados, haciendo daño a otras personas y quedándonos estancados en nuestra propia miseria, o podemos aprovecharla para ser felices, para ayudar a otros y para evolucionar. ¡Y con nuestra vida onírica pasa exactamente lo mismo! Los sueños pueden servirnos para escenificar nuestros conflictivos deseos experimentando cosas negativas, como dolor, miedo y frustraciones, o pueden servirnos para adquirir conocimientos, resolver nuestros problemas y para experimentar sensaciones positivas como amor, paz, diversión y descanso.

Tanto en nuestra vida diurna como en nuestra vida nocturna tenemos la oportunidad de decidir lo que queremos experimentar. Desafortunadamente creo que hay muchas personas que recuerdan sueños importantes y no saben cómo interpretarlos porque los abordan de forma literal y no simbólica, lo cual en ocasiones incluso les provoca temor. No les encuentran ningún sentido y los esfuerzos de su propio inconsciente o de otras fuentes de los sueños se desperdician cotidianamente sin llegar a ser comprendidos.

Espero que con la información que contiene este libro se desperdicien menos sueños y sea más la gente que pueda sacar provecho de los mensajes cifrados en sus imágenes oníricas.

SEGUNDA TAREA:

RECUERDA TUS SUEÑOS TRASCENDENTES

Intenta recordar los sueños que más te han impactado a lo largo de tu vida y escríbelos. Trata de buscar algún vínculo entre esas experiencias oníricas y lo que estabas viviendo en aquellos momentos de tu vida. Quizá encuentres algo interesante que no hayas advertido antes.

Al analizar los recuerdos oníricos de varias personas distintas, Jung constató que el alma produce sueños excepcionales que tienen lugar antes de cada cambio vital, especialmente en periodos críticos de la niñez, la pubertad, la madurez y muy cerca ya de la muerte.

En particular le gustaba mucho analizar los primeros sueños que sus pacientes habían tenido durante la infancia, ya que creía entrever en ellos la simiente de todo el plan que el alma quería desplegar en el desarrollo de su vida.

Capítulo 2

«Los sueños se desarrollan en un continuo a partir de la verdad totalmente literal o totalmente simbólica. La mayor parte se sitúa en algún lugar intermedio, donde el significado psíquico y el simbólico no sólo pueden encontrarse sino superponerse... Toda la base para la interpretación del sueño es que una imagen es un sustituto de otra emocionalmente similar... Cada sueño formula una pregunta profundamente significativa, responde esa pregunta y a menudo continúa sugiriendo al soñador cómo resolver el dilema expresado en el sueño.»

DAVID RYBACK
Vea el futuro en los sueños

¿Cómo recordar
mejor tus sueños?

Hay gente que necesita pocas horas de sueño para sentirse descansada y hay quién necesita más. Pero, independientemente de las horas que dormimos, parece haber un patrón que se repite en todos los humanos. De acuerdo a los más recientes estudios sobre los sueños, el organismo atraviesa por tres fases distintas a lo largo del tiempo que cada uno dedica a dormir. Los investigadores han medido varios factores como la frecuencia de las ondas cerebrales, las constantes vitales del organismo y lo que las personas recuerdan al ser despertadas en medio de cada fase. Gracias a esta información han descubierto que entre la vigilia y el sueño hay un breve periodo que se conoce como estado **hipnagógico** (H); y el resto de la noche se intercalan periodos de sueño ligero, llamados **sueño de ondas largas** (SOL), con periodos de sueño profundo caracterizado por un **movimiento ocular rápido** (MOR).

En el estado H, el cuerpo se queda inmóvil y se presentan movimientos oculares lentos debajo de los párpados cerrados. Las personas que se despiertan en esta fase explican que han tenido ensoñaciones cortas, muy vívidas, en las que se perciben imágenes coloridas y con mucho detalle que se suceden unas a otras con mucha rapidez. Este periodo dura ente 1 y 7 minutos como máximo. A esta fase también se le llama ensueño.

En los periodos SOL, el soñador permanece tranquilo, se mueve poco y sólo presenta la actividad cerebral necesaria para el mantenimiento de las funciones vitales. Si se les despierta en esta fase, las personas suelen explicar que no recuerdan nada o que recuerdan imágenes realistas, con pensamientos y experiencias similares a las de la vida diurna.

En los periodos MOR el soñador realiza algunos movimientos físicos involuntarios, sus ondas cerebrales presentan una elevada actividad y bajo los párpados cerrados se advierten movimientos oculares rápidos.

Cuando se despierta a las personas en medio de una de estas fases la mayoría pueden recordar lo que comúnmente se conoce como sueños. Éstos son imágenes propiamente oníricas, o sea, aquellas en las que pueden suceder cosas que resultan imposibles en la dimensión material. También pueden aparecer escenarios y personajes que no conocemos o que actualmente ya no existen o que ya no son de la manera en que aparecen en nuestros sueños. Para los fines del trabajo de interpretación onírica, es importante despertar en las fases MOR recordando la mayor cantidad de secuencias oníricas que podamos.

Estadísticamente se calcula que el sueño MOR ocupa una cuarta parte del tiempo que pasamos dormidos y el estado SOL tres cuartas partes. Se ha confirmado que ambos estados van intercalándose durante todo el periodo de sueño. El primer estado MOR se presenta alrededor de 90 a 100 minutos después de comenzar a dormir y dura entre 5 y 10 minutos. De 90 a 100 minutos más tarde se da otro periodo MOR ligeramente más largo y así sucesivamente; de tal forma que el último periodo MOR puede llegar a durar hasta unos 30 minutos. Cuando nos despertamos de forma natural, la última fase siempre suele ser una fase MOR. O sea que, al menos en teoría, el último sueño antes de despertar sería el más largo de todos y el más fácil de recordar.

Es probable que quienes despiertan sin retener ninguna imagen en la memoria despierten en una fase SOL y no en una MOR debido a sus particulares hábitos de sueño. Si consideras que éste puede ser tu caso, intenta cambiar tus horarios de sueño. Pon tu despertador físico o biológico un poco antes o un poco después. Calcula el tiempo que dura cada periodo, de manera que logres despertarte dentro del transcurso de una fase MOR.

A todas las personas, ya sea que recuerden sus sueños o no, les conviene expresar su intención de recordarlos antes de dormir. Si quieres, puedes escribir tu intención en una pizarra imaginaria antes de entrar en la fase hipnagógica. O puedes repetir una frase varias veces mientras te duermes; algo así como: «Mañana voy a recordar mis sueños con gran facilidad». En caso de que tengas un despertador estridente que te altere o te despierte con brusquedad, cámbialo por uno que haga sonar música suave. O duérmete más temprano para que puedas levantarte de forma natural a la hora que más te convenga.

Hay personas que cuando despiertan necesitan permanecer completamente inmóviles para poder capturar sus recuerdos oníricos. Hay otras que los captan mejor si se giran al lado contrario y permanecen en la cama el tiempo necesario. Y hay otras que nunca recuerdan sus sueños por la mañana, sino súbitamente durante el día. Lo ideal es que encuentres tu propio sistema. Ensaya diferentes cosas hasta encontrar lo que mejor funcione para ti de acuerdo a tus particulares horarios y costumbres.

Una buena forma de medir tu progreso consiste en contar el número de sueños que eres capaz de recordar cada semana y tratar de aumentar poco a poco esa cantidad. Se trata de un entrenamiento gradual en el que, mediante la práctica constante e ininterrumpida, poco a poco vas ensanchando tus límites de partida.

Antes de comenzar mi propio entrenamiento, cada semana recordaba alguna imagen o escena, pero como no encontraba ninguna utilidad al hecho de recordarlas, no me esforzaba lo más mínimo y sólo se me quedaba grabado algún sueño completo de forma ocasional, en caso de que me hubiera impactado por algún motivo. Cuando decidí comenzar a llevar un *Diario de Sueños* los primeros días sólo podía recordar fragmentos de sueños y tenía que permanecer inmóvil para poder capturarlos. Pero, poco a poco, fue resultando más fácil y comencé a recordar con mayor frecuencia sueños completos y con más detalles. Cada año tenía que comprar cuadernos más voluminosos porque llegó un momento en el que fui capaz de recordar seis o siete veces a la semana mi último sueño de la mañana. Y había ocasiones en que también recordaba el sueño anterior completo. Además los retenía con todo lujo de detalles. ¡Incluso a veces despertaba en medio de la noche y también recordaba el sueño que había tenido en ese último periodo!

Cuando llegué a este punto pensé que mi entusiasmo se había desbordado y que si estuviera entrenando para un maratón deportivo, ya habría sobrepasado mi meta... Así que decidí relajarme. De esta forma constaté que los recursos de nuestra psique son impresionantes cuando se trata de construir nuevos hábitos y convertirlos en actividades automáticas. Cuando le enseñé a mi mente lo que quería conseguir, que era recordar mis sueños, me esforcé durante un tiempo hasta que ella lo captó y comenzó a hacerlo de manera natural y de forma cada vez más eficiente. Como un deportista novato que se propone correr 100 metros en X tiempo y comienza esforzándose hasta que llega a un nivel en el que, ya sin ningún esfuerzo, esa marca se convierte en su tiempo mínimo normal.

Para que puedas comenzar a trabajar con tus sueños no necesitas invertir mucho tiempo ni mucha energía. Como ya mencioné en la presentación, basta con que dediques 5 minutos antes de dormir a fin de autoprogramarte para recordar tus sueños y luego otros 10 minutos al despertar para que puedas recordarlos y consignarlos. Todos los alumnos de mis cursos han podido mejorar de forma rápida y sustancial el recuerdo de sus sueños con este sistema. La mayoría de ellos tienen poco tiempo y horarios laborales estrictos. De hecho, hay algunas personas que sólo pueden consignar sus sueños una o dos veces por semana, en sus días libres. Y aun así han obtenido excelentes resultados. Sus mentes se programan para recordar únicamente los fines de semana y se organizan bastante bien. Así es que realmente no importa cómo lo hagas, lo que cuenta es que consigas una buena materia prima con la cual trabajar. En este caso nuestra materia prima son los sueños bien recordados y bien consignados, lo cual se puede conseguir observando las pautas que se comentan a continuación.

Consejos para consignar los sueños

Es indispensable que mantengas junto a tu cama un cuaderno y un bolígrafo para que anotes todo lo que recuerdas en cuanto sales de los mundos oníricos. También conviene tener una lámpara, por si acaso te despiertas a media noche con un vivo recuerdo.

La mayoría de los sueños se desvanecen de la mente del soñador a los diez o quince minutos después de haber despertado. Y para la mayoría de personas el nivel de recuerdos es inversamente proporcional al tiempo que pasan sin anotarlos. Si te levantas al baño, puedes perder hasta el 20%. Si a continuación te lavas los dientes, quizá llegues a perder hasta el 50%. Y a menos que se trate de un sueño excepcional, después del desayuno es probable que ya no te acuerdes de nada. Por eso es muy importante que escribas todo lo que se te venga a la mente en cuanto despiertes, no importa si es sólo un fragmento o una sola imagen. A menudo, mientras escribimos suelen llegar otras cosas que en un principio no recordábamos. En cualquier caso describe todo con detalle. Y procura hacerlo rápidamente, sin tratar de organizar las secuencias o recordar el sueño completo. Al terminar puedes ordenarlo mediante corchetes numerados que revelen la verdadera secuencia en caso de que lo hayas escrito en un orden distinto.

También es crucial que consignes tus sentimientos y actitudes y no sólo los hechos escuetos. Es muy trascendente que delante de la imagen de un asesino con una escopeta de gran calibre tú te hayas mantenido ecuánime o hayas sentido pavor. El significado de un sueño puede cambiar completamente por un detalle así. Y si no lo consignas al momento, puede ser que ya no lo recuerdes cuando estés haciendo la interpretación.

Escribe todos tus sueños completos, ¡incluyendo los peores! Como dijo Jung: «No somos seres buenos. Somos seres totales».[17] Y los sueños revelan esa totalidad. No te censures ni un ápice, porque a menudo lo que más evitamos es aquello a lo que más necesitamos enfrentarnos. Para que puedas tener esta libertad absoluta es importante que nadie tenga acceso al contenido de la libreta donde los apuntas, a menos que tú lo permitas expresamente.

Si crees que tu intimidad pueda estar comprometida, esconde tu cuaderno, compra uno de esos que tienen candados integrados, habla con las personas que te rodean o haz cualquier otra cosa que te deje con el pleno convencimiento de que nadie va a vulnerar tu intimidad y, por lo tanto, puedes explayarte sin ningún tipo de autocensura escribiendo todo lo que en realidad soñaste.

El *Diario de Sueños*

Elige un cuaderno que te agrade y dedícalo únicamente a cumplir la función de ser tu *Diario de Sueños*. Puedes forrarlo de una forma especial para dotarlo con la energía de tu propósito. Después comienza a anotar cada mañana todos tus recuerdos en cuanto te despiertes. Procura incluir los siguientes datos:

Fecha:
Aunque normalmente soñamos entre un día y otro, es más sencillo escribir la fecha del día en que despiertas. Puedes dejarlo para el final.

Título:
Debe resumir el contenido del sueño para que te sea fácil recordarlo. Escógelo después de haber escrito todo lo que recuerdes.

---

17. Jaffé, Aniela: *C. G. Jung: Memories, dreams, reflections*, Vintage Books, New York, 1989.

Relato del sueño:
Consigna el sueño observando los consejos ya mencionados.

Comentarios:
Describe en este apartado las sensaciones o anécdotas que consideres necesarias para aumentar tu comprensión posterior del sueño. Por ejemplo, si te despertaste tosiendo, con miedo o con algún dolor; si el día anterior ocurrió algo relevante que pueda tener relación con lo que acabas de soñar, etc. Todas estas cosas son pistas importantes que pueden ser la clave para descubrir el verdadero mensaje del sueño.

Clasificación:
En caso de que tu sueño coincida con una o más categorías de clasificación de las que se explicarán en el próximo capítulo, puedes anotarlas, aunque esto no es indispensable. Si quieres puedes poner sólo una palabra sobre el tema o alguna clave tuya para distinguir si quieres trabajar con ellos en el futuro o no.

Si prefieres estructurar tu *Diario de Sueños* de otra manera que te resulte más funcional, no dudes en hacerlo. Sólo asegúrate de encontrar un cuaderno adecuado y comienza a escribir. Año tras año se adquiere una mejor idea de lo que cada uno necesita y se pueden realizar las modificaciones pertinentes.

Mi primer diario lo fabriqué yo misma. Con un programa de dibujo hice una portada y una contraportada con delfines; corté un paquete de hojas azul índigo por la mitad para ponerlas en medio y luego llevé todo a un sitio especializado donde plastificaron la portada y le pusieron una espiral. Las hojas azules fueron una muy mala idea porque me resultaba difícil leer en ellas. Además, me faltaron páginas para los sueños del mes de diciembre...

Al año siguiente me compré un cuaderno de dibujo muy grande, con muchas páginas color amarillo claro. Para la portada dibujé con acuarela una espiral que simbolizaba mi intención de descender hacia el inconsciente.

El problema con ésta fue que al despertar aún adormilada e intentar escribir en la cama, resultaba muy poco manejable porque era demasiado grande. Además, nunca sabía si tenía que continuar escribiendo hacia un sentido o hacia el otro y terminó siendo un poco fastidiosa.

Por eso para el tercer año elegí una libreta de formato más pequeño, gruesa y con las hojas blancas. También la forré con una acuarela de imágenes simbólicas. Ésta funcionó mucho mejor porque su tamaño era justo el más adecuado. Así que al siguiente año me compré otra muy parecida aunque con más páginas.

En esa época comencé a practicar el sueño lúcido y quise que la portada expresara esa intención a través de un collage de recortes de revistas, ya que pretendía impactar mi inconsciente para provocarlos cada vez de manera más frecuente. Aquella libreta me gustó más que todas las anteriores y al fin sentí que había encontrado la más adecuada para mí por su tamaño y por el número de páginas.

Seguramente me habría quedado con este formato de libretas, de no haber sido por la genial idea que recibí al practicar uno de los ejercicios del libro *Sueños lúcidos en 30 días*[18] que consiste en incubar un sueño creativo que te ayude a despertar con una nueva idea o un concepto innovador que puedas aplicar en tu ámbito laboral para mejorarlo.

El método sugiere en poner cerca de tu cama algún objeto que tenga que ver con tu trabajo. Luego, justo antes de acostarte, tienes que escribir en tu cuaderno alguna frase que exprese tu inquietud y debes decirte a ti mismo que esa noche

---

18. Harare, Keith y Pamela Weintraub: *Lucid Dreamings in 30 days,* San Martin's Grifin, New York, 1999. (Existe una traducción que es difícil conseguir: *Sueños lúcidos en 30 días,* Edaf, Madrid.)

tendrás un sueño relevante y lo recordarás justo al despertar. La primera noche que lo hice, puse junto a mi cama una copia de los manuales que usaba en mis talleres de sueños y escribí en mi cuaderno: «Quiero recibir una idea buena y redituable para mi trabajo». Entonces tuve este extraño sueño:

> «*Arthur Miller*»
> *Estoy sentada en una terraza con el dramaturgo Arthur Miller y con el director de cine Alfred Hitchcock. Aunque no conozco sus obras, estoy encantada de estar con ellos e invito a cenar a mi casa a Miller. Siento que entre ambos hay un amor muy grande, como de padre a hija. Hablamos un buen rato pero no recuerdo la conversación. Sólo esta última frase antes de despertar: «La actividad principal necesitas hacerla tú en estado mental».*

Los personajes de un dramaturgo y un director de cine me parecieron los más cercanos en mi repertorio de imágenes mentales para hacer referencia al trabajo de un creador o tejedor de sueños. Por eso me quedé perturbada al no recordar, porque tuve la impresión de haber sostenido un diálogo importante con Miller. Afortunadamente, tiempo después aquella última frase cobró sentido mediante esta otra experiencia onírica:

> «*Diarios de Sueños*»
> *Voy caminando por una calle de Calella (un pueblo marítimo de la provincia de Barcelona donde estuve viviendo hace tiempo). De pronto me topo de frente con el dueño de la librería La llopa. Él me pregunta si ya están listos sus Diarios de Sueños. Me toma por sorpresa, pero rápidamente se me ocurre que les puedo poner algunas citas sobre sueños y estructurarlos con el calendario de las 13 lunas y pienso decirle que se los llevaré muy pronto. En eso me despierto.*

A partir de esta gran idea, comencé a diseñar un diario elaborado de forma artesanal para venderlo.

El proceso de desarrollar la idea hasta ver realmente mis *Diarios de Sueños* en la estantería de una librería local requirió mucho tiempo y esfuerzo. Fue entonces cuando comprendí lo que quiso decirme «Arthur Miller» con eso de que la actividad principal tendría que hacerla yo «en estado mental».

Desde entonces he hecho varios modelos distintos y siempre uso alguno de ellos para anotar mis propios sueños, lo cual me ha permitido ir probándolos e incorporándoles las mejoras que se me van ocurriendo año tras año.

La portada de la primera edición tenía un diseño de una figura circular impresa en una cartulina color marrón con una cubierta de plástico translúcido para protegerla. Hice cinco modelos distintos de mandalas, pero cada diario era una pieza única porque coloreé de forma diferente las portadas de los 30 ejemplares.

El interior estaba hecho con papel reciclado y tenía 13 divisiones con citas sobre los sueños y distintos diseños de mandalas para que el dueño los coloreara durante cada plenilunio, ya que cuando estaba diseñando el diario con las ideas del sueño, me llegó la inspiración de hacer una meditación durante la luna llena, pintar entonces el mandala y revisar los sueños escritos durante ese periodo para trabajar con alguno.

Entre las mejoras que he ido incorporando, ahora las páginas interiores contienen campos para anotar datos que facilitan la interpretación del sueño: fecha, título, clasificación y comentarios.

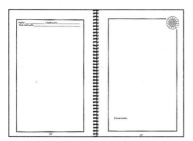

En realidad, el proceso de lograr colocarlos en alguna tienda fue lo que más trabajo me costó porque no tenía ninguna experiencia en ventas. Recibí varias frustrantes negativas antes de poder colocar unos pocos ejemplares en algunas librerías. Pero cuando los vi en los escaparates estuve contenta de haber desarrollado mi perseverancia. El resto los vendí a través de internet en mi propia librería virtual… [19]

Por fortuna cada año ha ido aumentando la demanda de mis *Diarios de Sueños*, de tal suerte que ya no puedo fabricarlos de manera artesanal y ahora se encarga de hacerlos una empresa editorial.

Es un trabajo muy creativo y muy divertido. Estoy muy agradecida con la idea y la información

19. Si te interesa adquirir uno puedes pedirlo en: www.mind-surf/libreria33

que se me ofreció en ambos sueños ya que, según me han comentado por correo electrónico, ha sido muy útil para las diferentes personas que lo han comprado.

He comentado todos estos detalles para ejemplificar cómo un sueño incubado puede facilitar nuestro desarrollo laboral otorgando al mismo tiempo una excelente idea que, incluso, puede llegar a ser comercial si uno se compromete con ella. Esto significa que después de recibirla, el resto depende del soñador a quien corresponde hacer todo lo que se requiera hacer durante el estado diurno hasta llegar a materializar esa idea en el mundo tridimensional.

Es un hecho conocido que Thomas Alva Edison solía dormir en un sillón de su laboratorio experimental para poner inmediatamente en práctica las ideas que recibía en sus sueños. Kekulé, descubridor del anillo bencénico, también se inspiró en un sueño y su descubrimiento fue crucial para la química orgánica. La máquina de coser, la bicicleta, la estructura del ADN y muchos otros descubrimientos e inventos constituyen casos documentados de inspiraciones oníricas… Así es que, uno de estos días ¡anímate a incubar un sueño creativo!

Para terminar con este tema de los diarios de sueños, me parece importante comentar que hay personas que prefieren utilizar una agenda electrónica para escribir sus experiencias oníricas. Incluso he tenido alumnos a los que no les gusta escribir y han optado por grabar sus recuerdos al despertar. A todos ellos también les ha ido muy bien utilizar estos sistemas de registro. Sólo tienen que asegurarse de tener cargadas las baterías y observar las mismas pautas para consignar bien sus sueños. Prueba qué es lo que te funciona mejor. En el momento en que consigas recordar al menos uno o dos sueños por semana, ya tendrás material suficiente para aplicar las técnicas que se explican más adelante.

Ah… una última recomendación, especialmente dedicada a los perfeccionistas: Permítete fallar. No pasa nada si no recuerdas tus sueños. Si ves que no puedes, olvídate del asunto por un tiempo. La ansiedad impide el logro de nuestros objetivos. Así es que tómate las cosas con calma, no te las tomes en serio. El arte onírico tiene que ser una actividad lúdica y con la que disfrutar, no una disciplina marcial.

TERCERA TAREA:

LLEVA UN *DIARIO DE SUEÑOS*

Elige un cuaderno que te agrade y dedícalo únicamente a cumplir la función de ser tu *Diario de Sueños*. Puedes forrarlo de una forma especial para dotarlo con la energía de tu propósito. Después comienza a anotar cada mañana todos tus recuerdos en cuanto te despiertes. Si no recuerdas un sueño, escribe lo primero que te llegue a la mente. Lo importante es que adquieras la disciplina de escribir al despertar. De esta forma, eventualmente recordarás alguna imagen y, poco a poco, sueños completos. Acuérdate de consignarlos siguiendo las indicaciones y sugerencias ofrecidas en este capítulo.

Capítulo 3

«Considera esto: un soñador crea un mundo real, entero, con todo lujo de detalles cada noche. Todo sueño crea en nuestro interior la convicción de que estamos en la vida de vigilia, pues en el estado de sueño todo tiene precisión; tiene detalles; tiene contornos verosímiles algunas veces y otras no, pero siempre suficientemente realistas para hacérnoslo creer tan cierto como lo es para nosotros el mundo del estado de vigilia. El mundo onírico, creado por el genio del soñar, es más real que la más grande obra de arte humana... Este genio –o genios del soñar– crea un mundo tras otro durante veinte años enteros de nuestra existencia (si vivimos unos ochenta años y soñamos seis horas cada noche). ¿Qué pasaría si entráramos en los sueños como misterios? ¿Abriríamos los abismos que hay bajo nuestros pies, debajo de la limpia alfombra de la razón?»

R. BOSNAK
La práctica del soñar

¿Cómo se clasifican nuestros sueños?

Si has comenzado a consignar los recuerdos que tienes cuando despiertas, quizá ya habrás notado que hay distintas clases de sueños. La mayoría de los libros que he leído sobre el tema ofrecen algún tipo de clasificación y casi nunca suele haber consenso entre los autores porque las clasificaciones se realizan en distintos niveles: a veces en función de su contenido, a veces por su impacto en la vida, por su posición en determinado mapa dimensional, por su grado de lucidez, por las veces que se repite, etc. Y lo que es peor: casi siempre hay una mezcla confusa de todos estos niveles de forma que se dan tipologías como la siguiente: «sueños lúcidos, sueños eróticos, sueños repetitivos, sueños de prospectiva, viajes astrales y pesadillas». Y cuando uno trata de clasificar un sueño, quizá responde simultáneamente a más de una de esas categorías. Por ejemplo, es posible tener un sueño de prospectiva, de forma repetitiva y haberlo experimentado con lucidez.

Entonces, para aclarar esta cuestión es necesario explicar brevemente los distintos niveles en que se puede llevar a cabo una distinción.

Niveles de clasificación

A. En relación a su importancia

Las tradiciones ancestrales de todo el mundo tienen una clasificación muy sencilla y funcional basada en la utilidad que representan para ellos las experiencias oníricas:

1. Grandes sueños: Son los que provienen del Gran Espíritu y se consideran mandatos útiles no sólo para quien los sueña sino para la tribu o comunidad a la que pertenece, por eso el soñador hace lo posible por ponerlos en práctica y darles una expresión en el mundo material con la colaboración de los demás miembros de la tribu, quienes se esmeran en ayudarlo, sabiendo que ello beneficiará a todo el colectivo.

2. Sueños menores: Son los que provienen del pequeño espíritu del individuo que los sueña. Contienen sus aspiraciones y deseos muchas veces conflictivos, y en algunos casos, ciertos consejos enviados únicamente para su propio beneficio. Algunos pueblos, como los iroqueses de Norteamérica, solían dar una expresión externa a los sueños más perturbadores por medio de un drama que representaban los miembros de la tribu, para que esa parte del espíritu individual obtuviera una satisfacción (y no se reprimiera ni generara un complejo, como dirían los psicoanalistas modernos).

B. En relación a su fuente de origen

La clasificación onírica recogida por Calcidio y Filón de Alejandría,[20] incluye el estudio de los sueños descritos en el Antiguo Testamento judío y en la antigua literatura grecorromana, desde Homero y Virgilio. Estas culturas tenían como punto de interés los sueños que habían ayudado a los héroes, profetas y personas corrientes a predecir acontecimientos importantes de sus vidas o las de sus pueblos, por eso los clasificaban según su procedencia en:

1. Sueños o mandatos divinos (de los dioses grecorromanos o de Yahvé el dios de los judíos)
  a) *Spectaculum:* visiones.
  b) *Revelatio:* premoniciones del futuro.

2. Sueños enviados a través de intermediarios (como los mensajeros de los dioses o los ángeles del Señor)
  c) *Admonitio:* mensajes relevantes.

---

20. Torallas T. S.: «Sobre la clasificación de los sueños de Filón de Alejandría y sus implicaciones posteriores», *Revista de Filosofía,* Universidad Complutense, Madrid, 1999.

3. Sueños que proceden del alma (del individuo que los sueña)

    d) *Somnium*: originados en experiencias exteriores, carentes de significado para el conocimiento del futuro.

    e) *Visum*: los que se deben a «la parte superior del alma», que predicen el futuro, «aunque de forma oscura».

C. En relación a su función

Esta clasificación la ofreció Jung en el contexto de su teoría psicoanalítica,[21] que veía en los sueños no sólo una causa, como la represión sexual postulada por Freud, sino una finalidad, que era la adaptación de la psique a las circunstancias cambiantes de la vida y la plena expresión del alma, lo cual él consideraba un camino evolutivo hacia la «individuación».

1. Sueños de prospectiva (ensayo de posibilidades): Esta función se define como una anticipación de las futuras acciones en estado de vigilia, que representa en lo inconsciente algo así como un ensayo previo o un plan proyectado con antelación. Su contenido simbólico es, en ocasiones, el bosquejo de la solución de un conflicto. Sin embargo, son tan poco proféticos como un pronóstico médico o meteorológico.

2. Sueños de compensación (autorregulación psíquica): La compensación es un cotejo y comparación de diversos puntos de vista contrarios a la conciencia, a través de los cuales se origina un equilibrio o una regulación de la misma. Jung subclasificó estos sueños en tres tipos:

    a) *Reducción*: Cuando una actitud de la conciencia hacia la situación vital es unilateral en alto grado, el sueño se sitúa en el lado opuesto para mostrar la equivocación, el desvío, u otro defecto del punto de vista consciente.

    b) *Variación*: Si la conciencia ocupa un lugar relativamente cercano al «medio», el sueño se contenta con presentar variantes.

    c) *Confirmación*: Si la situación de la conciencia es «correcta» o sea, adecuada a la situación, el sueño coincide y subraya la tendencia, sin perder por ello su autonomía particular.

3. Sueños reactivos (autosanación emocional): Son sueños que reproducen una vivencia consciente de carácter traumático, como los excom-

---

21. Jung, Carl G.: *Energética psíquica y esencia del sueño*, Paidós, Barcelona 1982.

batientes que siguen soñando con la guerra. Tienen una función por completo terapéutica ya que gracias a una reactivación frecuente del elemento traumático, éste va perdiendo fuerza.

4. Sueños trascendentales (autoconocimiento): Se presentan en periodos decisivos de la vida como la infancia, la pubertad, la madurez y la proximidad de la muerte. Contienen extrañas formas mitológicas, no habituales al soñador, que proceden del inconsciente colectivo, por lo tanto su simbología es menos personal y se basa más en arquetipos de la historia humana.

D. En relación a su procedencia

La clasificación que sigue la ofrece Bert Hellinger en el marco de su psicoterapia sistémica,[22] que suponen la existencia de un inconsciente colectivo subdividido en grupos de distintos tamaños que comprenden desde razas y naciones hasta instituciones y familias. Según Hellinger, todos los individuos pertenecemos a más de uno de estos grupos y estamos conectados con la información y las tendencias comunes que se comparten a nivel no consciente. Como ya comenté, el trabajo de Constelaciones Familiares que él desarrolló trae a la luz algunos contenidos del inconsciente familiar o sistémico que afectan a los miembros de una familia, aun sin que éstos estén al tanto de ellos y esto se puede manifestar en los sueños.

1. Sueños personales: Los que se refieren únicamente al inconsciente del soñador y se dividen en:

 a) *Meta-sueños* Aquellos en los que la persona, al despertar, sabe inmediatamente de qué se tratan y ya no necesitan ninguna interpretación. A través de estas experiencias oníricas, la solución que surge del inconsciente pasa al consciente. Los meta-sueños indican el siguiente paso, pero sólo a quienes ya están actuando o trabajando sobre un problema personal o creativo.

 b) *Sueños primarios* Representan recuerdos cifrados acerca del pasado de una persona. No son ruidosos ni dramáticos, sino suaves. Por ejemplo, los sueños de caídas de agua que frecuentemente son recuerdos del nacimiento.

---

22. Guntar Weber (ed): *Felicidad dual, Bert Hellinger y su psicoterapia sistémica,* Herder, Barcelona, 1999.

c) *Sueños secundarios* La mayoría de los sueños son de este tipo y contienen una serie de secuencias que sólo afirman los problemas o justifican el fracaso de las personas. Cuando la energía fluye hacia la pasividad o a rehuir las decisiones, los sueños secundarios afirman esta tendencia. Sirven para rechazar aquello que en realidad sería propicio y se cuentan con facilidad. «Donde una persona no ha trabajado nada, tampoco le ayuda ningún sueño», dice Hellinger.

d) *Sueños de la sombra* Son los sueños más significativos. En ellos se revela el lado reprimido que la persona no quiere ver. Normalmente un sueño así se rechaza y no se cuenta, sin embargo nos da la oportunidad de entrar en contacto con una parte oculta de nosotros mismos. Y justamente aquello que en el sueño se teme, debe encontrar un lugar en nuestro corazón para que de esta manera podamos integrarlo.

2. Sueños sistémicos: Existen sueños que no tienen nada qué ver con el soñador, sino que describen un problema en su sistema de origen. En los sueños sistémicos surge algo de importancia para el sistema, algo no solucionado, manifestándose en una persona que normalmente nació después de que este problema ocurriera. Si la persona lo toma como suyo, todo queda transferido, lo cual es muy grave. Según Hellinger, si se da una interpretación personal a tales sueños, el asunto se encauza en una dirección errónea, por lo que es sumamente importante diferenciarlos. Los sueños sistémicos se caracterizan por su crudeza o su brutalidad, tratando en la mayoría de los casos de temas importantes, como puede ser un asesinato o un suicidio. La sombra sistémica surge y cae sobre el soñador, siendo éste el más débil.

E. En relación a su frecuencia

Esta clasificación se basa en el número de veces que se presenta un sueño determinado.

1. Sueños recurrentes: Aquellos que se repiten en algún periodo de nuestra vida, ya sea diario, cada semana o una vez por mes. Cualquiera que sea la frecuencia, hay poca variación en el contenido del sueño en sí mismo. Pueden ser de carácter positivo o negativo. Estos últimos nos muestran conflictos no resueltos o ignorados. Usualmente señalan alguna debilidad personal, temor, o incapacidad de cambiar algo. Se consideran como gritos de nuestra conciencia para dirigir nuestra atención hacia algo que no estamos superando. Una vez que se ha encontrado una solución al problema, estos sueños cambian o desaparecen por completo.

2. Sueños ocasionales: La mayoría de nuestros sueños se hallan en esta clasificación. Algunos pueden parecer novedosos, otros fantásticos o incluso ordinarios, pero el caso es que no se repiten con mucha frecuencia.

3. Sueños únicos: Aquellos que nunca en la vida podremos olvidar, pues debido a su importancia y su impacto sobre nuestras vidas perduran imborrables en los archivos de nuestra memoria.

F. En relación a su bloque temático

Esta clasificación ha sido propuesta por la doctora Consuelo Barea.[23] Según ella, sólo pueden identificarse los distintos bloques cuando el soñador estudia al menos treinta o cuarenta de sus sueños previamente analizados y logra relacionarlos con alguna parte concreta de su vida. Para ello hay que distinguir el ambiente emocional que predomina en la experiencia onírica. Si un mismo sueño puede corresponderse con varios bloques temáticos, conviene elegir el bloque dominante dejándose llevar por la intuición, dice Barea. Desde su perspectiva, la vida humana, aunque ofrece una gran variedad, comparte en lo esencial los siguientes temas generales:

1. Trabajo, estudio, profesión: Son los sueños en los que realizamos aquello a lo que nos dedicamos, podemos sentirnos satisfechos o insatisfechos, podemos progresar o enfrentar alguna situación conflictiva, o escenificar nuestras tendencias al perfeccionismo.

2. Familia de origen: Resolver conflictos antiguos o actuales con padres, hermanos, etc. Como escenario suele haber casas del pasado.

3. Familia actual: Resolver conflictos con la familia actual. Como escenario onírico puede verse la casa actual.

---

23. Consuelo Barea: *El sueño lúcido*, Océano-Ámbar, Barcelona, 2001

4. Hijos, niños: Cuidar, alimentar y proteger a niños.

5. Sexualidad, amantes, pareja: Explícita o implícitamente, satisfacer el deseo sexual.

6. Viajes: Se huye de algo o se busca algo yendo de un lugar a otro.

7. Peligro: Resolver una situación de peligro propio o de otros.

8. Creatividad, diversión, disfrute: Vivenciar algo que nos hace disfrutar, divertirnos o gozar la belleza.

9. Muerte o enfermedad: Situaciones en las que hay referencia a padecimientos físicos o a la muerte.

10. Otros: Bloques temáticos personales que no estén incluidos en las categorías anteriores. También puede usarse para sueños inclasificables.

G. En relación a su contenido
Esta clasificación es la más extensa y la menos concisa ya que se basa en el argumento onírico y es difícil encontrar «tipos puros», puesto que un mismo sueño puede contener más de una línea argumental. Sin embargo, a partir de los autores que consulté, he resumido todas esas diversas categorías en los siguientes tipos esenciales:

1. Sueño de descarga emocional: Aquel en el que nuestros deseos contradictorios y nuestras emociones perturbadoras tienen una libertad de expresión total, de forma que llevamos a cabo violentas peleas, persecuciones, discusiones, atracones de comida o de drogas, así como todo tipo de situaciones que nos llevan a descargar tensión, agresividad, ansiedad y desesperación… sin ningún tipo de censura.

2. Sueño de la sombra: En donde nos permitimos hacer todo lo que en la conciencia diurna no nos atrevemos, ya sea por represión o por motivos éticos. Escenificamos actos de crueldad y maltrato, asesinatos, matanzas colectivas, relaciones sexuales anormales, así como todo tipo de acciones que a la conciencia diurna le producirían asco, culpa, indignación o vergüenza.

3. Mal sueño: Durante el cual sufrimos accidentes violentos o somos las víctimas de circunstancias o personajes que abusan de nosotros, que nos persiguen, nos tratan con violencia, nos hacen sentir humillados o ridículos, o realizan cualquier otra acción que nos produce diferentes grados de miedo o terror.

4. Pesadilla: Es cuando no podemos identificar claramente qué es lo que nos provoca horror o pánico, y sea porque no lo recordamos o porque no podemos identificarlo. La única diferencia entre un mal sueño y una pesadilla es que, en el primer caso, podemos determinar con claridad aquello que nos causa el miedo y en las auténticas pesadillas no.

5. Sueño ordinario: El soñador continúa realizando las mismas actividades que realiza de forma cotidiana en su vida diurna sin que surja ningún problema especial ni algún acontecimiento que trastorne la faena habitual (por ejemplo: limpiar la casa, hacer las compras, trabajar en el ordenador, manejar maquinaria, firmar cheques, hacer cuentas, conducir, viajar en el metro, hablar con los clientes, con los amigos o familiares, pasear al perro, etc.).

6. Sueño intrascendente: Aquel cuyas escenas no tienen ningún argumento, o sea que no existe ningún conflicto, ni congruencia entre las imágenes. Son pensamientos aislados del día que la mente retoma, quizá para eliminarlos de la mente como basura. No se consideran simbólicos porque simple y sencillamente no tienen ningún tipo de trama o sentido. Se podría decir que son secuencias de imágenes que produce el mecanismo automático de nuestra mente desconectada del enfoque diurno que necesitamos para actuar funcionalmente en el mundo material.

7. Sueño indescriptible: Aquel que no se puede describir con palabras, debido a la extrañeza de su contenido simbólico, muy fragmentado o incoherente, o porque no recordamos ninguna imagen concreta, sólo despertamos con sentimientos exaltados de violencia, añoranza, felicidad, éxtasis o puro desconcierto. Estos sentimientos son los que diferencian los sueños indescriptibles de los intrascendentes.

8. Sueño de ensayo: Aquel en el que ensayamos alguna manera de solucionar un problema, ya sea en nuestro trabajo, en nuestras relaciones personales o en cualquier otra esfera de nuestra vida diurna.

9. Sueño de sabiduría: Aquel que aporta una idea, ofrece un diagnóstico o esclarece alguna cuestión importante que nos preocupa durante el tiempo de vigilia. Puede ser literal o simbólico y puede invocarse o darse de forma espontánea.

10. Sueño precognitivo: Ofrece información acerca de ciertos acontecimientos que aún no ocurren pero que, pasado un corto periodo de tiempo, efectivamente tienen lugar. Las personas que suelen tenerlos saben distinguir cuándo se trata de un sueño premonitorio y cuándo no, debido a su impacto emocional y al hecho de que se sienten como espectadores pasivos observando un documental sin poder intervenir en él. En algunos accidentes y catástrofes, el mismo sueño ha sido compartido por más de una persona.

11. Sueño telepático: El soñador tiene conocimiento acerca de hechos que ocurrieron en el pasado o que acontecen simultáneamente en otro lugar y luego recuerda lo que otras personas estuvieron haciendo, detalles de cosas que no conoce, de sitios en los que nunca ha estado, de conversaciones en las que no estuvo presente, de problemas que, en ocasiones, los mismos implicados desconocen, etc.

12. Sueño de sanación: Aquel que trae consigo una sanación física o emocional como resultado de lo acontecido en el argumento onírico.

13. Sueño espiritual: En él recibimos enseñanzas, ya sea mediante la simbología del sueño o de forma literal. La única diferencia con los sueños de sabiduría consiste en que el soñador identifica claramente la fuente de esa enseñanza con guías o maestros espirituales.

14. Sueño multidimensional: Esta última subclasificación está basada en cuatro supuestos metafísicos: el tiempo no es lineal, hay distintas dimensiones, los humanos existimos simultáneamente en varias de ellas y durante las horas que pasamos durmiendo podemos entrar en contacto con lo que está haciendo nuestra alma en alguna de estas otras dimensiones o en otros tiempos. Por eso, eventualmente, podemos tener acceso a información o imágenes relativas a nuestras «vidas pasadas», a las actividades y evaluaciones que realizamos con ayuda de nuestros guías «entre una vida y otra» o durante esta misma, así como a lo que acontece en otros sistemas o en otras dimensiones. Esta información puede transmitirse mediante imágenes simbólicas o literales y, en ocasiones, también mediante sueños indescriptibles.

H) En relación a su localización

Esta clasificación depende de la cartografía dimensional de los diferentes autores que se consulten. Por ejemplo, los teósofos dividen al universo en 7 dimensiones, los cabalistas en 10, igual que los canalizadores de seres pleyadianos, quienes aportan modelos de 10 dimensiones; los miembros de la religión onírica llamada Eckankar tienen un mapa de 12 planos, y los seres inteligentes de Arcturus han transmitido otro de 13. Comparar estos diversos mapas multidimensionales es muy interesante y permite observar que todos están hablando de lo mismo, aunque cada uno describe las cosas con sus propios términos y parámetros.[24] Sin embargo, aun con sus respectivas diferencias, es posible constatar que todos estos mapas se dividen en cuatro zonas principales y que podemos tener sueños distintos en cada una de ellas:

1. Mundo Material: Aquí se ubica la Tierra, habitada por humanos, animales, vegetales, hongos y minerales, cuya tasa vibratoria máxima es de nueve mil vibraciones por segundo.[25] Para ciertas cartografías es la primera dimensión (el plano físico de los teósofos o el reino de la manifestación material según los cabalistas, llamado *Malkuth*). En otros mapas (pleyadianos y arcturianos) es la tercera dimensión. En este plano físico utilizamos nuestra mente bajo el parcial enfoque de nuestra conciencia diurna. A eso le llamamos estar despierto, estar consciente o en estado de vigilia. Sin embargo, para algunos seres, lo que ocurre en nuestro plano físico cuando creemos estar despiertos es que nuestra alma o espíritu está teniendo otro tipo de sueño dentro de una ilusión holográfica tridimensional que da la apariencia de solidez material y secuencia temporal lineal. Me gusta mucho la perspectiva que nos ofrece Tobías, a través de Geoffrey Hoppe:

> Una vez que sales de las dimensiones terrestres, las cosas cambian. Las dimensiones son enormes, pero en cierto sentido puedes decir que ahora mismo en ese cuerpo humano con el que estás sentado

---

24. Si te interesa profundizar en este apasionante tema te invito a consultar mi colección de cartografías multidimensionales en www.mindsurf.net

25. Quan Yin, Amorah: *Manual de ejercicios pleyadianos,* Obelisco, Barcelona, 2003.

o recostado en estos momentos, también estás en un estado de sueño. Absolutamente estás en un estado de sueño. Es muy real porque tienes un cuerpo físico, lo cual por cierto es un gran milagro: que tu espíritu pueda estar soñando de esta forma. Lo que quiero dar a entender es que los sueños no son muy diferentes de lo que consideras tu realidad. Todo es real, todo está ocurriendo, es sólo que el sueño físico humano en el que estás ahora se ve muy tangible, parece muy real, muy sólido. Parece que estás muy encerrado en él, pero de hecho no lo estás. En realidad es muy frágil. Es muy flexible una vez que comienzas a entender la naturaleza de tu espíritu, de lo que eres. Tú te encerraste a ti mismo en él, te estabilizaste y te equilibraste en este sueño físico en el que estás. Había muchas cosas que querías aprender, comprender y conocer, por eso te encerraste a ti mismo en el tiempo y en el espacio para poder hacerlo, ya que los reinos no físicos, son muy inestables, fluctúan rápidamente basados en lo que el alma desea. Lo que persigues tiene lugar instantáneamente. Desde el punto de vista humano, no hay absolutamente ninguna estabilidad aquí en el otro lado del velo, particularmente en los reinos más bajos. Basados en la mente y las percepciones humanas parecería un caos, aunque no lo es. En este lado del velo, cuando no estás en el cuerpo físico, hay un bello y perfecto fluir de las cosas, por más caótico que pueda parecer desde tu estado humano actual.[26]

2. Mundos Intermedios: Éstos son los más cercanos a la densidad de la tierra, y su tasa vibratoria es mayor de 9 ciclos por nanosegundo, pero menor de 12.[27] Según el mapa que se consulte, esta amplia zona contiene varias dimensiones (el mundo astral y el mundo mental con sus respectivos 7 subplanos según los teósofos; el mundo de la formación y el mundo de la creación según los cabalistas; los planos astral, mental, causal y etérico de los seguidores de Eckankar; y las dimensiones cuarta y quinta de los mapas pleyadianos). Algunos autores dicen que son como capas de una cebolla rodeando la Tierra y otros aseguran que, en realidad, no hay subplanos escalonados sino regiones contiguas, similares a la naturaleza geográfica del mundo físico; de cualquier manera, todos coinciden en señalar que aquí es donde se originan la mayor parte de los sueños que tenemos cuando estamos dormidos.

---

26. *Op. cit.*

27. Dee Wright, John: *Teachings of the Seraphim Angel Karael: Volume 1*, Universe, 2005.

Existen espacios en los que estamos solos proyectando los contenidos de nuestras respectivas mentes en escenarios tan maleables que cualquier pensamiento, sentimiento o tendencia conductual, ya sea consciente o inconsciente, tiende a cobrar alguna forma. Por ejemplo, un estado de tristeza puede ocasionar un escenario lluvioso, una agresividad reprimida puede dar forma a un personaje que golpea con un garrote a otro, que a su vez representaría una tendencia victimista, una sensación de indefensión, un sentimiento de culpabilidad buscando expiación a través del castigo, etc.

Además, de acuerdo a los creadores de estos mapas dimensionales, en esta zona intermedia también hay otros espacios en los que no estamos completamente solos, sino que compartimos el escenario onírico con inteligencias distintas a la nuestra. Algunas de estos seres inteligentes están guiados por las polaridades de luz y oscuridad de forma casi exclusiva y la mayoría mezclan la una con la otra, igual que nos ocurre a los habitantes de la Tierra en el ejercicio de nuestro libre albedrío.

a) *Zona Etérica (principalmente oscura):* Los estratos más bajos de esta zona (astral, cuarta dimensión, reino de la formación) se supone que están habitados por «seres parásitos» o «seres del bajo astral», regidos por los «señores oscuros de la magia negra y el control» que forman una jerarquía de «gobernantes o ángeles oscuros», en cuyos dominios es donde se escenifican la mayoría de las pesadillas, los sueños de la sombra y alguno que otro mal sueño. También se dice que los habitantes de esta zona son los causantes de los «abusos astrales», por ejemplo, cuando se siente miedo porque «alguien se sienta en la cama» o cuando alguien amanece con marcas o golpes inexplicables en el cuerpo. Para evitar entrar en contacto con esta zona cuando dormimos se recomienda no ver programas de miedo o violencia en la televisión, no dormirse después de una discusión fuerte sin haberla solucionado, no usar somníferos, alcohol ni otras drogas, ni cenar copiosamente antes de irse a la cama. También ayuda mucho practicar alguna técnica de relajación o meditación antes de dormir y pedir ayuda a nuestros guías o autoprogramarnos para tener sueños más productivos.

Conforme los estratos de esta zona son más elevados (astral medio), se supone que ya es más difícil que exista contacto con estos seres y el soñador o visitante puede recrear con su mente paisajes familiares que visita con frecuencia durante sus sueños o ensoñaciones como las casas en las que vivió en su niñez. Y a los estratos más altos (astral superior) que colindan con la siguiente región se les conoce también como «la tierra de los potenciales», donde se ensayan posibilidades de expresión para trasladarlas o no a la vida material.

b) *Zona Itérica (principalmente luminosa)*: Aquí (planos mental, causal, etérico, quinta dimensión, reino de la creación) se supone que existen zonas luminosas o «ciudades de luz» habitadas por diversas clases de devas o ángeles, incluyendo los guías personales de los humanos («ángeles de la guarda»), los miembros de las «Hermandades Blancas», de las «escuelas iniciáticas de nivel intermedio» y del «Consejo Kármico» (lo que ciertos metafísicos llaman la «jerarquía espiritual» del planeta) y los Maestros Ascendidos (aquellos humanos que han alcanzado una frecuencia vibratoria cercana a las doce mil vibraciones por segundo, que es la primera etapa de la conciencia crística)[28]. Desde estos planos sus habitantes luminosos ayudan a los humanos tridimensionales en su camino evolutivo, a través de experiencias superiores y enseñanzas que originan los sueños de conocimiento, los sueños espirituales, los de sanación y los de confirmación.

En esta amplia zona se supone que también existe un espacio llamado «plano causal» donde, ayudados por nuestros respectivos guías, los humanos revisamos nuestras experiencias pasadas y planeamos los próximos acontecimientos de nuestras vidas en la realidad material, actividad que origina los sueños de ensayo, los premonitorios, los multidimensionales y muchos de los sueños que realmente conviene interpretar. Sin embargo, hay que advertir que los sueños que tienen lugar en esta zona no tienen por qué ser necesariamente hermosos o beatíficos ya que muchas veces la ayuda que requerimos en un momento dado es que nos señalen la causa de nuestros bloqueos, que suele ser algún miedo inconsciente que experimentamos como tal durante el desarrollo del sueño para que podamos identificarlo con claridad.

3. Mundos superiores: A partir de este punto es imposible hablar en términos de vibraciones por segundo porque estas dimensiones se encuentran más allá de las limitaciones del tiempo y el espacio, aunque las

---

28. Quan Yin, Amorah: *op. cit.*

conciencias que las habitan pueden actuar a voluntad sobre la realidad espacio temporal.[29] También aquí hay varias divisiones (los mundos búdico, nirvánico, ádico y monádico de los teósofos; *Binah, Hokhmah* y *Kether*, las sefirots del mundo de la divinidad según los cabalistas; los 7 planos que van del Alma al Sugmad de los seguidores de Eckankar y las dimensiones de la sexta a la novena de los mapas pleyadianos). En estos planos superiores tampoco parece haber divisiones regionales. Cada uno es un mundo completo en sí mismo o, más bien, un estado de conciencia. Todos los autores coinciden en que no hay palabras humanas que puedan describirlos. Dicen que el primero alberga la conciencia crística o búdica y para los siguientes se habla de conciencias muy elevadas que se experimentan a sí mismas como geometría sagrada, luz y sonido divinos. En los excepcionales casos en los que la conciencia humana alcanza a llegar a estos espacios durante el sueño pueden darse los sueños indescriptibles en los que no suele recordarse nada concreto, sólo imágenes extrañas acompañadas de sentimientos intensos de amor, paz, alegría o una añoranza muy profunda.

4. Plano de la unidad: Es la conciencia de la divinidad, el Todo, el Universo, el Creador Principal. Aquí no hay ninguna división, porque esta dimensión o plano contiene a todos los anteriores. (El *Adan Kadmon*, según los cabalistas; el *Akshar* de los seguidores de Eckankar; la décima y última dimensión de los mapas pleyadianos y la decimotercera de los arcturianos.) La meta de muchas religiones consiste en regresar a esa fuente original y volver a fundirse con ella. Los budistas que practican el yoga del sueño intentan buscar esta luz y lanzarse sin miedo hacia ella.

I) EN RELACIÓN A SU GRADO DE LUCIDEZ
De la misma forma que cuando estamos despiertos rara vez nos preguntamos si estamos soñando porque nos parece obvio e incuestionable que no lo estamos, la mayoría de las veces tampoco nos cuestionamos nada de esto durante el estado onírico. De allí que cuando logramos hacerlo podemos comenzar a distinguir también diferentes tipos de sueños en relación a nuestro grado de conciencia.

1. Sueño inconsciente: Aquel en el que no tenemos conciencia de estar soñando. Incluso cuando suceden cosas totalmente inverosímiles o

---

29. Hand Clow, Barbara: *Cosmología pleyadiana*, Obelisco, Barcelona, 1999.

imposibles de acontecer en el estado físico, las aceptamos como algo perfectamente natural, sin cuestionarnos nada al respecto.

2. Sueño semilúcido: Cuando debido a algún detalle o alguna cosa que nos resulta extraña, tenemos clara conciencia de estar dentro de un sueño. En caso de que no despertemos súbitamente por la emoción, podemos ejercer algún grado de control sobre la trama, las cosas o los personajes que aparecen en el escenario onírico, pero después de algunos momentos volvemos a perder esa conciencia y el sueño continúa de la forma acostumbrada.

3. Sueño lúcido: Aquel en el que a partir de cobrar conciencia del hecho de estar soñando, podemos mantener esa lucidez durante todo el resto del sueño, pudiendo ejercer distintos grados de control sobre el escenario onírico.

4. Sueño astral: Cuando la conciencia de la persona está «fuera» del vehículo físico y no puede moverlo, a menos que haga un esfuerzo y regrese «dentro» de él. Este tipo de sueño suele darse momentos antes de despertar. De tal forma que la persona cree que ya está despierta hasta que algo le hace ver que no lo está. En ocasiones, se llega a experimentar cierto grado de angustia si el soñador no puede situarse de forma inmediata dentro del cuerpo físico para despertar en la realidad material, pero después de algunos intentos eventualmente termina volviendo a él.

5. Viaje astral: Aquel en el que la conciencia se sitúa intencionalmente fuera del cuerpo. Puede observarlo desde arriba y puede moverse libremente por el entorno aunque no puede afectarlo. Ésta es la diferencia con un sueño lúcido, en el que sí se puede tener cierto grado de control sobre el entorno onírico. En un sueño o viaje astral no se puede disponer a voluntad del entorno. Sólo se puede observar, moverse por él e incluso a través de él, pero el escenario permanece fijo, igual que sucede en la realidad material del estado diurno. Según los teósofos, esto es así porque la conciencia no está situada en los subplanos donde se desarrollan los sueños (astral superior, mental y causal), ni tampoco está en el plano material, sino en la dimensión inmediatamente superior al mundo físico, que es prácticamente indistinguible de éste y que ellos llaman el primer subplano del mundo astral.

J. En relación a su grado de simbolismo

Un sueño se considera simbólico cuando alguna de sus imágenes sustituye a un concepto o una emoción. La mayoría de las veces es fácil encontrar las asociaciones pertinentes, incluso sin tener ninguna práctica en el análisis onírico. Por ejemplo, en una entrevista le preguntan a una cantante famosa cuál es el sueño más raro que ha tenido y ella responde:

> [«**Sueño de Beyoncé**»]
> *La pasada noche tuve uno en el que estaba actuando y la gente me tiraba stilettos [una marca de zapatos] al escenario. Debe de ser porque hace poco mi madre dijo que se quitaría un zapato –y estoy segura de que lo utilizaría– si alguien se metiera conmigo.*[30]

En este sueño, la imagen de un zapato sustituye un concepto o emoción: la defensa o el sentirse protegida. En el contexto del sueño, ya no es la madre, sino el público que va a sus conciertos quien la respalda. Hay elementos de su vida real (diurna), ya que ella es cantante y da conciertos para grandes auditorios, sin embargo también hay imágenes que difícilmente podrían observarse en su vida diurna: que en lugar de flores, le lancen zapatos al escenario, como le sucedió en el mundo onírico.

1. Sueño literal: Aquel en el que todas las imágenes oníricas (situaciones, personajes, objetos o escenarios) podrían verse tal cual en el mundo físico y los mensajes que recibes no requieren interpretación. Por ejemplo: a) Sueñas que caminas con tu pareja por un parque al que acudes en la actualidad. Tú quieres hablar pero tu pareja se pone a leer el periódico; b) Una persona desconocida te recomienda que te vayas a hacer un chequeo médico de los pulmones antes de que desarrolles un enfisema que podría impedirse mediante un temprano diagnóstico y tratamiento; c) Un pariente recién fallecido te dice que está bien donde está ahora y te pide que dejes de llorar por su muerte.

2. Sueño simbólico: Aquel en el que todo es irreal desde el punto de vista de las leyes físicas o en donde recibes información de forma indirecta al interpretar las imágenes o los símbolos que aparecen en el sueño: Por ejemplo: a) Vas volando sobre el parque de tu infancia (que ya no existe porque ahora es un centro comercial) y ves a tu lado a una persona desconocida, que sabes que es tu pareja, enseñándote la cabeza

---

30. Entrevisra a Beyoncé en la revista *In Style*, n.º 10.

de una tortuga en un charco de petróleo; b) Alguno de tus amigos que no fuma, está fumando. Te preocupas por su salud ya que su rostro luce demacrado y piensas que debería hacerse unas radiografías de tórax; c) Ves un bosque devastado por un incendio, lo cual te causa tristeza, pero de pronto, entre toda la negrura comienzan a surgir muchos brotes verdes, lo cual te da mucha esperanza. A lo lejos ves flotando la figura de un pariente recién fallecido y sientes que, de alguna forma, su vida también continuará como la de aquel bosque incendiado.

3. Sueño semi-simbólico: Aquel en el que aparecen elementos literales mezclados con elementos simbólicos. Por ejemplo: a) Vas volando sobre el parque en el que acostumbras pasear, a tu lado está tu pareja, enseñándote un periódico en el que se solicita un gerente general. Intentas ver qué compañía lo solicita, pero las letras han cambiado cuando vuelves a leerlo y ahora habla de una crisis en Francia; b) Estás viendo una radiografía de tus pulmones y distingues el contorno de un cangrejo; c) Sueñas que tu pariente recién fallecido está presentando una solicitud de ingreso para entrar en una universidad. Te sorprendes de que no esté muerto y corres hacia él pero al llegar a su lado ves que se trata de otra persona. Miras hacia la torre de rectoría y allí ves de nuevo a tu pariente muerto guiñándote un ojo.

Algunos ejemplos de clasificación

Analizando conjuntamente todos esos posibles niveles, queda claro que una clasificación onírica exhaustiva necesariamente ha de contener varias categorías. Además, es importante señalar que tanto una buena clasificación como una buena interpretación no pueden llevarse a cabo en abstracto, tienen que realizarse en el contexto vivencial en que se produjeron, ya que los acontecimientos de nuestro día a día se reflejan fielmente en los sueños.

Teniendo esto en cuenta, voy a comentar algunos hechos relevantes de mi contexto personal antes de aportar algunos ejemplos de clasificación, ya que sin estos antecedentes no quedaría claro cuál es el bloque temático de cada sueño, cuál es su función, cuál es su fuente de origen, ni algunos otros criterios de clasificación. En beneficio de una mayor brevedad en la exposición del contexto vivencial, todos los ejemplos que ofreceré estarán tomados de mi primer *Diario de Sueños*.

Cuando se me ocurrió comenzar a consignar mis experiencias oníricas estaba realizando un trabajo de investigación que comencé al entrar en la universidad. Siempre he tenido curiosidad acerca de los estados de conciencia diferentes al estado diurno habitual, por eso, además de los sueños, quise investigar los estados producidos por las drogas psicoactivas, o sea, las plantas y las sustancias sintetizadas a partir de estas plantas que son capaces de alterar el funcionamiento del sistema nervioso central provocando diversos efectos sobre la conciencia.

Quería publicar una especie de guía en la que los usuarios encontraran información básica sobre los efectos psicológicos y fisiológicos de diferentes psicoactivos, además de información confiable sobre dosis bajas, medias, altas y letales; qué hacer en caso de emergencia; cómo detectar adulteraciones y otros datos de interés que pudieran ayudar a salvar las vidas de los consumidores novatos de todo tipo de drogas.

La intención inicial de mi trabajo consistía en hacer ver a los lectores que, como indica la raíz etimológica de las palabras sinónimas *fármaco* (del latín) y *droga* (de origen griego), todas ellas son al mismo tiempo un remedio y un veneno, dependiendo de cómo y con qué intención las usamos. Este interés surgió cuando comencé a explorar por mi cuenta y riesgo las plantas que usaban los chamanes y sus alcaloides, o sea sus principios activos, sin encontrar fuentes de información que me parecieran veraces, objetivas y completas.

Durante un par de años probé muchos tipos de psicoactivos para conocer y experimentar sus distintos efectos, hasta que comprendí que lo que buscaba en aquellas experiencias era el sentido de trascendencia y de conexión espiritual que faltaba en mi vida debido a la ausencia de un sistema de creencias espirituales en el que pudiera confiar. Buscaba un contacto directo con lo divino sin el intermedio de una religión organizada que sistematizara y limitara ese contacto cubriéndolo con sus particulares creencias, mitos, prejuicios, prohibiciones y relaciones jerárquicas. Cuando me di cuenta de esto, concluí mi experimentación con las drogas sintéticas y me dediqué exclusivamente a investigar las plantas enteógenas[31] dentro del contexto de lo que suele llamarse una «búsqueda espiritual».

---

31. *Enteógeno* significa «Dios dentro» y hace alusión a la capacidad potencial que tienen estas plantas de ayudar a quienes las consumen de forma adecuada a contactar con lo divino, siempre bajo los parámetros personales en que el usuario concibe el ámbito espiritual.

Fue entonces cuando mi intención original cambió o se amplió, ya que ahora deseaba ayudar a los usuarios de estas plantas que antiguamente se consideraban sagradas, a tener experiencias más seguras y espiritualmente provechosas, evitando los peligros de la adicción en la que yo misma caí durante un breve lapso de tiempo y de la cual salí, precisamente gracias a la advertencia que recibí en un sueño que comentaré más adelante en uno de los ejemplos.

Hablando con mis amigos y entrevistando a varios consumidores de diversos tipos de psicoactivos, me di cuenta de que a muchas otras personas de mi generación les ocurría lo mismo que a mí: queríamos llenar el vacío espiritual, por llamarlo de alguna manera, que dejó el abandono de las prácticas rituales de nuestros ancestros y posteriormente el declive de las grandes religiones.

Como parte de mi investigación, viajé a Ámsterdam, Londres y Barcelona para realizar diversas entrevistas. En esta última ciudad conocí a un chico. Tuvimos «un flechazo» y me pidió que me quedara a vivir con él. Yo decidí pasar antes unos meses en México con la intención de terminar mi tesis y otros asuntos pendientes. Mientras tanto seguimos en contacto a través de internet y hablando por teléfono. Cuando regresé a Barcelona me enteré de que él había entablado una relación con otra persona, sin comentármelo antes de que yo emprendiera el viaje.

Si hubiera sabido lo que estaba ocurriendo, me habría quedado en México, pero como ya estaba en Barcelona y ya había desmantelado mi antigua casa y todos mis planes, acepté la invitación de una generosa pareja y me quedé a vivir un tiempo con ellos y sus hijos en un pueblo de Girona mientras pensaba qué quería hacer con mi vida. Allí me dediqué a trabajar como asistente de mi amigo que es médico naturista y colaboré en el cultivo de su huerto orgánico (como se dice en México) o biológico (como se dice en España).

Uno de esos días fui a la biblioteca de Blanes para ver si tenían servicio de internet porque quería revisar mi correo y allí tuve la fortuna de conocer al maravilloso hombre con quien posteriormente estuve casada. Comenzamos a salir en cuanto nos conocimos. Casi enseguida nos fuimos a vivir juntos y, a los pocos meses, después de realizar la famosa peregrinación del Camino de Santiago, decidimos casarnos.

Comencé a llevar mi *Diario de Sueños* cuando aún estaba en México, poco antes de irme a vivir a Barcelona. Sus páginas se me acabaron cuando empecé a vivir en pareja, poco antes de mi boda. Estas drásticas transiciones, de un país a otro, de una cultura a otra, de una pareja a otra, de un punto de vista sobre las drogas a otro y de ciertos hábitos a otros, tuvieron lugar durante aquel primer año que llevé mi *Diario de Sueños.*

Todo ello está cabalmente reflejado en las imágenes oníricas de sus páginas azules, que contienen varios sueños relativos a cada uno de estos temas. Algunos sobre el pasado inmediato y otros sobre futuros probables. También hay ciertos sueños de temas que estaban irresueltos desde mi niñez y de situaciones de menor importancia, y, por supuesto, muchos otros totalmente intrascendentes...

A continuación voy a clasificar algunos ejemplos y en cada caso añadiré algún breve comentario sobre la interpretación que les di.

1. «Nave y bolas de luz» (18 de abril)
Estoy con varias personas. Estamos mirando al cielo y observamos un círculo rosa que se convierte en una nave espacial. De ella comienzan a enviarnos bolas de luz color rosa, del tamaño de un melón. La gente se mueve para esquivarlas, yo permanezco inmóvil y feliz mientras caen a mi lado. Luego hay una persecución estilo película de espías donde alguien quiere dinamitar un auto. En otra escena yo intento conducir uno, pero desisto de hacerlo porque hay un soplete encendido en el área de los pedales que no puedo esquivar. Lo intento hasta que alguien me dice que es mejor llevarlo a reparar.

A) En relación a su importancia lo clasifico como un **sueño menor**, ya que no afecta al grupo social al que pertenezco. B) En cuanto a su fuente de origen, es un *admonitio*, porque me ofrece de forma simbólica una información importante: que hay algo que necesito reparar para seguir adelante. C) Por su función se trata de un sueño de **prospectiva**, ya que ofrece un bosquejo de la solución de un conflicto. D) Sobre su sistema de procedencia, este sueño no era sistémico, sino **personal**. E) En relación a su frecuencia fue un sueño **ocasional**, porque el mismo tema del auto que no podía poner en marcha se repitió alguna otra noche, sin llegar a convertirse en algo recurrente. F) El bloque temático lo relaciono con la **pareja** y con el **peligro**. Con la pareja porque en la primera escena, las bolas rosas que caen simbolizan para mí el deseo de establecer una relación amorosa. Y con el peligro, debido a la escena de la persecución y al fuego del soplete que me impide lograr mi objetivo. G) En cuanto a su contenido, lo clasifico como un sueño de **ensayo**, porque yo intentaba resolver un problema (esquivar el soplete), aunque mi tentativa no tuvo éxito y se me ofreció otra idea alternativa (reparar el auto). H) Sobre su localización, supongo que se dio en la *zona itérica* de los denominados **Mundos Intermedios**, en la «tierra de los potenciales», como la llama Tobías. I) En cuanto a su grado de lucidez, no hubo ninguna, fue un sueño **inconsciente**. J) En el mundo físico no se ven naves espaciales lanzando bolas de luz, ni autos con sopletes en lugar de aceleradores, tampoco he visto nunca a nadie intentando dinamitar un auto, por lo que me parece un sueño totalmente **simbólico**.

Comentario: Este sueño lo tuve poco antes de mi segundo viaje a Barcelona. Interpretándolo con los parámetros del psiocoanálisis, se puede decir que mi conciencia estaba lista para comprometerse en una relación en pareja (por eso en el sueño me quedo de pie recibiendo las bolas de luz rosa que identifico con el amor), aunque varias partes de mi inconsciente (representadas por la gente que huye de esas bolas de luz) no lo están. Una parte no identificada de mi inconsciente trata de obstaculizar mi voluntad consciente (intenta dinamitar un auto) y por eso en la última escena no logro hacer lo que me propongo (conducirlo). Otra parte más elevada de mi conciencia me advierte de que antes de poder conducir mi vida hacia el amor que busco compartir tengo que sanar algo (llevar a reparar el auto).

2. «Autoestima» (29 de abril)
Estoy en una cafetería hablando con mi ex novio. Debido a las cosas que dice, veo con objetividad que no me conviene estar con alguien que no me respeta y me alejo de él. Luego estoy en su habitación. Hay una mujer en la cama. Al verme intenta salir de allí. Yo la sujeto y le digo que puede pensar que se trata de una venganza, pero también puede darse la oportunidad de escucharme y lo hace. No recuerdo bien qué es lo que le digo, pero es algo sobre la autoestima y el merecimiento. Mis palabras me parecen muy convincentes. Después voy caminando sola, me pregunto si ella captó bien mi mensaje o tendrá que andar su propio camino. Me siento feliz porque yo ya he caminado el mío y el sufrimiento ha terminado para mí.

A) Es un sueño **menor** que solo me afecta a mí. B) Es un *somnium*, relativo a mi pasado inmediato. C) Se trata de un sueño de **compensación**, concretamente de *confirmación*, ya que coincidió y subrayó mi tendencia consciente. D) Puesto que el mensaje fue bastante claro, podría tratarse de un **meta-sueño**. E) Fue un sueño **ocasional**, porque el mismo tema se repitió alguna otra noche, sin llegar a convertirse en algo recurrente. F) Su bloque temático tiene que ver con las relaciones de **pareja**. G) En cuanto a su contenido, lo clasifico como un sueño de **sanación**, porque ésa fue la sensación que tuve al despertar. H) Probablemente se dio en la *zona itérica* de los llamados **Mundos Intermedios**. I) Fue un sueño **inconsciente**. J) Sería factible observar en la vida diurna todas las imágenes de este sueño tal como aparecieron en él, sin embargo la mujer con la que hablo es una representación evidente de alguna parte de mí que aún se resiste a seguir a mi parte consciente; está funcionando como un símbolo, por eso lo clasifico como un sueño **semi-simbólico**.

Comentario: Este sueño lo tuve después de terminar mi relación con el chico que conocí en Barcelona. El sueño despejó mis dudas de haber hecho lo correcto al concluir la relación. Y estableció lo que ya no estaba dispuesta a tolerar en una próxima pareja: la falta de respeto. En cierto sentido este sueño es una continuación del anterior que me diagnosticaba la existencia de una parte inconsciente que obstaculizaba mi intención de tener una relación armoniosa. Aquí ya se da un intento de sanación de ese conflicto porque la conciencia habla con la parte inconsciente que aún está dispuesta a someterse a algo que la conciencia considera inconveniente. A pesar de que no está del todo claro que esa parte esté de acuerdo con el mensaje, al menos ya se abrió a escucharlo.

3. *«La prueba final de la marihuana» (20 de agosto)*
Sueño que estoy trabajando en mi computadora [ordenador] portátil y ésta comienza a escribir sola. Me da pánico porque pienso que sí, que en verdad tengo un guía de otra dimensión y me está escribiendo. Entonces decido apanicarme después y mejor leer el mensaje. La pantalla dice: «Vas muy bien con tu investigación acerca de las drogas, pero las cosas se van a tardar más de lo esperado porque reprobaste [suspendiste] la prueba final de la marihuana. Y ésa ya la habías pasado» [se refiere al año que dejé de fumar]. Sigue una explicación más larga, acompañada de imágenes.

En eso me interrumpe una mujer. Me enfado por la interrupción. Ella está llorando y me dice que su madre no le pintó las paredes de su habitación. Yo le respondo, entre impaciente y compasiva, que no se preocupe, que yo se las pintaré, que me deje terminar de leer el mensaje. Pero justo en eso me despierto.

A) Se trata de un **gran sueño**, ya que no sólo me afectó a mí, sino a muchas otras personas que se han visto beneficiadas con el giro que dio mi trabajo de investigación sobre las drogas como consecuencia de haber recibido este mensaje. B) Es un *admonitio* porque un guía me ofrece un mensaje relevante. C) Su función es de **compensación**, concretamente de *reducción* porque mi conciencia estaba situada en una posición extremista, como el sueño me hizo ver. D) En virtud de la claridad de su mensaje, fue un **meta-sueño**. E) Fue **único** porque no se ha vuelto a repetir y dudo que se repita. F) Su bloque temático es personalizado, forma parte de una serie de sueños que tienen relación con las **drogas**. G) Se trata de un sueño de **sabiduría**, pues me ofreció información útil. También fue un sueño de **sanación**, porque a raíz de él comenzó mi periodo de desintoxicación y aprendí muchas cosas sobre el trasfondo de las adicciones. Además, para mí fue con total evidencia un sueño **espiritual** porque recibí una enseñanza directa de alguno de mis guías. H) Tuvo lugar en los llamados **Mundos Intermedios**, seguramente en la *zona itérica*. I) Fue un sueño **inconsciente** porque no me di cuenta de que era un sueño hasta que desperté. J) El sueño hace referencia a una situación que sucede en la realidad física: que estoy realizando una investigación sobre las drogas, y contiene un mensaje literal: que no superé la prueba de la marihuana. Pero también contiene varios elementos simbólicos como la mujer que me interrumpe, las paredes que hay que pintar, la madre que se menciona pero no se ve... pasando, claro, por el hecho de que los portátiles no tienen la costumbre de escribir solos en el mundo de vigilia... Por todo ello es un sueño **semi-simbólico**.

Comentario: Este sueño lo tuve durante un retiro intensivo de meditación Vipassana en el centro Dhamma Neru de Barcelona, donde pasé 10 días que transformaron mi vida. Allí descubrí que tenía ciclotimia, algo que se conoce como «la versión ligera de la manía depresiva», lo cual significa que pasas de la alegría a la desesperanza en cuestión de minutos. Yo estaba segura de que mis cambios de humor se debían a factores externos que provocaban que me sintiera de una forma u otra. Sin embargo, esos días me di cuenta de que todo estaba en mi mente ya que en este tipo de cursos intensivos está prohibido hablar con otras personas, excepto con el profesor; no se puede leer, ni escuchar música, ni hablar por teléfono, ni fumar, ni nada que no sea meditar, pasear por el jardín y comer en silencio. O sea, que externamente no pasaba nada de nada ¡y yo seguía con mi subibaja emocional! Gracias a ello pude ver con claridad que eran mis propios pensamientos y no las circunstancias las que me hacían cambiar de estado de ánimo, lo cual me ayudó a responsabilizarme de mí misma para buscar activamente mi equilibrio.

En cuanto salí de este retiro dejé de fumar *Cannabis* y durante un tiempo estuve mucho peor que antes. Gracias a ello me di cuenta de que esta planta me ayudaba a quedarme en las partes altas de la ciclotimia, pero al mismo tiempo me evitaba lidiar con los conflictos psicológicos que me llevaron al desequilibrio. Así es que por un lado era una ayuda, como yo percibía, pero por otro lado esa ayuda estaba teniendo un costo muy alto y estaba retrasando mi proceso de sanación al enmascarar mis síntomas.

Quiero comentar otra cosa interesante acerca de los sueños, aprovechando el tema de la Vipassana. El último día del curso sí se puede hablar con los compañeros y varios de ellos me comentaron que también habían tenido sueños especiales, lo cual todos atribuimos al intenso trabajo de la meditación y a su efecto purificador.

Los practicantes de diversas técnicas de meditación coinciden en apreciar cambios visibles en sus sueños, no obstante, la energía de un lugar también tiene mucho que ver con esto, como tuve la oportunidad de comprobar al regresar poco después a trabajar como voluntaria en la cocina del centro. Este trabajo me ocupaba casi todo el tiempo y aun así pude notar una gran diferencia con mis sueños normales. De hecho, el primer viaje astral que tuve fue en esos días de servicio. Vi el techo, de la habitación a cinco centímetros de mi «nariz astral» y debido a la impresión que me causó, inmediatamente «caí» de nuevo en mi cuerpo físico.

Hablando con los compañeros voluntarios y otra gente que trabajaba allí, pude constatar que muchas de las personas que duermen en el centro Dhamma Neru, suelen tener sueños especiales, ya sea que estén tomando parte de los retiros de meditación o no. Dhamma Neru significa «Monte Divino» y me hace pensar en el sagrado monte griego del Templo de Asclepio, donde antiguamente las personas pernoctaban con la intención de tener un sueño sanador.

He tenido noticias de otros sitios en el mundo que también tienen fama de provocar sueños inusuales. La mayoría de ellos son reconocidos «sitios de poder» en los que, debido a sus condiciones telúricas o a los hechos allí acontecidos, tienen un nivel energético muy elevado. Sin duda, las intensas prácticas de meditación y los beneficios que recibimos las innumerables personas que pasamos por allí anualmente mantienen muy elevada la energía de Dhamma Neru y contribuyen a que los sueños allí sean tan especiales. [32]

4. «Traición» (20 de septiembre)

Sueño que he llamado a la policía para denunciar a mis amigos que me han dado marihuana. Una de ellos fue mi compañera en la escuela de escritores. Estamos todos en la misma casa. Ellos arriba y yo abajo. Llega un joven agente judicial que me resulta atractivo. Ha entrado sin llamar. Llevo la muestra de marihuana en el bolsillo derecho de mi chaqueta. Él habla en voz alta cometiendo alguna indiscreción. Yo trato de hacerle callar para que mis amigos no lo escuchen. Los estoy traicionando y no quiero que lo sepan.

A) Es un sueño **menor**, ya que sólo me afecta a mí. B) Es un *somnium*, porque es fruto de acontecimientos anteriores a la época en que lo soñé, que fue cuando dejé de fumar marihuana sin estar aún del todo convencida del por qué debía abandonar este hábito. C) Considero que es un sueño de **compensación**, de la categoría de *reducción* debido a que me mostró sentimientos de los que no era muy consciente: que estaba traicionando aquello en lo que antes creía con gran certeza, o sea, que fumar *Cannabis* no era realmente malo para la salud y, por el contrario, me ayudaba a ser creativa y a encontrar la trascendencia de las cosas cotidianas. D) No fue un sueño sistémico, fue **personal**. E) Fue un sueño **repetitivo**, porque el tema de la traición volvió a repetirse más de una vez en un periodo breve de tiempo, aunque no con las mismas imágenes. F) Su bloque temático es personalizado, lo llamo **drogas**. G) Se trata de un sueño de **descarga emocional**, porque desahogué los sentimientos contradictorios con los cuales no estaba lidiando conscientemente. H) Se dio en los llamados **Mundos Intermedios**, quizá en la *zona etérica*. I) No hubo ningún momento de lucidez, fue un sueño **inconsciente**. J) El policía simboliza la autoprohibición de fumar que le resulta atractiva a la conciencia, la compañera de la escuela de escritores simboliza la etapa en la que me aficioné a fumar y la parte de mi conciencia que aún quería seguir haciéndolo. Se trata a todas luces de un sueño **simbólico**.

Comentario: Éste y otros sueños similares me mostraron el lento proceso mediante el cual las diversas tendencias del inconsciente van alineán-

---

32. Si quieres hacer un curso de meditación Vipassana en Dhama Neru, lo cual te recomiendo muchísimo, visita la web: www.neru.dhamma.org. También se imparten estos cursos en muchos otros lugares del mundo, consulta la información en: www.spanish.dhamma.org

dose con una decisión tomada por la conciencia. En un primer momento las partes que aún mantienen otro rumbo continúan en él, cuestionando u obstaculizando los intentos de la conciencia, hasta que ésta, al perseverar en su intento y conseguir más herramientas, de alguna forma va convenciendo poco a poco al resto de la psique hasta unificar su voluntad en un solo sentido y es entonces cuando se dan los cambios permanentes.

Cuando no hay esa perseverancia por parte de la conciencia, ésta sucumbe ante el boicot de las tendencias inconscientes y cualquier intento de cambio termina por abandonarse, de forma que las cosas siguen por el camino acostumbrado. En el caso de mi repentino abandono del arraigado hábito de fumar marihuana, tuve varios sueños de traiciones y otros en los que algunos personajes seguían fumando, o en donde yo misma fumaba y al darme cuenta me sentía culpable, porque para convencer finalmente a toda mi psique de que había hecho lo correcto al dejar de fumar, necesité mucho tiempo y la determinante lectura de un par de libros sobre el aspecto espiritual de las adicciones. Uno de ellos tenía un capítulo sobre el *Cannabis* que hablaba acerca de por qué ciertas personas nos aficionamos a este psicoactivo en particular y no a otro, en función de los problemas inconscientes que no hemos solucionado con relación a la comunicación, a la hipersensibilidad y a la dificultad de materializar nuestros ideales en el plano físico. El otro libro tenía ejercicios para resolver estos problemas y conforme los fui practicando, me vi libre de la necesidad de fumar porque solucioné las causas que la originaban.[33]

> 5. «De visita en Nueva York» (1 de octubre)
> *Sueño que una amiga vive en Nueva York y yo estoy visitándola en su casa. Un actor desconocido nos sirve café y unas tostadas. Luego estoy en un mercado mirando las mercancías. Veo un sitio donde venden pantalones y bufandas.*

A) Se trata de un sueño **menor**. B) Seguramente es un *somnium* originado en experiencias exteriores. C) No encuentro que tenga ninguna función específica, según las definiciones junguianas. D) Quizá sea un sueño **secundario**. E) Fue **ocasional** porque no se repitió en un perio-

33. Cunningham, Donna y Andrew Ramer: *The Spiritual dimensions of healing addictions*, y *Further dimensions of healing addictions*, Cassandra Press, CA, USA, 1996 y 1997. Si te interesa saber más al respecto, visita el apartado de «Mis experiencias con la marihuana» o el de «Chakras y psicoactivos» en: www.mind-surf.net/drogas, donde ofrezco síntesis de las traducciones al castellano que hice de ambos libros.

do corto de tiempo. F) Su bloque temático puede ser el de **diversión**. G) Era un sueño **intrascendente**, pues no me ofreció información útil. H) Tuvo lugar en los **Mundos Intermedios**, quizá en la *zona etérica*. I) Fue un sueño **inconsciente** porque no me percaté de estar soñando. J) Dado que mi amiga en el sueño también es mi amiga en la vigilia y a las dos nos gustaba tomar café e ir a los mercados, podría ser literal, pero mi amiga no vivía en Nueva York sino en Australia. Nueva York simboliza el extranjero, así que se trata de un sueño **semi-simbólico**.

Comentario: Quise terminar esta serie de ejemplos con uno de los múltiples sueño intrascendentes que tuve ese primer y productivo año de llevar mi *Diario*. Con ello quiero evidenciar algunas de las características de este tipo de sueños:

a) Suelen ser breves. En ocasiones contienen una sola escena y ni siquiera hay un cambio de escenario.

b) A menudo no hay ninguna trama o no hay ningún conflicto.

c) No sucede nada que llame la atención de la conciencia.

d) Cuando se lleva a cabo un análisis simbólico de los elementos, no se encuentra ningún mensaje concreto.

Por ejemplo, si hago una lista de las imágenes principales de este sueño y utilizo la técnica de la libre asociación de ideas, obtengo lo siguiente: *amiga:* diversión; *Nueva York:* extranjero, sitio de moda, cliché; *actor desconocido:* igualdad de oficios; *café:* algo conocido; *mercado:* intercambio; *pantalones:* comodidad; *bufandas:* frío.

Lo máximo que podría extraer de esto sería que mi conciencia entró en contacto con una parte inconsciente cercana a ella, a la que encuentra divertida, experimentando algo que consideró un intercambio cómodo y frío. ¿Qué me dice esto? Quizá que tuve un día tranquilo, pero nada más…

Resultados de trabajar con los sueños

Esos cinco sueños que he clasificado forman parte de los 84 que consigné en mi primer *Diario de Sueños.*

Teniendo en cuenta que un año nos brinda al menos 365 oportunidades de recordar un sueño, se puede decir que sólo recordé el 23 % de mis sueños y olvidé el 76 % restante.

Estos porcentajes iniciales fueron mi punto de partida y en relación a ellos he podido observar que, año tras año, mi memoria onírica se ha ido desarrollando hasta invertir esta proporción durante el quinto año consecutivo de anotar mis sueños. Después sobrepasé esa marca. De hecho, hoy en día prácticamente todos los días recuerdo por lo menos uno de mis sueños al despertar. Es muy poco frecuente que no retenga ni una imagen. Lo más normal es que me acuerde al menos de mi último sueño, sin embargo, hay días en que recuerdo dos o más sueños completos.

El tipo de experiencias oníricas que he teniendo a lo largo de estos años también han ido variando. Al principio solía tener muchos sueños secundarios, o sea los que dice Hellinger que acentúan las tendencias negativas de la personalidad. No obstante, conforme comencé a trabajar más en mí misma, mis sueños reflejaron este cambio y, poco a poco, aparecieron más meta-sueños, o sea, aquellos que nos ofrecen pistas para avanzar en nuestros retos. Otro ejemplo notable de esta transformación es que antes rara vez tenía sueños telepáticos, sin embargo, desde que decidí comenzar a invocar sueños para otras personas (lo cual comentaré más adelante), se han convertido en una de las clasificaciones más numerosas dentro de mis estadísticas.

En mi primer análisis retrospectivo anual, me pareció muy interesante el hecho de que no siempre capté las enseñanzas o los mensajes de mis sueños en la época en que los soñé, sin embargo, esta falta de análisis no fue un impedimento para que siguieran llegándome. Continuaron dándose independientemente de que yo me tomara la molestia de interpretarlos o no. O sea que mi Consejo Asesor Onírico es tan generoso que no escatima sus enseñanzas. No dejó de impartirlas a pesar de que yo no las asimilara de forma consciente. Eso me llamó mucho la atención.

Afortunadamente mi caso no es algo excepcional. Por lo que he visto entre la gente que asiste a mis talleres, prácticamente todos descubren con sorpresa que llevan mucho tiempo recibiendo mensajes en sus sueños, aunque nunca hayan sabido cómo interpretarlos. Incluso algunos que han asistido sólo por acompañar a un amigo y no por un interés especial en sus propios sueños, al analizar alguno de los que recuerdan, se sorprenden con la información que les aporta.

Otra cosa interesante que he observado a través de mis propios sueños, los de mis familiares y amigos es que cada soñador tiene un conjunto de escenarios y personajes fijos que se repiten durante un largo periodo de tiempo y a veces durante toda su vida onírica. En múltiples ocasiones esos personajes, escenarios y situaciones aparecen como eran en el pasado y no como son en la actualidad. Muchas veces esos antiguos escenarios oníricos son visitados por personajes que no eran contemporáneos y, por lo tanto, nunca estuvieron físicamente en ellos. A veces se sueña con personas ya fallecidas, como si estuvieran vivas y en diversas ocasiones no hay una actualización de los cambios físicos que han sufrido ciertas personas o lugares. Por ejemplo, mi padre es veterinario especialista en bovinos. Durante muchos años tuvo un rancho de vacas lecheras hasta que lo eligieron presidente de una asociación de ganaderos, y a partir de entonces se dedicó a la política y dejó de ejercer su profesión. La mayoría de sus sueños están poblados de personajes políticos con quienes sostiene conversaciones en su antiguo rancho o en la vieja casa de sus padres, tal como solían estar en el pasado y no en la actualidad. Ocasionalmente, aparecen también sus queridas vacas y escenarios campestres de su niñez que hace años que ya no existen como tales.

Todo nuestro bagaje cultural y experiencial se pone de manifiesto en nuestros sueños; en ocasiones, de forma mucho más evidente de lo que pudiera manifestarse a través de una simple conversación, porque además de sus propios escenarios y personajes, cada uno tiene sus respectivos símbolos de codificación emocional y sus muy particulares contenidos temáticos. Si yo fuera cantante o arquitecta o educadora de niños, seguramente mis sueños tratarían de esos temas y al haber leído los ejemplos de las páginas anteriores, en este punto tú tendrías información indirecta acerca de los dilemas de alguien que canta ópera, que construye edificios o que educa niños; pero como yo soy lo que soy y me dedico a lo que me dedico, pues este capítulo es como es y tú ahora sabes algo acerca de mi pasado emocional junto con ciertas cosas que quizá no sabías respecto a los psicoactivos, la adicción a la marihuana y la meditación Vipassana…

CUARTA TAREA:

CLASIFICA ALGUNOS DE TUS SUEÑOS

Te recomiendo que ahora intentes clasificar algunas de las experiencias oníricas que ya tengas consignadas en tu *Diario de Sueños* para que puedas practicar lo que acabas de aprender.

Ten en cuenta que existen algunas categorías que únicamente se pueden asignar cuando ha pasado el tiempo o hasta después de que se ha hecho alguna clase de análisis. Por ejemplo, hay ocasiones en que sólo se puede saber si un sueño tiene una función prospectiva o de compensación después de que la interpretación lo pone de manifiesto. De igual forma, nunca se puede afirmar que un sueño es premonitorio en cuanto la persona se despierta, ya que incluso entre quienes tienen un comprobado historial precognitivo, no siempre el 100 % de sus sueños llegan a manifestarse en la realidad tal como fueron soñados.

Así es que no hace falta que clasifiques exhaustivamente tus sueños antes de comenzar a trabajar con ellos. Basta con que puedas incluirlos en algunas categorías basándote en tu intuición y en las descripciones que aquí se han expuesto. En realidad, lo importante es que sepas a qué me refiero cuando en adelante hable de los diferentes tipos de sueños y describa las técnicas que funcionan mejor para trabajar con cada uno de ellos a fin de interpretar sus mensajes o de ponerlos en práctica.

Capítulo 4

«El sueño es una *autorrepresentación espontánea de la situación actual de lo inconsciente expresada en forma simbólica.* Toda génesis del sueño es esencialmente subjetiva: el sueño es el teatro donde el soñador es a la vez escena, actor, apuntador, director, público y crítico [...] Esta interpretación, como su nombre lo indica, ve en todas las figuras del sueño rasgos personificados de la personalidad del soñador [...] El sueño habla con frecuencia del padre, pero en realidad designa al soñador mismo [...] Nuestras imágenes son partes integrantes de nuestro espíritu, y cuando nuestro sueño reproduce cualesquiera representaciones, éstas son ante todo nuestras representaciones, para cuya elaboración ha contribuido la totalidad de nuestro ser.»

C. G. Jung
Energética psíquica y esencia del sueño

¿Cómo se analizan los sueños con técnicas psicoanalíticas?

Hay muchas técnicas distintas para analizar los sueños y cada una está basada en ciertas premisas previas que condicionan el análisis. En este capítulo se explicarán tres técnicas esenciales para el análisis onírico basadas en el paradigma de que todo aquello que aparece en nuestros sueños representa una parte o una tendencia de nuestra propia psique.

Ya he mencionado antes que la raíz griega de *psique* significaba soplo de vida o hálito del alma. Hoy en día la definición coloquial de este término ha pasado a ser un sinónimo de *mente*. Su definición operativa en los campos del psicoanálisis y de la psiquiatría es esta:

> **Psique:** Conjunto de procesos conscientes e inconscientes propios de la mente humana, en oposición a los que son puramente orgánicos.[34]

Al trabajar con estas técnicas de análisis vamos a considerar que todo lo que aparece en nuestros sueños simboliza una parte de nosotros mismos y, por lo tanto, al estudiar nuestros sueños, única y exclusivamente estamos estudiando el interior de nuestra propia psique, o sea, nuestros procesos mentales conscientes (representados por las creencias, actitudes y acciones del soñador dentro del mismo sueño) y nuestras tendencias inconscientes (representadas por el resto de los personajes, escenarios y elementos oníricos).

En función de esta premisa, la única clave que necesitamos para el análisis onírico se encuentra en la asociación emocional que el soñador tiene con cada una de las imágenes que hayan aparecido en su sueño. Así

---

34. www.diccionarios.com

es que lo más importante es desentrañar cuál es esta asociación, que a menudo es algo muy personal. Por ejemplo, si alguien sueña con una enfermera, deberá buscar qué es lo primero que le viene a la mente sobre las enfermeras en general y sobre la de su sueño en particular. Supongamos que a esa persona, durante su infancia, una enfermera le pinchó mal una vena al extraerle sangre para un análisis, entonces es muy probable que relacione a las enfermeras con algo capaz de ocasionar dolor. En cambio, para otra persona que no haya tenido esta experiencia, la asociación será distinta. Digamos que si en la adolescencia alguien leyó la biografía de Florence Nightingale o vio una película sobre ella, quizá piense en las enfermeras como un símbolo de abnegación y servicio. Si ya en su vida adulta una mujer feminista estuvo ingresada en un hospital donde le llamó la atención el hecho de que todos los doctores eran hombres y todas las enfermeras eran mujeres, quizá asocie a una enfermera con el sometimiento de las mujeres a las reglas de los hombres… y así podría llenarse esta página con varios ejemplos más.

Como ya comenté, para esclarecer cuál es la asociación que cada persona tiene frente a una imagen concreta, se recurre a la llamada «asociación libre de ideas», que consiste en hacer una lista con los elementos principales del sueño y anotar a continuación lo primero que viene a la mente, sin pensarlo. Estas asociaciones son la materia prima con la que trabajan los analistas o las personas interesadas en hacer un autoanálisis de sus propios sueños. Por eso, la primera técnica que se presenta en este capítulo, el *análisis onírico*, tiene como finalidad sacar a relucir nuestras propias asociaciones emocionales y esclarecer de qué trata nuestro sueño, cuál es el conflicto o dilema que nos presenta y cómo intenta resolverlo nuestra psique.

Hay veces que recordamos sólo un fragmento o una escena del sueño que no tiene una trama completa y, por lo tanto, no podemos aplicar este tipo de análisis. Y aun cuando podamos hacerlo, en ciertas ocasiones esta primera interpretación nos deja algunas incógnitas. Para estos casos contamos con otras dos técnicas auxiliares.

Cuando nos quedamos intrigados con respecto a la aparición de un personaje peculiar o enigmático en nuestros sueños, podemos establecer una conversación con él o con ella utilizando la «escritura automática». De esta forma permitimos que la tendencia inconsciente que dicho personaje representa pueda tener un canal de expresión y pase hacia la conciencia. Con esta finalidad podemos recurrir a la segunda técnica que consiste en sostener una *conversación con personajes oníricos*.

Cuando lo que nos inquieta no es un personaje, sino un objeto, un escenario o una situación cuyo significado no atinamos a definir, es aconsejable entrar de nuevo a las imágenes del sueño para llevar a cabo una *exploración de símbolos oníricos*. Así podemos revivir lo que presenciamos durante el sueño recreándolo para experimentar, desde dentro, el significado de aquello que nos intriga.

En mi experiencia personal, he notado que la práctica de estas técnicas me ha dotado de un profundo sentido de autorresponsabilidad. Al no ver a los personajes de mis sueños como presencias ajenas que me hacen cosas agradables o desagradables, he podido identificar mis propias tendencias inconscientes que apoyan o boicotean las decisiones que tomo o evito tomar desde la conciencia. De esta forma he logrado dirigirme a la causa y no a los síntomas de mis problemas.

1. Análisis onírico

Para llevar a cabo este análisis vamos a comparar la estructura de una obra literaria con la estructura de un sueño. Primero vamos a identificar la situación, o sea, quienes son los personajes y cuál es el escenario de nuestro sueño, después buscamos qué dilema o conflicto hay entre estos personajes, cómo se intenta resolver y cuáles son los resultados de tal intento. A continuación vamos a sacar nuestras asociaciones personales con relación a los elementos principales de cada parte del sueño y, por último, vamos a responder cuatro preguntas tratando de vincular lo que ocurre en el sueño con lo que está sucediendo en nuestra vida de vigilia. Todo esto se comprenderá mejor mediante una breve exposición:

En toda obra literaria, desde un cuento de hadas hasta una novela contemporánea, siempre hay una primera escena donde se da a conocer el escenario y los personajes. Tomemos como modelo la estructura de *La bella durmiente,* cuya *situación* es muy simple:

Había una vez un reino muy lejano en el que nació Aurora, una bella princesita. Sus padres estaban tan contentos que organizaron un gran bautizo.

Enseguida se introduce un *conflicto* en torno al cual girará el cuento:

Se olvidaron de invitar a Maléfica, una bruja mala que lanzó un hechizo contra la princesa para que muera al cumplir los quince años al pincharse con el huso de una rueca. Un hada buena logra transmutar el hechizo para que no se muera, sino que caiga en un profundo sueño del que sólo despertará con un beso de amor. El rey manda quemar todas las ruecas y esconde a la princesa.

Al presentarse un conflicto, simultáneamente se genera un dilema que tiene al menos dos posibilidades de solución. En este caso las posibilidades son que se cumpla el hechizo y, efectivamente, Aurora se pinche a los quince años o que no se cumpla.

Eventualmente, cualquier trama llega a un punto de **desenlace,** donde se enfrenta el conflicto y, según el género literario del que se trate, se resuelve de una forma negativa (drama), no se resuelve (novela contemporánea con final abierto), o se resuelve de una forma positiva (típico de un cuento de hadas):

A pesar de las precauciones la princesa Aurora se pinchó y cayó en un profundo sueño. Luego llegó el príncipe Felipe. Luchó contra un dragón que le impedía el paso, lo venció y despertó a la princesa con un beso de amor. Finalmente se casaron y vivieron felices para siempre.

Muchas de nuestras experiencias oníricas contienen las mismas partes de cualquier obra literaria porque en nuestra vida diurna constantemente estamos enfrentando conflictos o dilemas que requieren una decisión o resolución y nuestros sueños reflejan estas disyuntivas a través de personajes y situaciones simbólicos. Tomemos como ejemplo, este sueño de Sofía de la Ciudad de México:

Situación

«El niño-pavo»
Sueño que estoy en la oficina cortando un pavo. De pronto ya no estoy cortando un pavo sino un bebé humano. Mi profesor favorito del doctorado está junto mí. Me alegro de que él esté viendo lo que hago. Él también se alegra y sonreímos cuando le paso un plato con un trozo de la carne del bebé.

La lógica onírica en muchas ocasiones es bastante distinta a la lógica diurna. Es indispensable tenerlo siempre presente. Hasta aquí aún no hay todavía ningún conflicto en el sueño. A pesar de que la conciencia diurna pudiera encontrar algún problema en estas imágenes, a ninguno de los personajes les resulta alarmante lo que ocurre.

Conflicto

> *De pronto entran mis padres para avisarme que han tenido otro hijo y que yo tendré que llevarlo a la escuela. Me pongo histérica pensando que de nuevo tendré que madrugar todas las mañanas para llevar a mi hermanito al kínder y a la primaria. Siento que no es justo porque yo ya terminé mis estudios y ahora tendré que empezar a ir a la escuela de nuevo.*

Aquí sí hay un conflicto onírico que presenta un dilema a la soñadora: ¿Ayudará a sus padres en lo que le piden o no? A partir de que se abre este dilema la soñadora se ve obligada a tomar una decisión que dará algún tipo de resolución al conflicto. Aunque también cabe la posibilidad de que un sueño no muestre ninguna resolución, sino un simple diagnóstico de la situación.

Desenlace

> *Ahora estoy en mi habitación. Me siento desesperada y arrojo al suelo todos mis maquillajes y otras cosas que hay en mi tocador. Entra mi marido y le grito furiosa. Despierto tosiendo furiosa aún por la injusticia.*

La forma en que la soñadora responde al dilema es no tomando ninguna decisión, ya que no acepta llevar al hijo de sus padres a la escuela, pero tampoco se niega a hacerlo. Termina actuando con enfado y violencia, pero no queda claro si va a ayudar a sus padres en lo que le piden o va a negarse.

Si aún no hemos emprendido ninguna acción frente a un conflicto que se nos está presentando en nuestra vida diurna, esto es lo único que nos muestra el sueño. Así, en este sueño, aun sin analizar simbólicamente los elementos importantes, tanto la soñadora como una persona ajena a su vida y a sus circunstancias pueden observar a simple vista que hay un conflicto que le exige tomar una decisión y en vez de enfrentar el problema y tomar la decisión requerida, la soñadora se siente furiosa por tener que tomarla y reacciona con violencia, sin llegar a ningún tipo de resolución.

Para saber de qué se trata concretamente el dilema que la soñadora no está enfrentando, es necesario que ella piense en su vida actual y busque alguna situación que pueda identificar con la falta de decisión que su sueño le está mostrando. A partir de este punto, el análisis ya no lo puede realizar una persona ajena sino que tiene que llevarlo a cabo la propia soñadora, que es la única que conoce por completo sus propias circunstancias.

Incluso si algún amigo cercano o un familiar que la conozcan a fondo intentaran ayudarle, no tendrían en su poder TODOS los elementos probables para continuar con el análisis, ni estarían libres de proyectar sobre la soñadora sus propias creencias, suposiciones o prejuicios. Por eso quien soñó algo es quien tiene siempre la última palabra sobre su propia experiencia onírica en este tipo de análisis.

En el caso del sueño de Sofía, ella pudo identificar en la primera parte de su experiencia onírica cinco palabras que le resultaron simbólicamente relevantes. Mediante la asociación de ideas dedujo lo siguiente:

oficina – *mi trabajo*
pavo – *navidad, acción de gracias, celebraciones familiares*
bebé humano – *incongruencia, me horroriza que me resultara normal cortar su carne*
profesor – *cumplir las expectativas de mi profesión*
sonreímos – *estamos de acuerdo, estoy contenta*

A continuación, Sofía contesta la siguiente pregunta reuniendo en una sola idea el resultado de sus asociaciones: ¿De qué trata este sueño?
De mi profesión, estoy contenta trabajando a pesar de que hay algo que resulta incongruente.

En la segunda parte de su sueño, Sofía identificó otras cinco palabras relevantes y realizó las siguientes asociaciones.

mis padres – *les debo mucho*
otro hijo – *paternidad*
escuela – *responsabilidad*
madrugar – *algo que detesto*
no es justo – *yo ya terminé todos mis estudios y estoy cansada, no quiero regresar a esos horarios escolares esclavizantes*

Con estas asociaciones respondió la siguiente pregunta: ¿Cuál es el dilema o conflicto que me plantea este sueño?
Por dedicar tanto tiempo a nuestra profesión mi esposo y yo hemos hecho a un lado las responsabilidades de la paternidad. Yo tengo el cargo con el que siempre había soñado, con un horario muy flexible. Ha sido una gran conquista para mí y lo perdería todo al tener un hijo.

En la tercera y última parte de su sueño, Sofía encontró lo siguiente:
mi habitación – *de matrimonio, mi matrimonio*

desesperada – *no es justo que yo tenga que renunciar a lo que tanto trabajo me ha costado conquistar*
maquillajes – *ser mujer, lo femenino*
marido – *él no tiene que renunciar a nada por ser hombre*
grito – *estoy furiosa*

Con esto Sofía respondió una tercera pregunta: ¿Cómo intento resolver el dilema o conflicto y qué resulta de ello?

No resuelvo nada. Estoy furiosa con mi condición de mujer. Mi parte femenina (ánima) está desesperada y mi parte masculina (ánimus) también está sufriendo las consecuencias.

En función de este diagnóstico, la soñadora tiene que contestar una última pregunta: ¿Qué pienso hacer al respecto?

Voy a tomarme una semana de descanso para meditar seriamente si quiero ser madre o no. Voy a sopesar cuidadosamente todos mis argumentos a favor y en contra para tomar una decisión, asumiendo con plena responsabilidad todas las consecuencias de la decisión que tome, ya que no sólo afectará mi futuro personal, sino mi relación de pareja pues mi marido sí quiere tener hijos algún día no muy lejano y recientemente ha sacado el tema a relucir en una conversación con mis padres.

La última pregunta del análisis es la más importante, ya que se trata de dar una aplicación práctica a la nueva información que tenemos. Si no pasamos a la práctica y hacemos algo al respecto, el análisis resulta ser un mero entretenimiento. Y las consecuencias de desestimar un diagnóstico onírico, en ocasiones, pueden ser bastante desastrosas. Recibir un mensaje tan claro como éste y seguir igual sería tan absurdo como ir al médico, escuchar la noticia de que tenemos una enfermedad progresiva y luego salir y no hacer nada al respecto.

En el caso de Sofía, desestimar la advertencia y continuar sin tomar una decisión probablemente ocasionaría que las tendencias en conflicto dentro de su psique, tanto las que desean tener un hijo, como las que están en contra, la mantengan en un elevado grado de tensión emocional e infelicidad que eventualmente va a repercutir tanto en su trabajo como en su matrimonio. O quizá, si el choque de esas fuerzas inconscientes es muy grave, incluso puede llegar a generar alguna forma de autoboicot, como un accidente o una enfermedad, de manera que se vea obligada a pasar unos días alejada de su rutina y, finalmente, se tome el tiempo necesario para decidir algo al respecto.

Es importante señalar que no todos los sueños nos van a mostrar dilemas tan importantes y con tan profundas implicaciones, pero sí es muy probable que nos señalen algún problema o inquietud que en ocasiones ni siquiera hemos identificado como tal.

Ejemplo de análisis onírico básico

Éste es el sueño de mi paisana Sara de Ciudad Satélite (Estado de México). Sara se enfrenta desde su nacimiento a una discapacidad física. Tenía 26 años cuando tuvo este sueño. Está dividido en escenas dramáticas y los elementos principales del sueño aparecen subrayados:

Situación:

«Libérate»

Mariana, mi sobrina, me da un mazapán que es mío y me pregunta si no me lo quiero comer (como si quisiera que le dé aunque no puede comer de todo). Ahora estamos en mi recámara, el mazapán está partido y platicamos sobre los cacahuates japoneses, le pregunto si los ha probado con chamoy y pone cara de curiosidad, nos disponemos a ir a la tienda por unos.

Conflicto:

Saliendo de la casa (en la rampa) me encuentro con mi hermana y me dice «no puedes» refiriéndose al hecho de llevarme a su hija. Estamos en la tienda y ni siquiera tengo que comprar cacahuates, pues al ser sólo para que Mariana los pruebe, la chica de la tienda nos regala la bolsita que ella se estaba comiendo con los últimos seis. En eso llega mi hermana, histérica, diciendo que por qué les enseño cosas malas a sus hijas. Me engento y salimos de la tienda.

Desenlace:

Le contesto, con actitud de «no seas exagerada» y con la intención de hacerla enojar: «Ahorita llego a la casa a enseñar a masturbarse a Socorro, no te preocupes». Al decirlo siento la energía del enfado. Por supuesto se enoja más.

Éstas son las asociaciones que hizo Sara con respecto a los elementos del sueño presentes en la situación:

Mariana – *tiene 10 años, compartimos cosas sólo entre ella y yo, en particular tiempo y «hacer» manualidades*

mazapán – *dulce de cacahuate, casi no como dulces*

cacahuates – *Mariana tiene alergia a oleaginosas y ciertos alimentos*

no puede comer de todo – *como en una dieta, debe cuidar lo que come pues no todo está bien para ella*

cara de curiosidad – *interés por algo nuevo*

Basándose en sus asociaciones, esto fue lo que Sara respondió a la primera pregunta: ¿De qué trata este sueño?

Quiero, desde una parte inocente de la conciencia, probar hacer cosas a las que me he limitado por miedo al daño, darme libertad de movimiento, liberarme del control y del miedo.

Éstas son las asociaciones que aparecen en el conflicto:

mi hermana *– encuentro con la «controladora» de Mariana pero no de mí; sabe que se le va el control de sus hijas y no quiere perderlo*

no puedes *– implica control y permiso, que son los menos importantes, ya que la posibilidad se puede hacer*

regalados *– no comprados, todo está bien, son tan pocos que no hay riesgo de alergia*

histérica *– control aferrado a controlar*

cosas malas *– cosas de las que tiene miedo o desconoce*

me engento *– quiero cambiar de situación, no quiero discutir*

Al releerlas Sara contestó: ¿Cuál es el problema o dilema que me plantea este sueño?

Mi curiosidad es tanta que me olvido de las limitaciones y me animo a ir a probar cosas desconocidas, dejando de lado mi parte controladora. Sé que sólo es cuestión de decidir y hacer, al permitírmelo me siento bien y todo se va dando, hasta que el ego y los miedos se sienten amenazados, yo no quiero discutir y enfrentarme al ego.

Por último, éstas son las asociaciones de Sara respecto a los elementos del desenlace:

exagerada *– sabes que es una tontería*

hacerla enojar *– intención de herir y asustar*

Socorro *– otra hija, 12 años, comienza pubertad; es muy liberal en oposición a mi hermana*

enseñar a masturbarse *– algo que no se enseña y que mi hermana no desearía para su hija, pero que muy probablemente no podrá evitar*

se enoja más *– logro herirla y siento la fuerza de la herida contra mí*

Con esto respondió la última pregunta: ¿Cómo intento resolverlo?

Veo que es una tontería tener esos miedos y, sin embargo, pueden aumentar al enfrentar la siguiente etapa de mi vida, cuando me voy haciendo libre y el poder del control es completamente ridiculizado, esto le duele a mi ego.

Antecedentes:

Antes de esta secuencia onírica ya analizada, Sara soñó con una breve escena:

> Estoy en la parte exterior de mi casa (en la rampa) y me acompañan dos seres de luz con energía femenina. Comprendo qué «poder» tienen las connotaciones de control, posibilidad y permiso y que esto a veces se opone al hacer.

Sara estaba viviendo un proceso de sanación, en el que se enfrentó con partes de ella que tenía olvidadas, pudo ver que el miedo había sido una de sus mayores limitaciones; asimismo recibió varios mensajes en sueños animándola a seguir en este proceso y haciéndole saber, como es este caso, que tenía que soltar algunas cosas para recibir otras.

Aplicación práctica:

> Es muy claro el mensaje sobre enfrentar al ego para poderme liberar, es cuestión de trabajo interior con el ego, el control y los miedos, seguiré escarbando hacia dentro y me enfrentaré a lo que he evitado, sabiendo que si lo rechazo, es contra una parte de mí misma y que no lo resolveré de esa manera sino enfrentándolo, aceptándolo y perdonándome.

2. Conversación con un personaje onírico

Muchos de nuestros sueños contienen una presentación, un conflicto y algún tipo de resolución; pero también es normal que haya varios sueños que no lleguen a ser «sueños completos». A veces sólo recordamos alguna imagen o escena cuando despertamos. Si en la imagen o escena que permanece en nuestra memoria hay un personaje que nos llame la atención, podemos conversar con él.

Con la clara conciencia de que estamos dándole voz a una parte de nuestro propio inconsciente, y por lo tanto estamos sosteniendo un diálogo con nosotros mismos, podemos utilizar el método de la «escritura automática» respondiendo lo primero que nos llegue a la mente a fin de obtener alguna información que resulte útil o para resolver un conflicto con algún personaje.

Por ejemplo, si alguien sueña que inicia una discusión con un desconocido y termina golpeándolo antes de despertar furioso, puede imaginarse que vuelve a verlo y en lugar de continuar con el pleito, puede comenzar una conversación para averiguar cuál es el problema y solucionarlo sin recurrir al uso de la violencia.

Esta técnica también se puede utilizar con un sueño completo, cuando encontramos en él algún personaje cuya presencia nos intriga, cuando alguna conversación con alguien ha quedado interrumpida o cuando, después de haber practicado el análisis onírico básico, aún nos quedan interrogantes que deseamos aclarar. También se puede usar por mera curiosidad, como fue el caso de Pau de Barcelona. Éste es su sueño:

> «Cantante de blues»
> Voy caminando por las Ramblas con dos amigos. Es de noche. Ellos hablan animadamente. Yo quiero participar en la conversación pero no se me ocurre nada. Pasamos por delante de un bar donde hay una cantante negra interpretando un blues. Creo que luego sucede algo que no recuerdo y en la siguiente escena estoy sentado en un banco del Maremagnum. Mis amigos ya no están conmigo. Junto a mí está sentada una chica muy guapa. Quiero hablarle, pero sé que me va a rechazar y ni lo intento.

Pau encontró que el sueño reflejaba el problema que tenía en sus relaciones con los demás debido a que no confiaba suficientemente en sí mismo y no se acercaba ni a sus amigos, ni a las chicas que le gustaban por miedo al rechazo. Era un sueño muy claro, sin embargo le sorprendió mucho la aparición de la imagen tan elaborada y tan poco protagónica de la cantante de blues dentro de la trama de su sueño.

Entonces se planteó hacer este ejercicio sólo por curiosidad para conversar con la cantante y preguntarle por qué aparecía en su sueño y qué parte de sí mismo representaba. De hecho, éstas fueron las dos únicas preguntas que formuló antes de comenzar, sin embargo, en el transcurso de la conversación le surgieron otras dudas y el diálogo se alargó:

> *Pau*: Hola guapa, ¿puedo hablar contigo?
> *Cantante*: Puedes. Ya lo estás haciendo.
> *P*: ¿Qué te trae por mis sueños?
> *C*: ¿Qué te trae a ti por delante de mi bar?
> *P*: ¿Eres la dueña del bar donde te vi cantando?
> *C*: Así es. Soy dueña de mi bar, de mi voz y de mis actos.
> *P*: ¿Eso quiere decir que representas una parte de mí que tiene la seguridad que me falta?
> *C*: A ti no te falta seguridad. La tengo yo, ¿no lo ves? Sólo tienes que expresarla. Así como estás hablando ahora conmigo puedes hablar con cualquiera.
> *P*: Pero no se me ocurre qué decir.

C: *Pues haz preguntas como ahora. Es la mejor forma de iniciar conversaciones. Haz preguntas y comentarios sobre las respuestas. Eso es todo.*
P: *¿Qué pasa si hago preguntas tontas?*
C: *No pasa nada. A la gente le agrada hablar de sí misma. Siempre buscan una oportunidad para hacerlo. Tú lo sabes. Lo has notado.*
P: *Sí. Gracias guapa, por el consejo.*
C: *Aquí me tienes, guapo.*

Después de terminar el diálogo, Pau se sintió muy bien y se sorprendió de lo que pudo decirse a sí mismo. Así es que decidió seguir el consejo de la cantante onírica de blues interesándose por las personas a su alrededor y preguntándoles cosas acerca de sí mismas:

He visto que tengo una fuerza interior que desconozco pero puedo utilizar. Me he propuesto estar más abierto a la gente y confiar más en mí.

Ejemplo de conversación con un personaje onírico

Vamos a utilizar un sueño que tuvo Carolina de Burgos durante uno de los días en que asistió a las reuniones semanales de un grupo de autoayuda para gente con problemas de autoestima. Durante una sesión, la psicóloga que dirigía el grupo interrogó a los asistentes acerca de las creencias que sus respectivas familias y escuelas tenían sobre el sexo durante su infancia. Carolina comentó ante el grupo que asistió a una escuela de monjas donde el sexo estaba visto como un gran pecado y con sus padres nunca habló sobre el tema porque en esos tiempos no era costumbre. La psicóloga les pidió a continuación que comentaran algo respecto a sus primeras experiencias sexuales. Carolina no quiso hacerlo porque no se sintió cómoda con la idea. Esa noche tuvo el siguiente sueño:

«El sistema judicial»
En mi sueño he tenido sexo con alguien. No sé con quién porque no he visto la escena. Sólo recuerdo que así ha sido y que siento culpabilidad por ello.
Luego estoy en la entrada de un teatro. Dentro se está llevando a cabo una representación y una juez acaba de entrar a interrumpir la obra para amonestar a alguien del público por su mala conducta. Junto a mí aparecen dos mujeres del juzgado con togas de terciopelo verde oscuro. Hablan del bien que hace el sistema de justicia. Dicen que se creó para defender a los oprimidos de los abusos de los poderosos. Están muy convencidas de la necesidad del sistema judicial y de su eficacia. Me asomo por unas puertas

abiertas donde se ve la parte lateral del escenario. De allí salen dos artistas caracterizadas con ropas antiguas. Una de ellas lleva un vestido de terciopelo rojo y un sombrero de dama medieval. Se pone a hablar con otra chica que está afuera, se ven muy divertidas, yo quiero integrarme pero no me atrevo, pienso que ellas me rechazarán y sólo las veo reír desde lejos.

Luego entro al teatro y veo una especie de cubre-asiento que la juez ha puesto en la butaca de la persona a la que entró a amonestar. Por detrás del respaldo, a la altura de la espalda de la mujer, que ya no está allí, dice: «Carola Guarra». Pienso que es el castigo que la juez escogió para amonestar a la mujer y que ella se fue al no soportar la vergüenza, por eso su butaca ahora está vacía.

Al realizar el análisis onírico básico para este sueño Carolina respondió de la siguiente manera a las cuatro preguntas del ejercicio:

¿De qué trata este sueño?
De mi relación con mi propia sexualidad.
¿Cuál es el conflicto?
Ciertas partes femeninas de mi conciencia están convencidas de que merezco ser castigada por mis deseos sexuales, aunque al mismo tiempo otras partes tienen esperanzas de mantener una relación de pareja que unifique ternura y erotismo.
¿Cómo intento resolver este conflicto?
No intento resolverlo, simplemente observo todo pasivamente sintiendo que no soy digna ni siquiera de que alguien me preste atención y siento un gran temor a la vergüenza.
¿Qué puedo hacer al respecto?
Replantearme la forma en que me veo a mí misma. Pedir a mi terapeuta una sesión personal para que me ayude a lidiar con el origen de la culpabilidad que siento. Hacer algo para cambiar mi escala de juicios y valores.

Después de revisar su sueño comprobó que no existía una conversación apenas iniciada, pero sí había cuestiones sin resolver y además la conversación de las mujeres con las togas le llamó mucho la atención. Entonces escogió a las mujeres del juzgado para dialogar con ellas y formuló algunas preguntas. Visualizó de nuevo todo el sueño en su imaginación hasta el momento en que aparecieron ellas. Se metió en la piel de ambas mujeres hasta que sintió que se identificó con ellas y con sus puntos de visa. A continuación desarrolló el siguiente diálogo:

Carolina: ¿También sois juezas?
Mujer 1: Estamos en prácticas.
C: ¿Qué hacéis aquí?

Mujer 2: *Esperamos a la jueza, le ayudamos y aprendemos de lo que hace ella.*

C: *¿Es buena?*

M2: *Sí, es una gran profesional.*

C: *¿Qué hace allá adentro? ¿Por qué amonesta a alguien del público?*

M1: *Por lo que estaba haciendo durante la representación.*

C: *¿Qué?*

M2: *Infringiendo una ley.*

C: *¿Quién dicta las leyes?*

M2: *La sociedad, la moral interna, el bien común, el orden.*

C: *¿Creéis que existe otro sistema judicial para proteger a los oprimidos de los opresores que no esté basado en el castigo?*

M1: *No sabemos… Podría ser.*

M2: *Hasta ahora no hemos oído hablar de algo así.*

C: *¿Qué tal uno basado en poner la otra mejilla y dar amor como decía Jesús?*

M1: *No sé si podría funcionar.*

M2: *A largo plazo, quizá…*

C: *¿Podríais dedicar vuestra vida profesional a buscarlo?*

M1: *Sí. Sería bueno encontrar otro método en el que no se tuviera que infligir daño a los acusados.*

M2: *La idea es buena, pero yo no estoy muy convencida de que pueda mantenerse el orden si no es mediante la amenaza de castigos o privaciones de algún tipo.*

C: *Está bien, pero ¿podríais comprometeros al menos a buscar una alternativa?*

M2: *Sí.*

C: *¿Qué tal si os convertís en rehabilitadoras amorosas?*

M1: *Sí, me apetece la idea.*

M2: *Cuando estemos convencidas de la eficacia de otro sistema alternativo que sea justo para todos, podría ser.*

C: *¿Y la jueza, también ella estaría de acuerdo?*

M1: *Sí, también ella.*

M2: *Ella antes que nadie porque es muy buena.*

C: *Gracias, señoras, por hablar conmigo. ¿Tenéis alguna tarea para mí o algún consejo?*

M1: *Sí. Ayúdanos a encontrar esa otra forma de orden y compensación que no esté basada en la privación o en el tormento.*

Después de releer el diálogo Carolina se percató de que había respondido todas las preguntas que formuló en un principio y otras que surgieron con relación a las respuestas de las mujeres de sus sueños. Éstas son sus consideraciones posteriores:

Al principio pensaba que las respuestas que recibía eran muy obvias, y sin embargo no se me habían ocurrido antes. Pero al revisar todo el diálogo veo que en verdad tengo nueva información que antes no me había pasado por la cabeza y también tengo una nueva pregunta: ¿Concretamente qué puedo hacer para encontrar ese otro sistema judicial?

La sabiduría específica que puedo extraer de este diálogo es que los conceptos que aprendí en mi niñez sobre el sexo, sobre lo que está bien y lo que está mal aún están muy activos en una parte de mi inconsciente, a pesar de que yo haya cambiado esas ideas. También he observado que aún no soy capaz de renunciar a un sistema de castigos porque no les he podido dar suficientes argumentos a estas partes enjuiciadoras de mi conciencia para no castigar a esa otra parte víctima que también forma parte de mí.

Como **aplicación práctica**, Carolina se propuso continuar en su grupo de autoestima y formuló las siguientes intenciones:

Voy a informarme y educarme en vez de castigarme. Voy a acercarme y hablar con las personas sin pensar que me juzgan y me rechazan, no puedo saber si es cierto o no antes de hablar con ellas. Voy a leer más libros positivos que me ayuden a actualizar mi forma de pensar ya que necesito cambiar mis actitudes y creencias relativas a la sexualidad y a la necesidad de castigo.

3. Exploración de un símbolo onírico

En nuestras experiencias oníricas a menudo aparecen cosas insólitas, absurdas o imposibles de ver en el mundo de vigilia. Algunos sueños están poblados de objetos, acciones o situaciones raras, ilógicas o cuando menos, bastante extravagantes. A pesar de ello, desde la óptica del psicoanálisis siempre hay una lógica detrás de su aparición. Sólo que no es la lógica de la vigilia con la que estamos tan familiarizados, sino la lógica onírica del simbolismo, donde cada elemento representa algo más, algo que no se ve a simple vista y que sólo el observador atento o versado en simbología puede descubrir.

Un mismo elemento puede simbolizar varias cosas a la vez, por eso, desde el punto de vista de la semántica, «un símbolo dice más que mil palabras» ya que simultáneamente puede estar ofreciéndonos información en varios niveles, a través de diferentes acepciones y por medio de distintos canales sensoriales. Por ejemplo, no es lo mismo leer las palabras «hielo ártico», que estar en medio de un sueño delante de una enorme masa de hielo donde podemos experimentar su frialdad, asustarnos frente a la inmensidad de los bloques, sorprendernos por estar allí, maravillarnos ante la belleza, etc. Todo al mismo tiempo...

Las palabras tienen un significado mucho más concreto que una imagen en una pantalla de cine, pero a su vez, ir al cine tiene menos impacto y menos significado que estar dentro de la escena misma en el interior de un sueño. Por ese motivo el lenguaje onírico es semánticamente superior y tiene su propia y maravillosa lógica. Si entramos en él con la reverencia que merece, podemos encontrar una inigualable fuente de mensajes multisensoriales.

Una vez trabajé con una chica de Santiago de Compostela llamada Cristina, que en un sueño vio a una estatua de una mujer envuelta en papel de plástico transparente, del que se usa en los aeropuertos para envolver las maletas. Bueno, en realidad esto de las maletas es mi asociación particular, para otras personas el mismo plástico podría recordarles la envoltura de sus sándwiches en la escuela, o la forma de cubrir un plato antes de meterlo al refrigerador... Para Cristina era un absurdo.

Cuando hizo la asociación de palabras del análisis onírico básico, delante de «plástico transparente» ella escribió: «absurdo». Eso fue lo primero que le vino a la mente al recordar la imagen onírica de una estatua femenina desnuda y envuelta en este tipo de plástico en medio de una glorieta por la cual ella iba circulando en su coche.

El sueño completo trataba sobre su relación con los hombres. El conflicto que le mostraba era su miedo a entablar una relación y en el desenlace era evidente que ella estaba sufriendo. Quiso ver qué más podría extraer de esa imagen tan extraña y se visualizó a sí misma desnuda, envuelta en plástico, en el lugar de la estatua, en medio de una rotonda. Fue una experiencia muy intensa para ella, tanto que de hecho terminó el ejercicio llorando.

Resulta que en esa época tenía un amigo que la pretendía y al verse a sí misma como la estatua envuelta en plástico se dio cuenta de que ella estaba respondiendo justamente como una estatua frente a los halagos de su amigo. Y no contenta con eso, se protegía incluso marcando una distancia emocional y física sin dejar de exponerse a las constantes visitas de su amigo, como cubriéndose con un plástico transparente. Además se percató de que su visión era borrosa desde el interior del plástico. Como no podía ver las cosas con claridad, imaginaba cosas que le provocaban miedo y que probablemente no eran reales o no eran tan malas como su distorsionada visión le hacía creer. Sintió que desde la perspectiva de su amigo, ella estaba teniendo una actitud verdaderamente absurda y estaba hiriendo sus sentimientos. Además, al sentirse expuesta en medio de la rotonda, se dio cuenta de que estaba dando vueltas sobre el mismo patrón circular desde hacía tiempo sin atreverse a romperlo. Pudo percatarse de que no sólo ella estaba sufriendo, sino también su amigo.

Lo último que supe de Cristina es que poco después se atrevió a salir del plástico absurdo para formar pareja con su pretendiente. Después de escuchar tan grata noticia me quedé pensando: Si yo fuera la conciencia de Cristina, ¿cómo le mandaría el mensaje tan elaborado que recibió a través de esa bizarra imagen? Quizá simplemente le habría dicho: «Oye Cris, te estás comportando absurdamente debido a tus miedos infundados. Hay un hombre que te quiere y tú lo estás haciendo sufrir al mostrarte indiferente y distante, sin darle claramente un sí o un no. Hace tiempo que estás repitiendo el mismo patrón. ¡Espabílate chica!». Sin embargo, dudo que estas 46 palabras oídas o leídas hubieran tenido sobre ella el impacto tan decisivo que tuvo aquella imagen una vez que descifró y experimentó el mensaje que contenía.

Creo que fue en ese momento cuando empecé a admirar sin reservas los elaborados y personalísimos símbolos oníricos que recibimos tan generosamente noche tras noche. Antes, aunque ya los admiraba, siempre terminaba pensando: «Mira qué bonita metáfora, qué bellos simbolismo, qué ingeniosa imagen, pero… ¿acaso no pueden decirnos lo mismo con unas cuantas palabras para que todo el mundo se entere con claridad de los mensajes que se quieren transmitir?».

Creo que hay un aspecto poético en la fuente de nuestros sueños. Ese aspecto prefiere las metáforas multisensoriales, quizá porque su interlocutor no es la conciencia diurna, sino la psique entera cuya forma de comunicación no es el lenguaje unívoco, unidimensional y limitado que usamos diariamente.

EJEMPLO DE EXPLORACIÓN DE UN SÍMBOLO ONÍRICO

Éste es el sueño de Gregorio, un joven estudiante universitario de Querétaro.

> *«Mercado laberíntico»*
> *Estaba en un jardín de la universidad con dos compañeros a los que no reconocí en el sueño. Llegamos a donde había una alberca con agua azul profunda. Me eché al agua pero no era tan profunda como pensaba, ni era una alberca, era una poza muy chica en la que no se podía nadar y salí hacia un mercado, quería*

regresar a la universidad pero los puestos eran como un laberinto y cada vez me estaba desesperando más, hasta que en uno de los puestos vi que vendían maquetas y vi una del mercado y traté de encontrar la salida en la maqueta para después seguir ese camino entre los puestos, pero me desperté con la imagen del laberinto.

El soñador escogió explorar el símbolo del laberinto. Cerró los ojos, se relajó y entró en estado de meditación. Repitió en su mente todo el sueño hasta que se vio en el mercado mirando la maqueta del laberinto. Experimentó la exploración del símbolo como un recuento de cualidades y descripciones que vinieron a su mente. Ésta fue la descripción que hizo de su experiencia:

Hacer un mercado con forma de laberinto tiene la intención de que el que entre se pierda y tarde mucho viendo lo que hay en cada puesto y haya comprado muchas cosas cuando al final encuentre la salida. O sea que se puede ver como algo que hace perder el tiempo y comprar cosas innecesarias. Pero también podría pensarse que encuentras cosas que no pensabas que querías y, si no tienes prisa, puede ser divertido encontrar la salida. Pero en mi sueño yo sí tenía prisa y no se me ocurría comprar nada, sólo quería salir rápido. Pero no pude porque la verdad es que necesitaba ver las cosas en la perspectiva de una maqueta para encontrar la salida del mercado.

Al consultar el símbolo en un diccionario, Gregorio encontró lo siguiente:

El significado cultural y la interpretación del laberinto como símbolo es muy rico. En la prehistoria los laberintos dibujados en el piso servían quizá como trampas para los espíritus malevolentes o más probablemente como rutas definidas (coreografías) para danzas rituales. En varias culturas el laberinto también es asociado a ritos de iniciación que implican la superación de alguna prueba. Los laberintos se clasifican en dos grandes grupos según la relación que existe con el centro y la salida del mismo. El primer grupo de estos laberintos es el laberinto clásico o laberinto univiario: el cual nos hace recorrer, al ingresar en él, todo el espacio para llegar al centro mediante una única vía, camino o sendero, es decir, no nos ofrece la posibilidad de tomar caminos alternativos, no hay bifurcaciones, donde hay una sola puerta de salida, que es la misma por la que se entra al laberinto. Por el hecho de tener un solo camino o sendero el cual seguir a medida que avanzamos dentro de él, no nos podemos perder en su interior. El segundo grupo de laberintos son los laberintos de mazes (perdederos, laberinto de caminos alternativos), en donde al recorrer el interior del laberinto, seguiremos un camino correcto o uno incorrecto que nos llevará o no a la salida del mismo. Los mazes se comenzaron a utilizar en los jardines de setos en la Inglaterra del siglo XII, ya que eran el lugar propicio para una cita amorosa; luego de allí se extendieron progresivamente por toda Europa, especialmente en Francia e Italia.

Esto fue lo que escribió después de reflexionar sobre los resultados de su exploración y la consulta del diccionario de símbolos:

La maqueta del laberinto de mi sueño no parecía de los que tienen una salida. Era un laberinto de mazes que tenía la forma de un rectángulo y sí podías perderte en él. Como en el sueño estoy en la universidad al principio, creo que está relacionado con mi intención de cambiar de carrera, porque estoy desilusionado ya que no era lo que me esperaba, la filosofía de la carrera es más superficial, más para ganar dinero que para contribuir que es lo que me interesa, pero otras carreras que he visto tampoco me convencen. Creo que el sueño me advierte que puedo perder mucho más tiempo y perderme. Viendo las cosas en perspectiva, quizá lo mejor será que termine esta carrera en la que ya llevo más de la mitad y luego busque la forma de hacer la contribución que quiero y no sólo de hacer dinero.

Ésta es la aplicación práctica que encontró:

He decidido que voy a terminar mi carrera y voy a buscar con calma una maestría o especialidad en algo que sea más lo que yo estaba buscando. Y voy a hacer más caso a mis sueños para que me sigan ayudando a ahorrar tiempo y no perder mi rumbo.

QUINTA TAREA:

INTERPRETA ALGUNOS DE TUS SUEÑOS

Escoge uno que tengas consignado en tu *Diario de Sueños*. Procura que tenga las tres partes necesarias para que puedas llevar a cabo un análisis onírico (situación, conflicto y desenlace). Cuanto más reciente sea, mejor. Si tu sueño presenta dos conflictos, considera el segundo como si fuera el desenlace; pero si tiene más de dos conflictos, divídelo en el mismo número de conflictos que haya y analízalos como sueños separados utilizando las escenas inmediatamente anteriores a cada conflicto como la situación o tema del mismo.

Cuando termines, escoge en ese mismo sueño o en cualquier otro algún personaje con el que quieras dialogar y un símbolo ambiguo que desees explorar para realizar los ejercicios correspondientes. Encontrarás las instrucciones detalladas para llevarlos a cabo en el «anexo» que está en la parte final de este libro. Cuando ya tengas un poco de experiencia en realizar satisfactoriamente los tres ejercicios, puedes utilizar el que quieras cuando quieras.

Ten en cuenta que no es indispensable comenzar siempre por el análisis onírico básico, aunque en algunos casos sí resulta útil, por ejemplo, cuando el sueño tiene un alto grado de simbolismo o cuando el desenlace no es muy positivo.

Un consejo: No te desesperes si las cosas no te salen a la primera. Recuerda que todo en la vida es cuestión de práctica y el que persevera, alcanza. El «ojo clínico» que desarrollamos los terapeutas se debe menos al «carisma» o don divino que a la práctica cotidiana. En realidad, es ésta la que te permite deducir ciertos patrones recurrentes que llegas a identificar intuitivamente en cuanto aparecen.

Capítulo 5

«Clasifico los sueños en tres formas y una de ellas es el estado de limpieza general. Hay momentos de la noche en que muchos pensamientos aislados del día son tomados y eliminados de la mente como basura. No les podemos encontrar sentido alguno sencillamente porque no lo tienen. Por otra parte, todos sabemos que existe un lado más cognoscitivo en el sueño. Yo divido ese estado en dos partes, la solución de problemas y el espiritual, los cuales se encuentran separados por una delgada línea... Los sueños espirituales involucran a nuestros guías, almas maestras y compañeros espirituales que vienen como mensajeros para asistirnos con soluciones... Mi experiencia profesional con sueños proviene principalmente de escuchar a mis pacientes bajo hipnosis explicando cómo es que en vidas pasadas, ya desencarnados, han utilizado el estado de sueño para consolar a los vivos.»

MICHAEL NEWTON
Destino de las almas

¿Quiénes pueden enviarnos mensajes a través de los sueños?

Este capítulo tratará con mayor detalle los paradigmas metafísicos y chamánicos en los que se considera que los sueños son viajes del alma hacia otras dimensiones.

La idea común es que cuando dormimos, una pequeña parte de nuestra conciencia se queda en el cuerpo físico encargándose de mantenerlo en funcionamiento y de regenerar nuestros soportes vitales; mientras que otra parte más considerable abandona el cuerpo y se traslada a otra clase de vehículos no físicos (llamados cuerpo astral, cuerpo causal, cuerpo etérico o simplemente cuerpo sutil). Mediante este otro vehículo, la conciencia puede moverse en otras dimensiones o planos, igual que lo hace en el mundo material utilizando el cuerpo físico. Lo que difiere en las diversas tradiciones esotéricas y chamánicas es el número de mundos no físicos que existen así como el número y la clase de vehículos sutiles de los que dispone el ser humano para moverse en ellos.

También comparten con los psicoanalistas la creencia común de que hay sueños en los que estamos solos y todo lo que aparece en ellos, desde escenarios hasta personajes, refleja una parte de nosotros mismos. No obstante, piensan que esta clase de sueños no son los únicos que existen, sino uno entre los diversos tipos de experiencias oníricas que podemos tener.

Estos sueños en los que estamos a solas, interactuando únicamente con los contenidos de nuestra propia psique, se dan en determinadas zonas oníricas (según el mapa dimensional que se consulte, pueden tener lugar en la llamada «tierra de los potenciales», en ciertos subplanos del mundo astral, en ciertas partes de la cuarta dimensión, etc.).

Pero también es posible viajar a otros espacios o mundos (ciertos subplanos del astral, el plano mental, el plano causal, la quinta dimensión, etc.) en donde podemos visitar o recibir visitas de inteligencias distintas a la nuestra y regresar al cuerpo físico con recuerdos literales o simbólicos acerca de las aventuras que vivimos en nuestras excursiones oníricas.

Es por eso que bajo estos paradigmas resulta muy importante identificar con qué clase de inteligencias entramos en contacto y qué obtuvimos de ese encuentro o de ese viaje. Para ello es muy conveniente saber algo más acerca de las fuentes tradicionales de la experiencia onírica y algunos detalles técnicos de cómo se pueden llegar a intervenir los sueños de una persona para transmitirle algún mensaje.

Mensajes divinos

Éstos son los famosos sueños que José «el soñador» interpretó, según se describe en un relato bíblico del Antiguo Testamento judío:

[«Los sueños del faraón de Egipto»]
El faraón me cuenta: Parecíame que estaba a la orilla de un río y que del río subían siete vacas de gruesas carnes y hermosa apariencia, que pacían en el prado, y que otras siete vacas subían después de ellas, flacas y de muy fea traza, tan extenuadas, que no he visto otras semejantes en toda la tierra de Egipto en fealdad. Y las vacas flacas y feas devoraban a las primeras vacas gruesas y yo desperté. Vi también soñando que siete espigas subían en una misma caña, llenas y hermosas, y que otras siete espigas menudas, marchitas y abatidas subían después de ellas, y las espigas menudas devoraban a las siete espigas hermosas. El sueño del faraón es uno mismo. Dios ha mostrado al faraón lo que va a hacer. Las siete vacas hermosas; siete años son, las siete espigas hermosas son siete años. El sueño es uno solo. También las vacas flacas y feas que subían tras ellas son siete años y las siete espigas menudas y marchitas, siete años serán de hambre. Vendrán siete años de abundancia en Egipto, seguidos de siete años de hambruna.»[35]

Como es sabido, José aconsejó al faraón que guardara provisiones durante los siete años de buenas cosechas, preparándose así para los siete años difíciles. Y como efectivamente eso fue lo que sucedió en las tierras

---

35. Citado en Rosa Anwandter: *Los sueños, el espejo del alma*, Editorial Platero, Santiago de Chile, 1999.

egipcias durante los siguientes 14 años, el faraón le quedó tan agradecido al hebreo por su sabiduría proveniente del conocimiento sobre la interpretación de sueños, que lo nombró gobernador de Egipto.

En el Nuevo Testamento cristiano, un ángel le anuncia en sueños a José el carpintero que María espera un hijo engendrado por el Espíritu Santo. Por intermedio de un sueño, los Reyes Magos se enteran de que no deberían regresar a la casa de Herodes. Otro sueño aconseja a José que huya a Egipto y a través de un último sueño se entera de que Herodes murió y pueden retornar a Israel.

En el mundo islámico, el Corán demuestra con innumerables ejemplos como Mahoma obtuvo información y sabiduría a través de los sueños, comenzando con la aparición del arcángel Gabriel dictándole al profeta todas las normas de vida que compartió con sus seguidores.

Con estos ejemplos queda patente que dentro de las distintas religiones judía, islámica y cristiana que comparten la creencia en las revelaciones recibidas por los profetas o reyes, los sueños tienen una importancia capital. De hecho, otra manera de ver las revelaciones de los profetas es concebirlas como «sueños puros o purificados», según señala un maestro sufí, quien además comenta lo siguiente acerca de su interpretación:

> Los símbolos de los sueños son diferentes según el alumno que los percibe y la persona que los ve. El sultán puede soñar lo mismo que el esclavo, pero no significan lo mismo. [...] El nivel del alma que ve los sueños es muy importante. Los sueños del alma animal satisfacen impulsos y deseos. El alma humana ve símbolos. Una serpiente puede representar posesión o, en el caso de un derviche, puede representar un nivel del ego. Si el nivel más alto del alma sale del cuerpo, las visiones de los sueños se vuelven directas. Este nivel del alma puede alcanzar el Trono de Dios, leer el libro y ver con claridad el futuro. [...] Los compañeros del Profeta (la paz y las bendiciones de Dios sean con él) relataron que él les enseñó a recordar sus sueños y contárselos para que los interpretara. Además los instruyó en el arte de incubar los sueños con el fin de recibir enseñanzas a través de ellos.[36]

36. Sheij Muzaffer Ozak Al Halveti: *El amor es el vino: charlas de un maestro sufí en América*, Ed. Al Sur, Argentina, 1998.

Dentro del catolicismo, la pérdida de la confianza en los sueños como medio de revelación se ubica en el siglo V, en tiempos de san Jerónimo, cuando éste tradujo en algunas partes del Antiguo Testamento la palabra «sueño» con el mismo vocablo que en latín se usaba para referirse a la hechicería y la adivinación. Esto, unido a la costumbre pagana de «adivinar sueños», hizo que se diera un clima hipercrítico a la interpretación onírica en la Iglesia durante muchos siglos. No obstante, algunos católicos contemporáneos, como los lasallistas y los jesuitas aún creen que las personas comunes pueden recibir guía divina a través de sus sueños:

> «Ignacio de Loyola en sus Ejercicios (EE 336) llama "consolación sin causa precedente" a los movimientos que proceden de Dios de manera incuestionable, dado que el efecto producido no encuentra su origen en la manera habitual de ser de una persona, sino en una acción gratuita y *ad hoc* de parte del Señor. En este sentido una "consolación sin causa precedente" podría encontrar su expresión simbólica en el mundo onírico».[37]

Un maestro jesuita que utiliza los sueños de las personas a quienes guía durante sus ejercicios espirituales como un diagnóstico de su avance explica que un sueño inspirado por Dios se fundamenta en la dinámica típica evangélica de:

> «Solidaridad con los enfermos, pecadores y necesitados (sin excluirme a "mí mismo", a mi parte pobre, vulnerada, a mi "sombra"), con el corazón lleno de misericordia y compasión».[38]

Mensajes de nuestra alma

Éste es un sueño que tuvo Atenea de Blanes tras licenciarse en la carrera de Filosofía:

«Las creencias frustradoras»
Estaba en una casa muy bonita. Veía un gran ventanal en una habitación de matrimonio. Las vistas daban al mar y a una playa

---

37. Carlos Cabarrós: *Orar tu propio sueño*, Universidad Pontificia Comillas, Madrid, 1993.

38. *Ídem.*

y era muy bonito. Entonces yo sentía que éste era el lugar que me tocaba ocupar, estar en un sitio así. Mi madre, que estaba a mi lado, me decía que eso era de otra reencarnación, pero que en ésta no me tocaba ocupar ese sitio (en la vida). Yo sentía que sí me tocaba ocupar ese sitio, lo sentía en el pecho. Pero cuando ella me dice eso, me quedo dudando. Pienso que igual no, que todo eso son tonterías o imaginaciones mías.

Debido a que tuvo una madre que la maltrató mucho cuando era niña, le inculcó una autoestima muy baja y le hizo crecer con expectativas muy limitadas, Atenea ha tenido que vencer muchos obstáculos para labrar su propio destino. Logró graduarse después de realizar grandes esfuerzos a fin de conseguir becas y mantener un alto nivel para conservarlas mientras realizaba diversos trabajos al tiempo que estudiaba.

Terminar su carrera la situó frente a un nuevo reto vital que le provocó cierta inseguridad con respecto a su futuro y a los siguientes pasos que debería dar en su vida para continuar creando su propio camino. La fuente de esta experiencia onírica le mostró claramente que el deseo de su corazón, el deseo de su alma, era gozar de un buen porvenir: disfrutar de una situación próspera con su pareja en un bello entorno que la hiciera sentir feliz. Sin embargo, las ideas introyectadas de su madre que aún permanecían en alguna parte cercana a su conciencia le estaban haciendo dudar de sus legítimos deseos.

Su sueño fue un mensaje muy claro, simple y hermoso en el que su alma le hizo ver que los efectos de su mala educación aún proyectaban la sombra de la duda sobre su conciencia. Lo cual, visto de esta forma, le puede dar ánimos para deshacerse de sus dudas sobre sí misma y seguir adelante.

Por regla general, recibimos mensajes urgentes que provienen de nuestra alma cuando estamos en peligro de salirnos de los planes que hemos trazado para nosotros mismos. Y si no hacemos caso de esos mensajes, se convierten en sueños repetitivos.

La hoja de ruta que contiene nuestro mejor futuro potencial está inscrita de alguna forma en nuestra conciencia, lista para desplegarse si confiamos en nosotros mismos y en nuestra intuición y la seguimos. Cuando nos enfrentamos con problemas externos que nos ofuscan y nos impiden escuchar nuestra propia sabiduría interna o nos hacen perder el rumbo, el alma dispone del recurso de los sueños para encauzarnos de nuevo hacia el cumplimiento de nuestros deseos originales, que son aquellos que contienen nuestro mayor bien.

Los sueños cuya fuente es nuestra propia alma son como una especie de monólogo que sostenemos con nosotros mismos cuando dormimos. Son escenas que nos muestran, cual fotografías instantáneas, el estado general de nuestra conciencia en cualquier momento determinado. Aun si no reparamos nunca en los reportes simbólicos del alma, éstos continúan y continuarán produciéndose. Pareciera que responden a un mecanismo autónomo similar al que regula en nuestros cuerpos el flujo sanguíneo o el hábito perpetuo de respirar.

Este monólogo a veces es conducido por lo que los griegos calificaban como la parte inferior del alma, origen de los llamados *somnium*, que reproducen o reciclan nuestras actividades cotidianas (sueños ordinarios e intrascendentes) o escenifican nuestros deseos o emociones reprimidas (sueños de la sombra, de descarga emocional o pesadillas). Otras veces el monólogo lo conduce la parte superior del alma, generando los *visum*, en los que ensayamos nuevas posibilidades de acción frente a los problemas cotidianos que enfrentamos (sueños de prospectiva), recibimos información útil (sueños de sabiduría) o se nos anuncia veladamente lo que está en camino de ocurrir en la próxima etapa de nuestra vida (sueños trascendentales).

La gran mayoría de los sueños que produce nuestra alma suelen reflejar el presente o el pasado inmediato. Y cuando los tomamos como el fiel diagnóstico que son, podemos diseñar mejor nuestro futuro. Es como si fuéramos conduciendo por la ciudad y al sintonizar la radio escucháramos un reporte vial advirtiéndonos del tráfico. Si sabemos que un accidente bloquea una de las calles que nos proponíamos cruzar, quizá podemos buscar alguna vía alternativa que nos libre del atasco y nos ahorre tiempo. En cambio, si no encendemos la radio o no la sintonizamos en el canal adecuado, con toda seguridad seguiremos con el rumbo que teníamos planeado. Por eso, al prestar atención a los sueños que produce nuestra alma podemos ahorrar tiempo y sufrimientos innecesarios.

Si Atenea responde al mensaje de su sueño, podrá estar en guardia y defenderse de las dudas y vacilaciones sobre su propia capacidad, su valía y las cosas que merece conseguir en la vida. Será capaz de considerar esas dudas como una especie de remanente infantil o un virus mental que podría extenderse y ocasionarle estragos si ella no las identifica como lo que son y las detiene en cuanto surjan.

Algunas personas que han recibido y aplicado este tipo de información con excelentes resultados suelen preguntarse qué es exactamente el alma y por qué no tenemos acceso instantáneo y permanente a todo lo que se supone que el alma sabe.

Al plantearme esta misma cuestión, he llegado a pensar que mi alma soy yo misma pero existiendo simultáneamente en otra dimensión o plano de conciencia en el que no estoy restringida a las limitaciones del tiempo y la materia, y por lo tanto dispongo de más información y de una perspectiva mucho más global de todo lo que estoy experimentando secuencialmente desde el interior de mi cuerpo físico en la Tierra. Creo que existo al mismo tiempo condensada en este vehículo terrenal y descomprimida en otro tipo de espacio desde el cual puedo enviarme información a mí misma a través de mi intuición y de mis sueños.

Creo en la reencarnación, por lo tanto, supongo que mi alma se ha fragmentado e insertado antes en otros vehículos físicos ubicados en otros tiempos y espacios de los cuales a veces también recibo información dentro de mis sueños (multidimensionales). También creo que mi alma es, a su vez, un fragmento de algo que existe en una dimensión aún más amplia y a eso le llamo mi Ser Superior. Siento que este Ser Superior también se puede comunicar conmigo, aunque menos frecuentemente, a través de mis sueños. Y creo que, a su vez, mi Ser Superior es un fragmento del Gran Espíritu Único del cual todos formamos parte y que, eventualmente, también podría llegar a manifestarse en nuestros sueños (*spectaculum* o *revelatio*).

A pesar de ser un término ampliamente utilizado no sólo en la religión, sino en la filosofía y en la vida común, no hay consenso respecto a qué es el alma. En varios diccionarios se define básicamente en estos términos:

> **Alma.** Sustancia espiritual e inmortal, capaz de entender, querer y sentir, que informa al cuerpo humano y junto con él constituye !a esencia del ser humano. Persona, habitante, individuo. Parte principal de una cosa.[39]

La base de la mayoría de las religiones se ha constituido sobre la convicción de la supervivencia del alma después de la muerte, independientemente de si destinan al alma a escenarios póstumos que la premian o la castigan dependiendo de su actuación durante la vida, o si postulan su reencarnación en diferentes épocas, cuerpos y sexos hasta alcanzar su perfeccionamiento.

---

39. www.definicion.org

Para los fines de este estudio onírico, si tú no crees en la existencia del alma, quizá te sirva considerar la posibilidad de que nuestro cerebro pueda captar más información de la que podemos procesar conscientemente, que esa información se encuentra almacenada en algún lugar del cerebro y que se manifiesta subliminalmente a través de cosas tales como la intuición y los sueños.

Mensajes de personas recién fallecidas

Éste es un sueño que tuvo Conchi de Santiago de Compostela un mes y medio después de que murió su madre:

> *«El túnel plateado»*
> *Estaba con mi madre en un túnel plateado, donde había una corriente de agua como muy fuerte, pero no nos arrastraba. Entonces mi madre salió de la corriente y se fue hacia una luz muy intensa. No me miraba, pero yo sentía la paz de ella y me quedé muy tranquila viendo cómo se iba. A raíz de este sueño ya no la eché de menos y me quedé muy relajada sabiendo que ella estaba bien.*

Este otro sueño lo tuvo María Jesús de Barcelona un mes y medio después de que se muriera su amiga Carme:

> *«El grupo de las gabardinas»*
> *Estaba en una parada de autobús, haciendo cola junto a otras personas que esperaban diferentes líneas. Me llamó la atención un grupo de hombres y mujeres haciendo una cola diferente. Todos llevaban gabardinas. Entonces reparé en la presencia de una mujer conocida, Carme, y yo, toda sorprendida, le pregunté: «¿Qué haces tú aquí?». Ella me contestó: «Estoy esperando para marchar pero no puedo porque Kiko llora mucho». Kiko era su marido. Enseguida pensé que algo tenía que transmitirle a él. Yo le pregunté a Carme si todas aquellas personas con gabardinas estaban en la misma situación, esperando partir, pero que algo se lo impedía como a ella. Me dijo que sí.*

Después de haber escuchado varios otros sueños similares, aún no podía contestar a los alumnos de mis talleres si estas experiencias oníricas eran reales o no, es decir, si en verdad era posible recibir visitas de parientes o amigos muertos o si sólo eran representaciones del inconsciente generadas para tratar de aliviar su pena.

Sin embargo, me parecía curioso que las dudas nunca provenían de los propios soñadores, quienes estaban convencidos de que las visitas oníricas de sus muertos eran reales, sino de los compañeros que escuchaban el relato de aquellos sueños y se preguntaban si esa comunicación era en verdad posible o no, ya que esto equivale a constatar que la conciencia continúa existiendo más allá de la muerte del cuerpo físico. Lo cual desafortunadamente muchas personas continúan dudando... Yo no. Después de haber tenido algunas experiencias personales al respecto ya no albergo dudas de que existimos antes de tomar los cuerpos que tenemos y después de dejarlos. Lo que no sabía era si en verdad podía existir una comunicación entre los vivos y los muertos durante los sueños o no.

Ésta y muchas otras dudas se me aclararon cuando tuve la oportunidad de leer dos libros maravillosos del doctor Michael Newton[40] en los cuales explica cómo es la vida entre una encarnación y otra, según se lo han relatado distintas personas bajo hipnosis profunda que, sin tener relación unas con otras, han descrito básicamente las mismas situaciones e incluso los mismos escenarios, aunque cada uno traduce su experiencia de acuerdo a sus propios códigos.

El cuadro que ha construido en base a estas informaciones pinta a la Tierra como una especie de macroescuela en la que coexistimos almas de diferentes grados de antigüedad, con distintas inquietudes y con diferentes niveles evolutivos, recibiendo lecciones vivenciales que nos permiten avanzar paulatinamente en nuestro desarrollo espiritual, abandonando nuestro egoísmo, pensando cada vez más en los demás, abriéndonos a la compasión y al amor, percatándonos de las consecuencias de nuestros actos, explorando nuestros respectivos intereses y desarrollando nuestra propia creatividad para mejorar la vida humana.

Entre una vida y la siguiente hay un periodo de recapitulación en el que cada alma en compañía de sus respectivos guías revisa las experiencias recién vividas, evalúa los aprendizajes que ha logrado y planea lo que será su siguiente aventura en la Tierra hasta que logre «graduarse» y no tenga que encarnar más.

Según le han explicado a Newton las personas que ha sometido a hipnosis, trabajamos con un grupo de almas que casi siempre eligen reencarnarse juntas en el mismo espacio-tiempo para desarrollar distin-

---

40. *La vida entre vidas*, Robinbook, Barcelona, 1995 y *Destino de las almas*, Llewellyn Español, Minnesota, 2004.

tos papeles los unos para los otros, de forma que cada alma pueda dar y recibir las lecciones que planeó con los otros antes de encarnar. Se trata de un plan general que, debido a nuestro libre albedrío, podemos seguir o no. Además, las almas ya encarnadas pueden modificar su plan general sobre la marcha porque al entrar en la Tierra no entra toda la conciencia del alma sino que se divide y deja una parte de sí en el mundo del espíritu registrando todo y afinando algunas cosas desde una perspectiva superior. Esta parte que no se encarna es capaz de transmitir los sueños que ya hemos mencionado en el apartado anterior. A la hora de morir, el fragmento encarnado del alma se reúne con el resto de sí misma que ha permanecido en el mundo del espíritu y recupera la totalidad de sus recuerdos y capacidades.

Algunas almas que ya tienen bastante experiencia a la hora de morir le han comentado al doctor Newton durante la hipnosis que sus guías les han enseñado ciertas técnicas para comunicarse con las personas que aún permanecen vivas a fin de consolarles o transmitirles algún mensaje importante. Como ejemplo relata dos casos distintos.

1. El caso de Sylvia

Se trata de una joven que después de ser hipnotizada se trasladó a su vida anterior, en 1935, justo en el momento en que acababa de morir de neumonía. Se llamaba Sylvia, era un poco mayor de treinta años. Su muerte fue repentina y deseaba dar consuelo a su madre viuda. Para ello esperó a que su madre tuviera un sueño en el que se veía a sí misma sola caminando por un campo. Sylvia aprovechó entonces para entrar desde el otro extremo del campo «sincronizando sus patrones de energía con los pensamientos de su madre».

Proyectó una imagen suya, tal como lucía la última vez que su madre la vio. Le hizo señas con las manos y sonrió. Se le acercó lentamente para permitirle que se habituara a su presencia hasta que finalmente llegó junto a ella. Se abrazaron y en ese momento Sylvia cuenta que envío «olas de energía rejuvenecedora» al cuerpo dormido de su madre.

Aseguró que la escena fue elevada a un nivel más alto de la conciencia de su madre para asegurarse de que el sueño aún estuviera allí cuando ella despertara. Newton le preguntó entonces si la imagen del sueño se desplazaba de lo inconsciente a la conciencia como resultado de su transferencia de energía y ella respondió que sí, que era un proceso de filtración en el que ella continuó enviando ondas de energía hacia su madre durante los siguientes días hasta que comenzó a aceptar su partida.

2. El caso de Bud

Se trata de un chico que recordó haber muerto en 1942 durante la Segunda Guerra Mundial. En esa vida su nombre era Bud y tenía un hermano que le sobrevivió, llamado Walt. El alma de Bud tiene más experiencia que el alma de Sylvia. Cuando murió en el campo de batalla retornó al mundo del espíritu e hizo preparativos para consolar a Walt, utilizando las técnicas que le enseñó su guía, llamado Axinar, que es un gran «tejedor de sueños».

Bud intervino en dos experiencias oníricas de su hermano y, además, creó todo un sueño. Se ve que esto es más complicado y sólo saben hacerlo almas más avanzadas porque si la implantación del sueño no se realiza con la habilidad necesaria para lograr que el sueño tenga significado, el soñador recuerda sólo fragmentos inconexos o quizá nada.

Bud cuenta que su hermano y él pertenecen al mismo grupo de almas, por lo que al regresar al mundo del espíritu fue a conectarse con la parte del alma de su hermano que permanecía allí, para lograr una comunicación más estrecha con el alma de Walt que estaba en la Tierra. El doctor Newton le pide que le explique cómo hace eso y Bud le cuenta que flota cerca del lugar donde se encuentra anclada la energía remanente de Walt y se mezcla con ella brevemente. Dice que eso le permite tener un perfecto «registro de las características de la energía» de su hermano y crear un vínculo telepático entre ambos. Su propósito consiste en establecer una estrecha «alianza vibratoria» con el fin de tener una conexión más fuerte en los sueños que ha de crear.

Newton le pregunta entonces por qué no se puede comunicar la propia energía de Walt con su parte encarnada en la Tierra para transmitirle consuelo, en lugar de tener que hacerlo él. Bud le responde que eso no funciona porque sería como hablar consigo mismo. Si la parte superior del alma de Walt creara un sueño para su otra parte inferior en la que saliera Bud, «no habría impacto», simplemente tendría el recuerdo de haber soñado con su hermano, pero no la clara sensación de la presencia de su hermano visitándolo en sus sueños porque en realidad no habría existido tal visita.

Bud pretendía dejar mensajes en dos sueños diferentes de su hermano y luego crear un enlace entre ellos para lograr una mayor receptividad. Teniendo la exacta impresión energética de Walt, se deslizó en la mente de su hermano con facilidad y desplegó su energía.

Antes de relatar los sueños que creó para su hermano, Bud explicó que Walt era tres años mayor que él, no obstante solían jugar juntos cuando eran niños hasta que Walt cumplió trece y buscó amistades de su misma edad y Bud quedó excluido. Un día Walt y sus amigos se balanceaban de una soga atada a la rama de un gran árbol sobre una laguna cerca de la granja donde vivían. Bud estaba cerca, mirando. Los otros muchachos se lanzaron primero y se entretenían jugando cuando Walt se balanceó muy alto y se golpeó fuertemente la cabeza contra una rama más alta que lo aturdió antes de caer al agua. Sus amigos no se dieron cuenta, pero Bud se arrojó a la laguna y sostuvo su cabeza fuera del agua mientras pedía ayuda. Más tarde en la orilla, Walt le miró con expresión aturdida y dijo, «Gracias por salvarme, hermano».

Bud pensó que ese acto significaría su ingreso a su grupo, pero unas pocas semanas más tarde Walt y sus amigos no le permitieron jugar un partido con ellos. Se sintió traicionado porque Walt no hizo nada para apoyarle y más tarde escondió la pelota en el granero para que no la pudieran encontrar. Como eran pobres, la pérdida arruinó su juego por un tiempo, hasta que uno de sus amigos recibió una pelota nueva en su cumpleaños.

En base a esos recuerdos, Bud intervino en un primer sueño de su hermano para transmitirle una imagen en la que Walt lo viera llorando y sosteniendo su cabeza sangrando en su regazo a la orilla de la laguna con el fin de que recordara lo que se dijeron después de que se recuperó.

El segundo sueño era una escena del juego de pelota que terminaba con una secuencia que Bud agregó al sueño, en la cual llevó a Walt al granero donde la pelota aún estaba escondida y le dijo que le perdonaba cada desaire cometido en sus vidas juntos. «Quiero que sepa que estoy siempre con él y que la devoción que siente el uno por el otro no puede morir. Él entenderá todo esto cuando regrese al granero a buscar la pelota.»

Por último explica que, después de su visita, un tercer sueño relacionado con los dos primeros se revelaría en reacción tardía y Walt se vería junto a Bud de nuevo en una atmósfera no corporal que él no iba a reconocer como el mundo del espíritu, sin embargo creía que esos placenteros recuerdos le brindarían apoyo y le recordarían a nivel subconsciente la futura unificación de ambas almas felizmente reencontradas de nuevo en el mundo del espíritu.

Bud relató a Newton que tuvo éxito en su labor y su hermano recordó la localización de la pelota después de que despertó, junto con todo lo que él había implantado en su mente. Volver a su viejo granero y encontrar la pelota dio forma y claridad al mensaje, lo cual le brindó a Walt serenidad respecto a su muerte y la certeza de la vida después de la vida.

Para concluir el relato de este caso, el doctor Newton explica que el simbolismo de los sueños se mueve en muchos niveles de la mente, algunos de los cuales son abstractos mientras otros son emocionales. Y los sueños creados por Bud, al involucrar conjuntos de imágenes revividas, reforzaron recuerdos verdaderos de los dos hermanos en un periodo definido de tiempo.[41]

Con esta información en mente, podemos comprender mejor el sueño que tuvo Rosario, de Malgrat, justo en el primer aniversario de la muerte de su esposo:

> «Aniversario»
> *Transcurrió en una casa que en la realidad del tiempo era vieja, pero en el sueño estaba en obras de reconstrucción (tal como tres años después del sueño lo estuvo). Aún no había instalaciones de ningún tipo, sin embargo había un teléfono que sonó. Lo cogí y dije: ¿Diga? Y era mi esposo que me llamó por mi nombre y me dijo: «Hola, soy yo. Donde estoy tú no puedes verme, pero yo a ti sí. No te preocupes por mí porque en esta vida sólo viví la vida que traía (30 años). Sin embargo la tuya es más larga, pero no encontrarás el objetivo casi hasta el final de ella, que será cuidar a niños que lo necesiten. No llores más cuando estés a solas en la habitación. Te quiero mucho y sé feliz».*
> *Aún sentía mucho dolor pero me creí muy privilegiada por recibir ese regalo. Este sueño fue una comprobación para mí de que después de la vida física había algo más. Ni mis padres me habían visto llorar y cuando me dijo que no llorara más, allí empecé a sanar mi dolor. Este sueño marcó mi vida.*

Después de analizar los relatos de estas experiencias se pueden deducir tres cosas importantes para nuestro estudio de los sueños:

◈ Hay una parte del ser humano que permanece en el mundo espiritual que puede comunicarse con el resto de su alma encarnada durante los sueños.

◈ Las almas de personas recién fallecidas también pueden comunicarse con los vivos para transmitirles mensajes de consuelo, siempre y cuando hayan aprendido cómo hacerlo.

---

41. Tomado del capítulo 2, «Muerte, pena y consuelo», del libro *Destino de las almas, op. cit.*

◆ Si un alma puede comunicarse con sus parientes y amigos en los sueños, los guías deben tener aún más facilidades para lograrlo ya que es de suponer que tienen más sabiduría, más experiencia y más habilidades que las almas a las que están guiando. Y por si fuera poco, entre los diversos guías existen especialistas en el arte de «tejer sueños» como Axinar.

Mensajes de nuestros guías

Uno de mis guías personales, a quien cariñosamente llamo «el capitán», también es un experto tejedor de sueños que me ha enseñado la mayor parte de lo que sé ahora sobre el tema. Y durante un tiempo trabajé con otra tejedora de sueños, una guía de alto nivel llamada Singing-Heart.[42] Mi relación con ella empezó dentro de mis sueños y después pasó poco a poco a mi conciencia diurna. Intentaré relatar brevemente cómo fue este largo proceso y lo que aprendí de ella mientras estuvo conmigo.

Cuando me independicé de mis padres, me fui a vivir sola a Tepoztlán. Este pequeño pueblo de Morelos en México es un sitio muy especial que alberga a muchas personas con intereses espirituales procedentes de tradiciones muy diversas. Todos ellos están asentados en los alrededores del Tepozteco, igual que sucede con el Monte Shasta en Estados Unidos, o con el Uritorco en Argentina.

Allí conocí varias personas que estaban convencidas de canalizar mensajes telepáticos de ángeles o de extraterrestres que transmitían información muy acertada, interesante y útil e incluso a veces vaticinaban cosas que más adelante se cumplían. Llegué a la conclusión de que los canalizadores tenían que ser personas muy especiales que desde la infancia hubieran desarrollado esos dones. Nunca creí que fuera posible que yo pudiera tener un contacto de ese tipo.

Adquirí esa creencia cuando una maestra de yoga que canalizaba un grupo de «seres de luz» intentó enseñarme cómo lo hacía. Nos poníamos a hacer unas asanas, luego a meditar y luego a escribir lo que pasara por nuestras mentes. Ella recibía unos mensajes bellísimos, conmovedores, certeros y en muchas ocasiones predictivos que no tenían nada que ver

---

42. Singing-Heart significa «Corazón que canta».

con los míos. Yo recibía mensajes tan breves y sencillos que me parecía que yo misma podía haberlos inventado. Para que no me desanimara me contó que ella desde niña tenía facultades extrasensoriales y además llevaba años canalizando. Me dijo que todos tenemos guías personales que quieren entrar en contacto con nosotros para ayudarnos y que, si yo continuaba con mi disciplina, algún día podría hacer lo mismo que ella. Eso me pareció tan lejano que desistí convencida de que nunca sería capaz de llegar a su nivel.

Hasta que tuve aquella experiencia onírica que llamé «*La prueba de la marihuana*» en donde alguien que yo identifiqué como mi guía escribió un mensaje en la pantalla del ordenador de mi sueño. Al despertar me puse feliz porque pensé: «¡Oh, realmente sí tengo un guía! ¡Me acaba de enviar un mensaje directo a través de este sueño! ¡Y quiere ayudarme con mi investigación de las drogas!». En el sueño estaba totalmente convencida y cuando desperté también, porque simple y sencillamente no podía pensar en alguien que tuviera menos intenciones conscientes e inconscientes de dejar de fumar *Cannabis* que yo.

Nunca me lo había planteado siquiera. Participaba activamente en movimientos en favor de la despenalización de su consumo, promovía su utilización entre los enfermos de cáncer y esclerosis múltiple y la recomendaba a cualquiera que quisiera pasar un buen rato y ver las cosas de maneras distintas a las que cotidianamente las vemos. Es más, durante una temporada, subsistí vendiendo en el mercado de Tepoztlán camisetas estampadas con la hoja de la marihuana y otras plantas psicoactivas y la leyenda *Legalize drugs!*

Por eso pensé que aquel sueño en el que me decían que iba muy bien con mi investigación de las drogas, pero que iba a tardar más de lo esperado porque no había aprobado la prueba de la marihuana, me demostraba que efectivamente sí había alguien en algún lugar del universo que de alguna forma estaba al tanto de mi vida y se comunicaba conmigo a través de mis sueños. ¡Y además pensaba de una forma muy distinta a la mía! Aún no tenía muy claro qué eran los guías, no sabía si eran lo mismo que los ángeles, o si eran extraterrestre o simplemente inteligencias amorfas que habitaban en otra dimensión… Pero tampoco tuve mucho tiempo de averiguarlo porque durante esa etapa me dediqué a tratar de resolver mis problemas personales. Leí los libros sobre las adicciones que ya he mencionado y me sumergí unos meses en mi proceso de sanación y desintoxicación.

Ángeles y arcángeles

Tiempo después leí un libro en el que tres personas distintas relataban sus propias experiencias con sus respectivos ángeles y decían que no era tan difícil hablar con ellos.[43] Uno de estos ángeles, llamado Abigrael, explica en la introducción del libro que en estos momentos de la historia humana tienen la misión de establecer un contacto más estrecho con nosotros porque la evolución de nuestra conciencia colectiva ahora les permite acercarse más que nunca. Asegura que si bien superficialmente no lo parece y la evidencia aún no está a la vista, los humanos vamos viviendo más en armonía con el Universo y hemos elevado nuestra vibración y la vibración del planeta de forma que, mientras en el pasado habrían hecho falta veinte años de práctica para lograr la misma posibilidad de establecer la comunicación, hoy está al alcance de quien se interese en establecerla. En el libro explican que ya no desean ser vistos como ángeles de la guarda porque como humanos hemos avanzado tanto que su función ya no consiste en protegernos, sino en acompañarnos y aconsejarnos, por lo cual ahora prefieren que los consideremos compañeros o guías.

Dicen que suelen comunicarse con nosotros en nuestros sueños y que se manifiestan de mil modos distintos a diferentes personas, con apariencias que son sumamente personales según cada individuo. Aseguran que la mayoría de las veces se muestran como figuras sabias o protectoras que nos prestan consejo o ayuda o simplemente nos hacen felices con su presencia; y en contadas ocasiones los vemos como ángeles en la imagen de seres perfectos, espléndidos y de una belleza absolutamente pura.

Afirman que las apariciones inesperadas de ciertos animales o las sincronicidades que nos llevan a leer determinados libros o mensajes que forman parte de otros contextos, como anuncios o titulares de periódicos, son subterfugios que utilizan para entrar en contacto con nosotros durante las horas de vigilia. Dicen también que, en determinadas circunstancias, hay momentos en que podemos percibirlos a través de nuestros sentidos físicos, en forma de un escalofrío o un cosquilleo, de una luz fugaz, de sonidos sutiles o de un aroma agradable que surgen sin ningún motivo aparente.

---

43. Daniel, Alma, Timothy Wyllie y Andrew Ramer: *Descubre a tus ángeles,* Ed. Javier Vergara, Buenos Aires, 1999.

Al terminar de leer el libro aún estaba un poco escéptica. Por mis creencias espirituales y por mi formación profesional me resultaba muy difícil creer en «ángeles». Sin embargo, comenzaron a ocurrirme cosas muy mágicas relacionadas con ellos... Por ejemplo, un día entre por «casualidad» a Arunashala, una librería del centro de Barcelona donde justo en esos momentos iba a comenzar una charla acerca de ángeles. Como no tenía empleo ni nada concreto que hacer esa tarde, entré y escuché al conferenciante hablar maravillas sobre los diferentes miembros del reino angelical y la ayuda que pueden prestarnos cuando los invocamos a través de una novena.

Cuando le pregunté qué era una novena, me contestó con un ejemplo que me vino como anillo al dedo: «Vamos a suponer que tú necesitas un empleo...». Y a continuación me describió el proceso de una novena para invocar la ayuda del arcángel Chamuel a fin de conseguir el trabajo de tus sueños, lo cual consiste en escribir en un papel qué es lo que quieres conseguir, encender una pequeña vela de cualquier color, invocar al arcángel y leerle tu petición durante nueve días seguidos. La novena y última vez que lo haces tienes que quemar el papel y olvidarte del asunto... Decidí que no tenía nada qué perder y escribí mi petición. Ya el simple hecho de plantearme las cosas y ponerme a pensar qué era lo que en verdad quería hacer, me pareció un gran avance en comparación con limitarme a leer las ofertas de trabajo, ver todo lo que no deseaba hacer, deprimirme y lamentarme porque nunca aparecía un trabajo adecuado para una investigadora de la conciencia como yo, cuyo currículum consistía en ser una licenciada en ciencias políticas sin deseos de ejercer su carrera, autora de una novela inédita y de un libro inconcluso sobre drogas, que ocasionalmente hacía de camarera (por temporadas muy breves porque aún no tenía un permiso de residencia en España) y cuya ocupación habitual e irremunerada consistía en la práctica del chamanismo y la interpretación de sus propios sueños.

Como no se me ocurría nada concreto, solicité un trabajo en el cual pudiera utilizar mis conocimientos y habilidades para ayudar a los demás, algo que me sirviera para aprender y divertirme, donde no tuviera un jefe ni unos horarios esclavizantes que cumplir, que estuviera relacionado con mi pasión por estudiar los estados modificados de conciencia y que llegara a mí sin que yo lo buscara.

Eso de *que llegara a mí sin que yo lo buscara* era como mi cláusula de garantía para comprobar que los ángeles existían y me iban a ayudar. Ya estaba empezando a abandonar mi escepticismo, pero deseaba una comprobación. ¡Y vaya que la tuve!

Después de esclarecer lo que deseaba, casi de inmediato se me ocurrió la idea de aprovechar mis conocimientos para dar charlas acerca de las plantas sagradas que utilizan los chamanes para entrar en estado de trance y acerca de los sueños, que también son estados modificados de conciencia al fin y al cabo.

Al terminar de ofrecer mi primera charla sobre sueños en la biblioteca local y ver que los asistentes se quedaron con ganas de profundizar en el tema, comenté con timidez que tal vez podríamos organizar un taller semanal. La idea les encantó y enseguida me preparé ensayando con mis amigas y cuando estuve lista, los «ángeles» me lanzaron al ruedo.

Una mañana me despertó el timbre del teléfono. Era una psicóloga ¡que quería ofrecerme una sala de su gabinete para organizar mis talleres de sueños en el mismo pueblo en el que yo estaba viviendo en la costa de Barcelona! Resulta que una mujer —¡a la que nunca conocí!—, amiga de una persona que me escuchó dando la charla de sueños, le comentó que yo necesitaba un lugar para hacerlo. Fui a ver a Isabel, la psicóloga, y llegamos a un acuerdo por el cual ella se comprometió a promover el taller, organizar las inscripciones y alquilarme el espacio… ¡¡¡Y lo hizo genial!!!

Ya teníamos cuatro alumnos confirmados cuando tuve este sueño:

«Curso de sueños»
Estoy en un autobús. Se sube un profesor con bigote y pelo canoso, como de unos cincuenta años. Dice que mañana comenzará un Curso de Sueños. Hay gente interesada. Varios son jóvenes y están sentados detrás de mí. Uno de ellos le dice que quiere ir a su curso pero no tiene dinero y le pregunta si le puede hacer algún descuento. El hombre le responde: «No, porque no te estaría haciendo ningún bien, sino al contrario». Pienso que se refiere a que estaría apoyando la creencia del chico de que no puede generar dinero, además, a él mismo no le conviene.

Ya voy a bajarme, pero me regreso al considerar que es una coincidencia muy sospechosa que esté allí ese hombre. Pienso que quizá yo tengo que tomar su curso porque tal vez yo no podré dar el mío. Voy hacia él y le explico que yo también voy a comenzar a dar mi propio taller de sueños y le pido su teléfono. Él sonríe y me dice: «Ya me lo pensaba, te vi muy mística».

Entonces me desperté. Me dio mucha risa que el profesor de mi sueño me encontrara *muy mística*. Estaba convencida de que sólo se trataba de

una representación de mis inseguridades. Creía que las imágenes esce-
nificaban mis dudas acerca de mi propia capacidad y a la vez me daban
el mensaje de que una parte de mi inconsciente, representada por el
experimentado profesor, sí se sentía preparada. Eso pensé hasta que esa
misma tarde me encontré por la calle a una chica que había asistido a
mi charla sobre plantas sagradas en la biblioteca local. Hacía poco que
se había enterado de que yo iba a impartir un taller de sueños ¡y me dijo
que no tenía dinero, pero que tenía muchas ganas de ir!

Realmente no me atreví a decirle lo que dijo el profesor de mis
sueños, pero tampoco me atreví a desestimar su mensaje de advertencia, así es que le propuse a la chica que hiciéramos un intercambio. Se
me ocurrió que me transcribiera alguna de las entrevistas que hice en
Ámsterdam sobre las drogas, ya que ese tema también le interesaba a
ella, y que yo a cambio la dejaría asistir al taller. Se mostró de acuerdo
y así comencé mi primer taller con mis primeros cinco maravillosos
alumnos. ¡Y al final la chica me pagó el taller completo porque no tuvo
tiempo de transcribir la entrevista y sí consiguió el dinero!

La psicóloga y yo nos hicimos amigas. Hablando sobre éste y otros
sueños, ella me contó que sentía que en sus meditaciones también estaba recibiendo ayuda de alguna fuente externa que le daba objetos de
poder simbólicos y buenos consejos. Entonces le pasé el libro de los ángeles. Le gustó mucho y con un grupo de amigas mutuas comenzamos
a reunirnos semanalmente para hacer todos los ejercicios sugeridos a fin
de establecer el contacto consciente con nuestros respectivos ángeles.
Al final todas comenzamos a recibir mensajes cortos, sencillos e inspi-
radores.

Durante esa época tuve este sueño:

«Mi ángel»
*Estoy frente a un hombre verdaderamente precioso, de cabellos
rubios rizados, lo más maravilloso que he visto. Sé que es mi ángel.
Me siento absolutamente confusa. Atraída por él y a la vez totalmente inmerecedora, incapaz de estar a su altura. Luego veo un
pájaro negro que tiene las alas enredadas con pedazos de estam-
bre o lana color amarillo mostaza.*

El pájaro representaba mi miedo y mis enredos mentales provocados
en parte por mi rápido cambio de paradigmas y en parte por mi falta
de autoestima... por la culpa de no ser mejor de lo que era debido a la
creencia infantil de que había algo malo en mí que me hacía sentirme

inmerecedora de muchas cosas... Trabajé con este sueño haciendo una reentrada y una reescritura (técnicas que se explican más adelante) con la finalidad de dar alternativas distintas de comportamiento a mi inconsciente.

Días después soñé esto:

> *«Cambiar las alas de mi ángel»*
> *Estoy en el consultorio de una terapeuta explicándole que ya me siento mejor del estómago. De pronto recuerdo que no llevo dinero para pagarle la consulta y pienso cómo podré explicarle esto. Ella empieza a hacer un dibujo de mi ángel y me lo da diciéndome que después yo le cambiaré las alas.*

Este sueño me mostraba que debía seguir trabajando en mi autoestima (porque el estómago representa para mí la zona del plexo solar, sede del tercer chakra que rige la autoestima y el poder para crear tu propia abundancia). Además, tenía que bajar a los ángeles del pedestal donde los tenía para no sentir que eran tan inalcanzables (por aquello de cambiarles las alas).

Varios sueños después volví a estar en el consultorio de la misma mujer. Esta vez yo era quien estaba dibujando un lago y le preguntaba si ella sabía recibir mensajes de los ángeles. Por toda respuesta se puso a canalizar a mi ángel y yo le pregunté algo a él, que me respondió a través de la terapeuta, pero no pude recordar el diálogo cuando desperté.

Pasado un lapso considerable de tiempo, tuve un cuarto sueño con la terapeuta desconocida en el que ambas intercambiábamos unos regalos. Ella me dio una especie de agenda y yo le di una de esas cosas en las que se guardan las tarjetas de presentación. Luego me preguntó sobre mi investigación de las drogas y en el resto del sueño, que fue bastante simbólico, encontré todas las claves acerca de los pasos que tenía que seguir para concluirla satisfactoriamente, comenzando por reflexionar acerca de mis aprendizajes. En su parte final este largo sueño presagiaba que si yo seguía el camino que aún me quedaba por recorrer, en el futuro podría hacer alguna contribución al respecto.

Después de recibir esta información, en mi vida diurna estuve trabajando comprometidamente cerca de un año para exponer de forma sencilla todo lo que había investigado acerca de las drogas, incluyendo mis dudas. Durante esta temporada mis experiencias oníricas reflejaron mis atascos, sin embargo, algunos sueños que invoqué me dieron la información que necesitaba para superarlos; de forma que, como ya he comentado, finalmente pude terminar la primera parte de mi investigación sobre las drogas y pude compartirla con otras personas a través de Internet.[44]

Maestros humanos de los planos no físicos

Poco después me mudé a Santiago de Compostela y dejé de ver a mis amigas, que siguieron reuniéndose para conversar con sus ángeles bajo la guía de mi querida amiga la psicóloga. Con el cambio de ambiente, tuve una época en que recordaba poco mis experiencias oníricas y me olvidé del tema de los guías hasta que tuve el siguiente sueño extraordinario:

«Terroristas»
Estoy esperando a una amiga de la universidad [una que me traicionó pensando que lo hacía por mi bien]. Se ha metido en un banco que tiene puertas de cristal. Como no sale, entro a buscarla. Hay gente con metralletas, pienso que están asaltando el banco. Uno de ellos me coloca en una silla-ascensor y cuando llego arriba veo a un hombre rubio de cabello largo, pienso que es el líder de la banda y quiere interrogarme. Pregunta qué estamos haciendo allí. Le digo que hemos ido a buscar a unos maestros para ver si nos llevan a casa. Él me pregunta qué maestros y yo le respondo que cualquiera que pueda llevarnos. Espero que lo que he dicho concuerde con la versión de mi amiga porque tengo miedo y le ruego desesperada: «¡Por favor no me mate, no me haga daño!» Por toda respuesta me da un beso en la cabeza muy tierno con cara de «por supuesto que no, si mi intención es justamente la contraria». Después me bajan de nuevo en el ascensor-silla.

En el resto del sueño otras personas que son ayudantes del hombre rubio nos conducen por diferentes lugares, evalúan nuestras capacidades y me tratan muy amablemente. Pero yo sigo convencida de que son terroristas y escapo en cuanto tengo oportunidad. Subo por una cuesta y me tiro por un acantilado hacia una laguna. En la última escena estoy en casa de mi abuela viendo a una mujer moribunda.

Esa noche yo había invocado un sueño pidiendo alguna recomendación para reactivar mi trabajo personal con los sueños y al despertar no entendí nada. Las escenas me mostraban miedo y falta de confianza, pero al final no podía esclarecer si eran justificados o no porque, a pesar

---

44. www.mind-surf.net/drogas

de que el líder de la banda parecía tener buenas intenciones, yo me sentí todo el tiempo amenazada hasta que logré escapar. Traté de vincular estas emociones con mi vida diurna, pero no encontré nada parecido y me sentí desconcertada.

Poco después de haber tenido ese sueño viajé a México, donde coincidí con Frida, una de mis mejores amigas, quien me trajo de Los Ángeles un libro que su madre compró para mí, titulado *The Art of Spiritual Dreaming*. La señora pensó que me serviría para mi trabajo. Agradecí mucho el regalo y en el avión de regreso a España comencé a leerlo. ¡¡Cuál no sería mi sorpresa al ver en las páginas del libro un dibujo a lápiz del rubio líder terrorista de mis sueños!! Su rostro era exactamente igual al que yo recordaba. Según Harold Klemp, autor del libro, el rubio se llama Gopal Das y es un maestro de los sueños, sin cuerpo físico, que «habita en los planos intermedios». Por si fuera poco, había relatos de varias personas que también lo habían conocido durante sus sueños y ahora estaban estudiando con él mientras dormían.

Klemp lo describía usando estas palabras: «Gopal Das es uno de los guardianes de los Templos Áureos de Sabiduría. Él custodia la cuarta sección del Shariyat-Ki-Sugmad. Éste es el libro sagrado de los seguidores de Eckankar».[45]

Eckankar es una religión organizada en torno a los sueños cuya sede física está en Estados Unidos, en Minneapolis. Tienen un líder espiritual mundial a quien llaman el Mahanta Viviente, que pude moverse con plena conciencia entre el mundo material de la vigilia y los mundos sutiles de los sueños, que ellos llaman planos espirituales. Aseguran que en estos planos hay otros maestros humanos que no están encarnados actualmente, como Rebazar Tarz, quien se muestra como un maestro de cabello oscuro, ondulado y corto con una túnica color marrón; Lai Tzi, un maestro chino de barba blanca; Fubbi Quantz, un monje tibetano rapado; Wah Z, que es el nombre espiritual del Mahanta actual Harold Klemp; Peddar Zaskq, el nombre espiritual del anterior Mahanta, llamado en vida Paul Twitchell; y el mencionado Gopal Das, quien también fue Mahanta cuando estuvo encarnado en Egipto hace mucho tiempo.

El libro asegura que si uno de estos maestros se te aparece en sueños es porque de alguna forma has solicitado ayuda espiritual abriendo la puerta para que ellos acudan a tu llamada, lo cual efectivamente yo ha-

---

45. *Op. cit.* (Existe la traducción al español: Harold Klemp: *El arte espiritual de soñar*, Eckankar, Minneapolis, 2007.)

bía hecho al invocar ese sueño, por eso Gopal Das me preguntaba a qué maestros estaba yo buscando y yo respondí que a cualquiera que pudiera llevarme a casa (a mi Ser Superior, al Gran Espíritu).

Harold Klemp escribe:

> Tal vez te preguntes: ¿Por qué me ayudarían estas personas a mí que soy un extraño? A veces la gente me pregunta acerca de esto y dice: «Después de todo yo soy cristiano. No creo en los Maestros de ECK». Pero recuerda que uno de los principios de ECK es la reencarnación. Cerca del 99% de las personas que llegan a ECK en esta vida han sido seguidores de ECK en el pasado bajo uno de estos maestros de ECK. Nosotros ofrecemos retratos de los maestros de ECK por esta razón. Algunos de estos retratos están en nuestros libros; a veces los tenemos disponibles de otras maneras, como en los centros de ECK. Hacemos esto para las personas nuevas, aquellas que vienen a Eckankar por primera vez, para que así puedan reconocer a uno de los maestros de sus sueños. Estos maestros de ECK con frecuencia acompañan a las personas a lo largo de todas sus vidas, mucho antes de que éstas hayan oído hablar de Eckankar.[46]

Klemp también comenta en el libro que las personas cuyas creencias no contemplan estas intervenciones como algo posible o deseable suelen reaccionar con miedo. Como ejemplo cita casos de algunas personas que han recibido varios llamadas en diferentes etapas de su vida porque no estaban abiertos a continuar en aquellos momentos con sus estudios en los planos intermedios debido a distintas causas.

Evidentemente yo era uno de estos casos. Al terminar de leer el libro estaba sorprendida, tenía mucha curiosidad pero al mismo tiempo sentía un profundo rechazo por el hecho de que las enseñanzas de los maestros de ECK formaran parte de una religión estructurada que me pareció como un sustituto evangelista que casa muy bien con la mentalidad de muchos estadounidenses, pero definitivamente no con la mía.

Aun con todas estas reticencias decidí explorar un poco más el asunto apartando momentáneamente mis juicios. Entré a la página web de Eckankar[47] y escribí solicitando información de algún centro en España. Le reenviaron mi mensaje a un hombre que vivía en las Islas Canarias y que era el único contacto que tenían en el país. Me mandó un mensaje

---

46. *Ídem.*

47. www.eckankar.org

en el que me dijo que, dado que no podríamos reunirnos físicamente debido a las distancias, no podría darme las instrucciones externas que practican todos los eckistas cuando entran a formar parte de esta religión y sólo podría ayudarme «en los planos internos». Me recomendó que leyera el libro *Sueños lúcidos en 30 días* para que aprendiera a moverme con lucidez en los planos espirituales y él pudiera instruirme entonces mientras dormía.

Esa noche tuve un sueño con esta persona, lo identifiqué con la figura de un fanático islámico que quería convencerme de algo con lo que yo no estaba de acuerdo. Fue un sueño totalmente inconsciente. O sea que mis prejuicios seguían firmes.

Busqué el libro que me recomendó, pues el tema de la lucidez onírica me interesaba por sí mismo, aun cuando eventualmente no quisiera formar parte de Eckankar, pero me llevó mucho más de 30 días comenzar a tener mis primeros sueños lúcidos.

Pasó algún tiempo y regresé de nuevo a México. Esta vez además de visitar a mi familia fui a dar un taller de introducción al chamanismo. En la cabaña donde me hospedé había una librería muy bien surtida en la cual encontré un viejo libro de Paul Twitchell, el anterior Mahanta de Eckankar.[48] Era sumamente interesante y respondía las dudas que yo tenía sobre los distintos planos de los mundos espirituales y sus diferencias.

No obstante, cuando terminé de leerlo quedé convencida de que definitivamente no quería formar parte de una religión que se consideraba a sí misma como «el único camino verdadero» hacia la luz y el sonido de Dios. El discurso del Mahanta antecesor de Harold Klemp era mucho más radical y menos abierto que el de éste. Además advertía que muchas personas que entraban a formar parte de Eckankar sólo por curiosidad perdían su tiempo y no obtenían lo que buscaban.

Sentí que ése era precisamente mi caso: tenía curiosidad, quería explorar los distintos planos de los mundos que describía ese libro y obtener enseñanzas espirituales. Pero no quería formar parte de ninguna religión, por más emocionante que fuera para mí el hecho de que las iniciaciones y la instrucción de los grados superiores se llevara a cabo íntegramente en los planos interiores, cuando los alumnos estaban preparados para vivir lúcidamente en aquellos mundos no físicos.

Si hubiera encontrado la forma de estudiar directamente con Gopal Das, sin tener que formar parte de esta religión y sus dogmas, lo habría

---

48. Twitchell, Paul: *The Spiritual Notebook*, Eckankar, Minneapolis, 1971.

hecho encantada pero en esos momentos, no sin pesar y contrariedad, decidí abandonar la idea de seguir curioseando en Eckankar debido a mis prejuicios. Sin embargo, estoy muy agradecida de que esta experiencia me demostrara sin lugar a dudas la existencia de seres dispuestos a ayudarnos desde otros planos, planos que una exploradora de la conciencia como yo realmente anhelaba conocer.

Eso me llevó a esclarecer lo que en realidad deseaba, o sea, explorar los mundos oníricos y recibir ayuda sin formar parte de ninguna religión organizada. Así que continué investigando...

Guías personales y guías de otras dimensiones

Poco después leí otro libro excelente que me permitió «cambiar las alas de mi ángel», o sea que pude ver a los guías realmente como compañeros y no como deidades inalcanzables. El libro está escrito por dos personas, Sanaya Roman y Duane Packer, que canalizan a sus respectivos guías, llamados Orin y DaBen.[49]

Para quienes deseen llegar a la fase de canalizar conscientemente a sus guías este libro es una lectura imprescindible ya que, además de describir quiénes son los guías y cuáles son sus funciones, ofrecen ejercicios para establecer la conexión con ellos. También explican cómo distinguir a los guías de dimensiones elevadas que pueden asesorarnos de las entidades menos evolucionadas, que son la fuente de los fenómenos llamados *poltergueist* o espiritistas y que no tienen intención de ayudar a las personas. Por eso lo recomiendo muchísimo a quienes quieran llegar a establecer este tipo de conexión consciente evitando los peligros que conlleva el hecho de no estar bien informado y no tomar las precauciones necesarias antes de comenzar este gratificante camino.

Dicho lo anterior, se entiende que la información que voy a comentar a continuación únicamente sirve para los propósitos de recibir información por parte de los guías *dentro de los sueños*.

Como ya se ha mencionado antes, todos tenemos un guía personal que está con nosotros durante varias vidas para ayudarnos a seguir el

---

49. Sanaya Roman y Duane Packer: *Opening to Channel - How to Connect with Your Guide,* H J Kramer Inc, CA 2000. Hubo una traducción mexicana, *Canalizar,* editada por Árbol Editorial, pero de momento ya no se consigue. Espero que hagan pronto una reedición.

programa de aprendizaje que hemos elegido en cada encarnación y para enfrentar retos concretos. Nuestros guías personales trabajan con nosotros a pesar de que no creamos en su existencia o a pesar de que nunca lleguemos a entablar ningún tipo de contacto consciente con ellos. Parte de su propósito consiste en ayudarnos a lograr lo que nos hemos propuesto hacer aquí en la Tierra pero, aun en los casos en los que decidimos no apegarnos a nuestro plan original, ellos están con nosotros incondicionalmente.

A menudo, estos guías personales son menos evolucionados que los guías de niveles superiores; sin embargo, son más evolucionados que nosotros porque ya han pasado por varias encarnaciones en la tierra y son más conscientes de una realidad mayor. En ocasiones hay más de un guía ayudándonos, en especial cuando nos encontramos en un momento crucial de nuestras vidas o cuando nuestra profesión consiste en auxiliar a otras personas.

El doctor Newton explica que, de acuerdo a sus estudios, aproximadamente tres cuartas partes de la humanidad son almas que están en sus primeras etapas de desarrollo. El resto se encuentran en estados evolutivos intermedios y, realmente, son muy pocas las almas viejas altamente evolucionadas que aún encarnan con motivo de servir como guías humanos. Las demás sirven como guías en los planos sutiles o realizan otro tipo de actividades. Estos guías maestros entrenan a otros aprendices de guías de los niveles evolutivos intermedios a quienes encargan una sola alma y van supervisando su trabajo hasta que los consideran preparados para ser guías maestros y tener más almas a su cargo.

Newton explica que además de estos guías que han evolucionado en la Tierra logrando la maestría mediante sucesivas encarnaciones, hay otros que han evolucionado en otros planetas o en otras dimensiones y también funcionan como guías de alto nivel o guías especialistas.

A esta clase pertenecen Orin y DaBen, quienes a su vez, comentan que existen muchos tipos de guías de alto nivel que no son humanos. Algunos son entidades que han evolucionado en otras galaxias y planetas; otros proceden de otras dimensiones; y también hay otros guías que no encajan en ninguna de estas categorías, ellos les llaman «guías multidimensionales».

Todos estos guías de nivel superior trabajan con nuestro guía personal, quien les brinda información detallada y específica de nuestra vida individual y actúa como eslabón entre nosotros y los guías de nivel superior en ciertas áreas, hasta que nosotros estamos en condiciones de entrar en contacto con sus elevadas frecuencias y podemos comunicarnos con ellos de forma más directa.

Orin y DaBen afirman que no todas las entidades de los dominios superiores deciden ser guías, ya que las ocupaciones en otros planos de la realidad son tan variadas o más que aquí en la Tierra. Quienes deciden evolucionar siendo guías en este planeta que plantea tantos retos, escogen trabajar con humanos que de alguna forma pueden considerar sus colegas, personas que posean un vocabulario o habilidad útil para poder trabajar en equipo con ellos. DaBen, por ejemplo, es un experto en energía y canaliza energía sanadora e información útil sobre los campos energéticos a Dwane, quien se dedica al campo de la sanación energética en el mundo físico y, por lo tanto, puede darle una interpretación y una aplicación práctica a lo que recibe.

Los guías científicos eligen personas con formación científica; los guías artísticos trabajan con artistas; los guías filosóficos elijen personas que están interesadas en la filosofía, y así sucesivamente. Dicen que desde su dimensión ellos nos observan como patrones cambiantes de energía, colores y armonías. De esta forma detectan nuestra especial configuración cuando solicitamos ayuda y responden a ella transmitiéndonos imágenes de luz, impulsos de pensamiento y datos energéticos.

Después permiten que nosotros aportemos la sustancia, la acción y palabras exactas que más se acerquen a la transmisión de energía que nos han enviado. O sea que los canalizadores son «traductores» de energía-información que interpreta cada uno en función de sus respectivos códigos ideológicos y bagaje existencial. También aseguran que, en ocasiones, sus transmisiones son enviadas directamente como figuras (muchas de ellas geométricas) o imágenes, que es lo mismo que ocurre cuando recibimos un sueño y luego tenemos que traducirlo o interpretarlo.

Para los que contactan con sus guías durante los sueños, en visualizaciones o en estado de trance ligero, los guías pueden aparecer con cuerpos de luz o con cuerpos humanos de distintas nacionalidades vistiendo sus atuendos particulares. Sanaya y Dwane, en equipo con Orin y DaBen, impartieron varios talleres de canalización antes de escribir su libro y aseguran que al principio algunas personas ven a sus guías como colores, otras los perciben como sonidos y otras los sienten como una apertura de corazón. Conforme la gente se acostumbra a sostener las vibraciones superiores, puede percibir a sus guías con más claridad. Hay quienes los identifican con figuras espirituales que les resultan conocidas, tales como Cristo, Buda, los ángeles o arcángeles u otros maestros ascendidos como Saint Germain o Kwan Yin.

También pueden aparecer como indios americanos, sabios chinos, maestros tibetanos o hindúes, ya que muchos guías toman el aspecto de una vida previa en la Tierra, si la han tenido, y usan el nombre que recibieron en esa encarnación. El doctor Newton, al preguntar a sus pacientes bajo hipnosis profunda el nombre de sus guías, ha consignado nombres como éstos: Idis, Owa, Likiko, Kumara, Tahama, Aru, Ulant, Larian, Eirow, Clodís y el mencionado Axinar.

El alma no tiene sexo y en los dominios de la energía pura no hay polaridad de expresión, como ocurre en la Tierra, así que los guías no son hombres o mujeres; sin embargo pueden presentarse como tales según les convenga. Suelen adoptar la identidad que asegure el mayor éxito en lo que deben hacer o aquella con la que nosotros podemos relacionarnos con mayor facilidad. Si por la naturaleza de sus trabajos deciden transmitir cualidades como la suavidad o el cuidado, quizá adopten un aspecto femenino y si quieren representar cualidades que se asocian con un papel masculino, eligen una apariencia masculina. Orin y DaBen dicen que hay tantas identidades para los guías como gente en la tierra, por lo cual recomiendan estar abiertos a cualquier forma o aspecto con el que los guías se quieran presentar ante nosotros.

Además cada guía tiene conocimientos y habilidades particulares, así como un carácter distinto que los lleva a desarrollar sus propios métodos pedagógicos. La investigación del doctor Newton corrobora ampliamente este hecho. Como ejemplo, cita a Kumara, una guía humana muy evolucionada que es maestra de otros guías en entrenamiento (ante los cuales se presenta como una africana de piel caoba y plumas en la cabeza):

> Kumara enseña utilizando una técnica de imágenes rápidas en las que revisan recuerdos de lecciones anteriores ya aprendidas en otras vidas. Las viejas soluciones a los problemas se mezclan con las nuevas posibilidades en forma de puzles metafóricos. Con esta técnica, Kumara examina los amplios conocimientos de mi cliente a través del sueño y la meditación.[50]

Orin y DaBen aseguran que la conexión con un guía personal o con un guía de alto nivel comienza casi invariablemente durante los sueños y

---

50. *La vida entre vidas, op. cit.*

se va desarrollando en diferentes etapas que son cada vez más profundas y más conscientes.

Durante la primera fase la mayoría de las veces ni siquiera sabemos que tenemos un guía, así que éste se acerca a nosotros durante nuestros sueños para que nos vayamos familiarizando con su energía y comencemos a aprovechar sus enseñanzas a un nivel inconsciente. Luego comienzas a enterarte de que existen los guías y te preguntas si tienes uno. En este punto puedes soñar que vas a una escuela, a una iglesia (o como en mi caso, a una consulta con una terapeuta) o simplemente que alguien está hablando contigo largamente, dándote lecciones e instrucciones en cualquier tipo de escenario onírico. También puedes sentirte atraído hacia libros canalizados o que hablen sobre los guías (como éste que tienes en tus manos).

En la segunda fase, la conexión con el guía puede ocurrir más a menudo en el estado de sueño o en momentos espontáneos o inesperados. La información que has recibido en otros planos comienza a expresarse en forma de intuiciones o talentos más desarrollados y, de pronto, te encuentras sabiendo cosas que antes no sabías o resolviendo de una forma más sencilla lo que antes te había supuesto mucho trabajo.

En este punto ya confías en la existencia de los guías y quieres establecer un contacto más consciente con ellos. Entonces puedes comenzar a utilizar oráculos a través de los cuales tus guías tienen oportunidad de responder a tus dudas (como el I Ching, las runas, el tarot, las cartas de ángeles, hadas, animales de poder, etc.) o incluso puedes acudir a la consulta de algún canalizador profesional buscando que te transmita verbalmente los mensajes de tus propios guías.

Durante la tercera fase puedes tener sueños vívidos en los que ya eres consciente de que tu guía ha hecho contacto contigo. O durante la meditación puedes empezar a recibir a un guía que parece ser de una sabiduría mayor que lo que antes habías experimentado.

A partir de la cuarta fase, es cuando comienzas a canalizar conscientemente a tu guía estando despierto, para lo cual tienes que aprender a acceder a un ligero estado de trance en el que elevas tu nivel energético y el guía logra hacer descender el suyo a fin de establecer el contacto. Desarrollar esta comunicación conlleva un tiempo variable de práctica en el que tanto la persona como el guía se van adaptando uno al otro.

Hay que tener en cuenta que estas fases son lineamientos generales ya que la preparación es una experiencia individual y es diferente para cada persona. Además hay mucha gente que no necesita o no desea pasar a la cuarta etapa y sólo recibe información dentro de sus sueños, incluso sin identificar a sus guías, lo cual es algo muy común.

En el momento en que terminé de leer el libro de Orin y DaBen, me di cuenta de que prácticamente yo había pasado ya por las cuatro fases sin ser plenamente consciente de ello y sin comprometerme a profundidad en el asunto.

En mi primera fase escuché acerca de la existencia de los guías y me enteré de que había gente que los canalizaba e intenté hacer lo mismo, pero sin éxito. Después recibí el sueño de la marihuana que me envió mi guía personal, a quien conocí indirectamente a través de consultas con canalizadores, uno de los cuales (Alex Sluky) me dio la idea de recibir su orientación a través de un oráculo de runas que fabriqué yo misma, para ir estableciendo un acercamiento a su energía. Con eso pasé a la segunda fase, donde comencé a tener los primeros sueños con una terapeuta que me daba consejos útiles. Leí el libro de ángeles y comencé a creer que, en verdad, yo podría comunicarme directamente con ellos. En mi tercera fase continué teniendo sueños que me ratificaron la existencia de distintos guías en otros planos y continué leyendo libros al respecto, como el del doctor Newton y el de Orin y DaBen, gracias al cual pasé finalmente a la cuarta fase, donde comencé mi contacto consciente con la terapeuta que me daba consejos en mis sueños, quien resultó ser una guía de alto nivel.

Para ello me reuní quincenalmente con un grupo de amigos de Santiago de Compostela, con quienes practiqué los diferentes ejercicios del libro de *Canalizar*. El día que hicimos la meditación final, que se llama «Bienvenida al reino de los guías», yo sentí que no estaba sola. Fue una sensación muy sutil y al preguntar el nombre del guía, siguiendo las instrucciones de la meditación, lo primero que me vino a la mente fue un nombre en inglés: Singing-Heart, que significa «Corazón que canta».

Me dijo que ese nombre lo recibió en su última encarnación, que tuvo lugar entre los indios lakotas. Supuse que como no tengo vocabulario lakota para traducir la energía del nombre original, lo traduje al inglés relacionándolo con los indios de Norteamérica. Le pregunté si esto era así y me lo confirmó.

La última instrucción de la meditación consistía en solicitarle al guía algún otro mensaje de bienvenida que quisiera transmitirnos. Mi guía me informó entonces de que ella trabajaría conmigo durante una temporada. Me dijo también que cuando finalmente nos despidiéramos sería muy triste para mí por lo mucho que llegaríamos a querernos, pero me lo advertía para que estuviera preparada.

Por supuesto yo dudé mucho de la veracidad de este mensaje e incluso de mi cordura… pero me ayudó el ver que mis amigos también habían recibido respuestas de una forma muy sencilla y también tenían sus dudas. Una de ellos es juez. Desde que quiso unirse al grupo supuse que quería aprender a canalizar para dictar mejores sentencias y, de alguna forma, eso me tranquilizó mucho. Al verla siempre pensaba que todos allí éramos «gente normal» buscando ayuda para mejorar en nuestra vida personal y en nuestras respectivas actividades profesionales. Creo que todos nos sentimos muy apoyados y pudimos seguir adelante superando poco a poco nuestras respectivas dudas.

Tejedores de sueños

A pesar de que ya había leído en el libro de Orin y DaBen que los guías escogen trabajar con personas que en el plano físico manifiestan intereses similares a los suyos, y ya había leído en los libros del doctor Newton acerca de los guías que son expertos «tejedores de sueños» como Axinar, no caí en la cuenta de que tanto el Capitán, mi guía personal, como Singing-Heart, eran tejedores de sueños, hasta que até cabos mediante una revisión de mis experiencias oníricas. Fue entonces cuando encontré varios sueños en los que pude identificarla claramente como mi terapeuta onírica. Además, me asombré mucho al ver que durante una de mis experiencias oníricas incluso ¡yo misma había presenciado una clase para aprendices de tejedores de sueños!

Aquella experiencia tuvo dos partes muy diferentes. En la primera yo estaba guiando a una alumna (de mis cursos de sueños) a buscar un viejo teléfono (un medio de comunicación) en la antigua casa de mi abuela (como escenario onírico significa para mí el apego a viejas estructuras mentales que me hacen sentir segura). Yo me sentía muy ufana al entrar al magnífico jardín que mi madre estaba regando con esmero (me sentía muy orgullosa de mis conocimientos sobre el tema y seguía cultivándolos, aunque realmente no eran míos sino heredados y antiguos); ante eso, dos partes de mi conciencia representadas por la alumna (mi disposición a aprender) y una terapeuta (mi disposición a compartir lo que he aprendido) se negaban a entrar en la casa (ya no querían utilizar esas viejas estructuras de comunicación). O sea que el tema tenía que ver con mis conocimientos de interpretación onírica, fruto de las ideas heredadas de otras personas, y el problema era que me parecían insuficientes, aunque conscientemente aún no los veía de esta manera.

En la segunda parte del sueño mi escenario cambió a la época actual (la casa de mi abuela ahora forma parte de un centro educativo, el grupo CUDEC, que ella misma fundó junto con algunos de sus hijos) y allí es donde vi por primera vez a una experta tejedora de sueños entrenando a sus aprendices:

> *«Escuela de Asesores Oníricos»*
> *... Observo desde arriba a un equipo de personas trabajando en una especie de ordenadores en red a través de los cuales dirigen los sueños de otras personas. Una entrenadora les dice que vayan con cuidado y que primero sólo pongan en contacto al soñador con los personajes y que no hagan nada más porque hay muchas heridas y resultaría demasiado doloroso para la persona si avanzaran más la escena.*
> *Tengo un vaso con leche en la mano que se me derrama cerca de la chica que está manejando el sueño que yo estoy soñando y en cuya pantalla veo un diagrama predominantemente rosa en el que se interceptan tres rombos con sus respectivas estelas...*

Al analizar este sueño utilicé un diccionario de símbolos para ampliar mis propias simbologías individuales obtenidas por el método de asociación libre. En este caso, respecto a la leche que se me derramó cerca de quien manejaba mi sueño en su monitor, yo la asocié con la infancia. Y en mi diccionario favorito decía que la leche en un sueño «refleja la inocencia de la persona en relación a una situación»,[51] lo cual apoyaba el mensaje central.

Respecto a los rombos, buscando en Internet, encontré que era un símbolo de la constelación de Virgo, que una señal en forma de rombo advierte de algo a lo que un conductor se aproximará cuando conduce por una carretera y que, en el contexto de la programación informática, la simbología del rombo se utiliza en la elaboración de diagramas de flujo para indicar una disyuntiva frente a dos respuestas posibles:

> **Rombo.** Se utiliza para representar una condición. Normalmente el flujo de información entra por arriba y sale por un lateral si la condición no se cumple o sale por el lado opuesto a la entrada, si la condición se cumple.[52]

---

51. Llop, Milena: *El libro de los sueños, gran diccionario práctico, Mía*, Barcelona, 1990.

52. Definición de la Wikipedia: www.wikipedia.es

Como en mi sueño los rombos aparecían justo dentro de la pantalla de un ordenador, esta acepción informática me pareció muy interesante porque captar el mensaje de un sueño, sea cual sea, siempre nos deja frente a un sencillo dilema: seguir por el mismo camino o cambiar... Igual que la disyuntiva de un rombo en el contexto informático...

Reflexionando más al respecto, desarrollé este diagrama de flujo derivado del hecho de haber captado el mensaje de mi sueño:

Ante el conflicto que se le presentaba a mi conciencia, este sueño me invitaba a asomarme a un mundo del cual sabía muy poco, que era el mundo de los tejedores de sueños que nos brindan ayuda desde otros planos.

Como no tenía mucha información al respecto, mi investigación prácticamente iba a carecer de referentes previos y sería eso: una investigación hacia lo desconocido.

Por mi predisposición natural de investigadora y por el color rosa de los rombos en mi sueño, mezcla del rojo pasión y el blanco pureza, para mí era evidente que optaría por abrirme a adquirir nuevos conocimientos. Sin embargo, siempre he querido hacerlo con respeto hacia mis predecesores y sin invalidar lo antiguo. Especialmente todo el maravilloso y penetrante trabajo del profesor Jung. Mis guías han respetado mi deseo y así hemos trabajado. Por eso es que muchas veces, partiendo de mi conocimiento previo, el Capitán ha ampliado o mejorado mis viejas técnicas y también me ha enseñado algunas nuevas que son muy efectivas. También me ha ofrecido muchos consejos para trabajar con mis propios sueños. Singing-Heart y otros guías expertos en el tema han complementado mi instrucción con otras aportaciones importantes y algunas recomendaciones para mi trabajo profesional.

Como parte de este trabajo conjunto entre los miembros de mi Consejo Asesor Onírico y yo, ha surgido la idea de compartir por medio de estas páginas lo que he aprendido al trabajar con ellos. De esto tratarán justamente los próximos capítulos.

Primero ofreceremos algunas técnicas para interpretar los sueños desde el punto de vista metafísico. Después sigue un capítulo dedicado a la forma de obtener guía a través de sueños invocados a fin de resolver problemas específicos o recibir una orientación general acerca de algún tema en particular. Luego se ofrecen una serie de técnicas para trabajar con los sueños con el objetivo de descubrir y transformar pensamientos limitantes, cambiar la orientación de ciertas tendencias inconscientes que boicotean nuestros esfuerzos conscientes y otros dos ejercicios para aprender y divertirse, todo con instrucciones precisas y varios ejemplos. A continuación, hay dos capítulos dedicados a exponer la forma de trabajo que mis guías y yo hemos desarrollado para trabajar con los sueños tanto en grupo como en terapias individuales. Y, por último, hay un capítulo dedicado a exponer algunas ideas acerca de por qué los sueños son simbólicos.

SEXTA TAREA:

BUSCA LA FUENTE DE TUS SUEÑOS

Dedica una tarde entera a releer todos tus sueños teniendo en cuenta la información que acabas de leer en este capítulo acerca de sus posibles fuentes. Trata de identificar a simple vista los mensajes que has recibido a través de algunas de tus diversas experiencias oníricas y anótalos. Pon especial atención en los personajes o arquetipos sabios y observa si alguno de ellos se aparece en más de un sueño. Quizá puedas establecer un patrón o secuencia que te permita descubrir a tus guías...

Capítulo 6

«Los sueños se relacionan con lo que está en el pasado etérico y aquello que actualmente esté ocurriendo a nivel itérico [...] Al tener un cuerpo físico sano, vosotros estáis interactuando y fusionándoos con las dimensiones entre aquello que es *etérico* (ignorancia), y aquello que es *itérico* (sabiduría). La sabiduría pulsa a 12 ciclos por nanosegundo, la ignorancia lo hace a tasas más lentas. Sabiduría significa que vosotros estáis usando vuestros 7 primeros chakras en conjunción con la 8.ª, la 9.ª, la 10.ª y la 11.ª dimensiones. La 12.ª dimensión es la implicación completa de la 1.ª a la 11.ª [...] La energía etérica está presente si la ignorancia se convierte en el navío responsable de toda la inteligencia. La ignorancia se convierte en vuestra propia entidad intelectual cuando operáis a menos de 12 ciclos por nanosegundo dentro de la 3.ª dimensión.»

KARAEL (A TRAVÉS DE JHONDEE)
Factor Tierra

¿Cómo interpretar los sueños mediante paradigmas metafísicos?

Este sueño lo tuvo Montse de Bertamiráns, Galicia, durante una temporada en que estaba deprimida por diversos acontecimientos de su vida:

«El porqué de las cosas»
Mi sueño comenzó de la siguiente manera: Yo me encontraba en casa de mi tía Mari, es una casa de campo donde se hacen trabajos típicos de agricultura y ganadería y, lógicamente, se matan animales para su consumo. Pues en mi sueño mi tía nos llamaba a mí y a mi prima para que le ayudáramos a matar un pollo, nosotras le sujetábamos las patas y ella le hacía un corte en la cabeza para desangrarlo. Yo no quería, pero como siempre fui una niña obediente, le sujetaba las patas al pollo tal y como me habían pedido, sin embargo al mismo tiempo algo se estaba rebelando en mi interior y, en un momento determinado, le solté las patas al pollo y me fui llorando y diciendo que yo no quería eso, que no quería sujetarle las patas al pollo.
De repente, me vi en una pradera totalmente verde. Yo caminaba por ella llorando y preguntándome por qué las cosas tenían que ser así cuando, de pronto, del cielo bajo una luz enorme muy luminosa que me envolvió con mucho amor y me llevó hacia el cielo. Esta luz me hablaba y me decía: «Montse, no sufras, no llores, yo te voy a explicar por qué las cosas son como son». Y con un amor increíble me sacó de la Tierra y desde el espacio veía al planeta Tierra y a sus habitantes. Esta luz no tenía forma física pero cuando me hablaba es como si su cabeza estuviese apoyada en la mía, y como si de una película se tratase, ella muy amorosamente me iba mostrando la historia de la humanidad y el porqué del pueblo judío y el porqué de todas las cosas que sucedían en nuestro planeta.
Lo que recuerdo de esa explicación era que nadie era más que nadie, ni el que sufría ni el que era feliz. Todo tenía un orden y un porqué. Cuando yo llegué al entendimiento total (porque en ese sueño yo comprendí todo), me inundó una paz, una gratitud y un amor tan inmenso que no sabría describirlo y sobre todo fue im-

presionante sentir el amor tan grande que me tenía esta luz mara-
villosa de sabiduría y amor.

Alguno de los guías de Montse se le ha presentado en este sueño como una luz, sin sexo, sin cuerpo y le ha llevado a vivir una experiencia que le dejó una profunda sensación de consuelo y amor, junto con la seguridad de que las cosas que estaba viviendo, aunque no las comprendiera en aquellos momentos, tenían un porqué. Este sueño le animó a seguir adelante con su vida y la marcó profundamente.

Los sueños que guían a veces son literales, a veces son simbólicos y más a menudo son una combinación de ambas cosas, pero siempre nos ofrecen información relevante, diagnósticos oportunos, consejos que necesitamos y, en ocasiones, como en el caso de Montse, consuelo, amor y sabiduría para enfrentar nuestros retos vitales.

Otra característica es que se nos brindan de la forma en que mejor podamos comprenderlos, en función de la idiosincrasia personal de quien los recibe y de sus necesidades. Esto se puede comprobar mediante otro ejemplo de un hermoso sueño de Lolita, de Bernal, Querétaro. Ella es una guardiana de las tradiciones ancestrales de nuestro país, como el temazcal, que es una especie de cabaña de sudación con plantas medicinales que tiene múltiples aplicaciones terapéuticas y en los tiempos prehispánicos estaba vinculado con una amorosa deidad femenina de la tierra, llamada Temazcaltoci, a quien cariñosamente se le llama abuela Toci. Además de correr temazcales, Lolita es sahumadora en la tradición de los concheros, o sea, una guardiana del abuelo fuego en actos ceremoniales durante los cuales enciende el fuego y quema una olorosa resina llamada copal en su sahumador para ofrendarlo, para purificar el ambiente y para limpiar los campos energéticos.[53] Este sueño lo tuvo en un momento de nuevos comienzos en su vida:

«Abuela Toci»
Estoy recorriendo un mercado muy grande, colmado de elementos hermosos, hierbas medicinales frescas, verdura, fruta, artesanía en madera y finalmente como imán me atrae un sitio en donde venden barro. Una jovencita y un niño están a cargo del sitio. El barro estaba reluciente, brillante, hermoso, con esa particularidad tan especial que solamente el barro posee. De pronto, ubico

53. Lolita Vargas: *Copal, ofrenda divina: El sahumador y las sahumadoras*, Ed. Bugambilias, Querétaro, 2004.

sahumadores de un elaborado diseño, nunca antes vistos por mí, sin embargo, me percato de la hora, tengo que ir a atender un compromiso, una actividad en la que es necesaria mi presencia, me retiro pensando que en cuanto concluya el evento, retornaré al sitio a adquirir varios sahumadores.

De pronto me veo en una gran plaza, mucha gente está reunida, formada en columnas, yo auxiliaba a que todo estuviera en orden. Se acercan dos monjas y me indican: «Tenemos que prepararnos pues ya viene el grupo de Perú y hay que recibirlo», a lo que yo respondo: «¿Y dónde están sus sahumadoras?». «No hay, no tenemos», fue su respuesta; me apena su situación y les conmino a que cuando menos con una cera encendida, con ese fuego procedamos a recibirlos.

Al ver sus rostros preocupados les comento: «Yo puedo recibirlos, tengo que ir al mercado por un sahumador, vamos rápido, acompáñenme». Acto seguido, nos dirigimos al mercado, arribamos con rapidez, mi caminar es veloz y veo que las monjas se han quedado atrás, vuelvo a ver artesanías hermosas y de nuevo me encuentro en el sitio que venden barro.

Ahora estaba una anciana a cargo del lugar, ya no había la abundancia de barro que había visto horas antes. Me dirijo a ella y le pregunto concretamente por sahumadores, inmediatamente me indica que sí tiene algunos, que pase y tome el que yo guste, nuevamente veo singulares y hermosas piezas, pero yo buscaba un sahumador al que estoy acostumbrada a portar.

Ella, la anciana, afirma: «Yo tengo el sahumador que necesitas», acto seguido, atraviesa la pared del recinto y regresa por ahí mismo, con un sahumador cuyo cuerpo es una mezcla entre ser humano y jaguar, la cabeza del jaguar, su cráneo se transforma en una hermosa flor de ocho pétalos, su cola es fuerte, es una espiral, por medio de la cual se puede sostener firmemente el sahumador. Al ver aquello, mi respuesta inmediata es «Eres la Abuela Toci», sin necesidad de responder, la anciana se transforma en una mujer de mil rostros, era niña, joven, madura, anciana, lo femenino, irradia luz, brilla como un pulido diamante. Su ser me transmite un infinito amor y una inmensa paz, la experiencia de que todo está en armonía, la sensación de lo eterno.

La Abuela Toci manifiesta que el sahumador que me entrega es con el que ahora voy a «trabajar», que a partir de esta fecha se inicia para LA TIERRA un florecimiento, que los ancestrales secretos guardados en su seno surgirán, serán revelados, que esta tierra ahora llamada América mostrará su tesoro.

Recibo el sahumador y su sagrada esencia me conmueve, hace vibrar todo mi ser, cierro los ojos y escucho a la Abuela Toci decirme: «Le hemos dado a Andrés (mi marido), el regalo de la vida, su materia era reclamada para ser devorada y transmutada, mas el hilo del destino no se ha roto, su tejido prevalece intacto para cumplir con un propósito, el trecho por recorrer ahora es largo».

La Abuela Toci me indica con claridad: «El temazcal de Yollocalli que recién entra en actividad debe llevar por nombre 'Cepactli Ocelopapalot' (Primera Medicina del Jaguar Mariposa). Acto seguido, con sahumador en mano salgo y me dirijo a recibir a quienes llegan. Por el camino antes de salir del mercado, encuentro todo lo que necesito: copal, ocote, carbón, cerillos, un morral, salgo de ahí con todo lo necesario para recibir ritualmente a nuestros hermanos Peruanos.

Las monjas vuelven a hacerse presentes y, en conjunto, incluso con el sahumador ya encendido, al frente de las columnas, llegamos al sitio del encuentro, todo en sincronía, en el tiempo exacto, las columnas que ahí estamos avanzamos a recibir a las columnas que llegan, el humo de copal, el rito envuelve en la sacralidad aquel acto.

Como es evidente, una de las guías de Lolita, la abuela Toci, se manifiesta en esta experiencia onírica para anunciarle una nueva etapa en su camino de servicio, para brindarle un nombre a su nuevo temazcal y para tranquilizarla comunicándole que su esposo, quien recientemente había sufrido un problema cardíaco, se recuperaría; lo cual afortunadamente así ocurrió.

Aunque los sueños de Montse y de Lolita, tienen escenarios, tramas y personajes distintos, en ambos casos podemos identificar la figura de un guía que ofrece consuelo, amor, comprensión e información relevante. Si estuviéramos trabajando con los parámetros psicoanalíticos, diríamos que ambas entraron en contacto con el arquetipo del maestro o anciano sabio, que es una parte de las respectivas psiques de ambas soñadoras. Sin embargo, desde los paradigmas que comparten metafísicos y chamanes, ambas entraron en contacto con una inteligencia distinta a la suya que, desde otros planos, les brindó su guía justo cuando la necesitaban y además se la dio de la forma en que mejor pudieran asimilarla de acuerdo a sus respectivos bagajes de vivencias y códigos culturales.

En ambos casos, la experiencia onírica en sí fue el mensaje y no se requirió mayor interpretación. Sin embargo, hay ocasiones en las cuales nos envían otros sueños que guían pero que no son tan claros como éstos y requieren algún tipo de interpretación.

La primera técnica que se presenta en este capítulo, *simplificar el sueño*, está destinada a extraer el mensaje de cualquier tipo de sueño deshaciéndonos de las imágenes y quedándonos únicamente con la trama objetiva de los hechos para extraer una especie de «moraleja onírica». La segunda técnica se basa en el reconocimiento de que estamos recibiendo una transmisión cifrada y tenemos que buscar el código exacto para descifrarla a través de la *consulta de un diccionario* onírico o de símbolos. Y la última técnica sirve para que el Consejo Asesor Onírico dirija la atención del soñador hacia lo que es esencial mediante ciertas preguntas clave que le permiten *reflexionar acerca de un sueño* que le ha sido enviado.

1. Simplificar el sueño

El supuesto principal en el que se basa esta técnica es que hay algunas clases de experiencias oníricas que, en sí mismas, constituyen una enseñanza o un mensaje que se envía a la parte no consciente del soñador. Entonces, si la conciencia quiere percatarse de lo ocurrido, tiene que hacer un esfuerzo por no mirar a las imágenes en sí, ya que muchas veces pueden despistar bastante a quienes intenten tomarlas de forma literal.

Por tal motivo, es necesario extraer la esencia de las acciones observadas durante el sueño para deducir alguna especie de moraleja sin dejarse confundir por los personajes, escenarios o cosas que han aparecido durante el sueño.

Una moraleja es una observación que se expresa genéricamente a manera de consejo. Pensemos, por ejemplo, en la moraleja del conocido relato de David y Goliat. La historia nos presenta una comparativa desigualdad en la fuerza física de dos oponentes en donde se demuestra que una menor fuerza física no garantiza necesariamente la derrota, ya que hay otros determinantes como el valor y la astucia que demostró David. Esta misma idea podría transmitirse a través de la fábula de la tortuga y la liebre, en donde compiten otros dos oponentes con una comparativa desigualdad en relación a su velocidad de movimiento y, sin embargo, la paciencia y perseverancia de la tortuga son los determinantes de su triunfo.

La misma moraleja, o sea, *el vencedor no siempre es el más dotado*, puede transmitirse a través de tramas, épocas, contextos y personajes muy distintos. Y en los sueños sucede exactamente lo mismo, por eso debemos simplificar la trama para extraer el mensaje o la moraleja que la experiencia onírica en sí misma ya ha transmitido a nuestra parte no consciente.

Lograrlo es cuestión de práctica, como todo. Para empezar, podemos intentar describir lo que ocurrió en el sueño de la forma más objetiva y despersonalizada posible usando alguno de estos tres modelos:

1. A alguien le sucedió algo.
2. Alguien hizo algo a alguien.
3. La moraleja de este sueño es que…

En los dos primeros casos la idea consiste en sustituir al soñador y a todos los personajes por la palabra «alguien» y a todas las cosas y situaciones por la palabra «algo». Sólo es aconsejable conservar las acciones y algunos términos calificativos, pero todo lo demás se expresa de forma genérica con las indeterminadas palabras *algo* y *alguien*. Ésta es justamente la esencia de una moraleja porque se considera válida para todo el mundo en todas las circunstancias, de allí que se presente como una sentencia de aplicación general y validez indiscutible.

Tomemos como ejemplo este sencillo sueño de Víctor, de la ciudad de Oaxaca:

> «Multa»
> *Voy manejando mi coche con mucha prisa y busco la forma de adelantar a los demás carros, consigo rebasar muchos pero inesperadamente la policía me detiene para ponerme una multa y me enojo porque no sólo voy a perder todo el tiempo que había ganado, sino que voy a llegar incluso más tarde de lo que esperaba.*

Esta experiencia onírica tan clara se puede simplificar siguiendo cualquiera de los tres modelos:

1. *A alguien que va con prisa, le sucede algo inesperado que le ocasiona un retraso.*
2. *Alguien que excede la velocidad permitida tiene que pagar las consecuencias frente a la autoridad, por lo que pierde más tiempo.*
3. *La moraleja de este sueño es que la prisa ocasiona más demoras.*

Estos tres formatos se pueden usar indistintamente para simplificar el sueño de Víctor ya que en los tres casos el mensaje es el mismo aunque se exprese de distintas maneras.

La mayoría de nuestras experiencias oníricas pueden ser simplificadas de esta forma. La clave consiste en no usar nunca más de 20 palabras para describir el mensaje o moraleja del sueño. Y una vez que se ha obtenido, hay que buscar a qué ámbito de nuestra vida está dirigido este consejo o advertencia.

En el caso del sueño de Víctor, él identificó que en su vida cotidiana últimamente todo lo estaba haciendo con muchas prisas, sin ninguna razón apremiante, «sólo por ahorrar tiempo» y el sueño le instaba a relajarse y tomar las cosas con más calma para no sufrir las consecuencias del estrés y la precipitación.

Las experiencias oníricas no siempre son tan claras, ni la asociación con la vida diurna resulta tan evidente. Por eso a menudo hace falta recurrir al simbolismo de los elementos principales, pero siempre en función del consejo previamente extraído del sueño y atendiendo más a las funciones que cumplen los elementos dentro el contexto del sueño que a la asociación individual del soñador.

En determinadas experiencias oníricas hay que pensar más las cosas pero cuanto menos obvio sea el mensaje, a menudo resulta más sorprendente. Eso me han comentado varios alumnos y fue lo mismo que me sucedió a mí cuando practiqué por primera vez este ejercicio. Fue durante una época en la que me encontraba un tanto pesimista y tuve este breve sueño:

«Heredar su oficio»
En un parque o jardín estoy con mi papá que intenta tomar una fotografía de una gran flor movida por el viento. Al observar esto pienso que yo debería heredar su oficio para hacer mis propias fotos.

En mi primer intento formulé el mensaje como: *Alguien debiera heredar algo de alguien.* Al reflexionar sobre la función de la cámara como un medio a través del cual uno mira buscando captar algo desde el mejor ángulo posible, concluí que hacía referencia a la forma más bella de enfocar las cosas. Y al pensar en la flor como algo hermoso y efímero a merced del viento, me pareció que representaba a la vida misma.

De esta manera pude adecuar mejor el mensaje del sueño a mis circunstancias personales en aquellos momentos en los que tenía una actitud bastante sombría y me di cuenta de que la experiencia onírica, a través de estas imágenes, le había transmitido a mi inconsciente el consejo de que debería heredar de mi padre su forma de apreciar lo mejor de la vida.

Él es por naturaleza alguien que ama la vida. Nunca le he oído una sola queja sobre la vida, por el contrario, he visto que está completamente fuera de su lógica el pensar que alguien desee morirse... simplemente no le cabe en la cabeza que alguien no quiera estar vivo. Mi padre sabe cómo disfrutar siempre lo mejor de la vida y mi sueño me estaba aconsejando que debería heredar eso de él. Era un sueño bastante simbólico, ya que mi padre no es fotógrafo, ni siquiera es aficionado a la fotografía. Es veterinario y su única afición es la política, a la cual se ha dedicado profesionalmente debido a ese profundo amor por la vida y su deseo de que todos la disfrutemos en las mejores condiciones posibles.

Por supuesto, estuve completamente de acuerdo con el mensaje. Como estaba tan sensible, incluso lloré emocionada por la gratitud de tener un padre como el que tengo y, en verdad, me propuse seguir su ejemplo.

También me sentí muy agradecida de poder contar con esta técnica ya que por ser tan breve aquel sueño y no contener ningún conflicto, nunca hubiera practicado con él un análisis onírico básico. El símbolo de la cámara y de la flor eran tan comunes que no merecían practicar un ejercicio de exploración de la simbología onírica y tampoco se me hubiera ocurrido aplicar la técnica de conversación con un personaje onírico porque no se inició ninguna charla que quedara interrumpida.

En realidad, no había nada en estas imágenes que me llamara la atención o que me hiciera sospechar que contuvieran un mensaje tan relevante para mí, hasta que comencé a estudiar las técnicas de interpretación chamánicas y metafísicas y, por fortuna, se me ocurrió probarlas con aquel breve sueño que había tenido la noche anterior, que se convirtió en tan grata sorpresa.

Resulta evidente que desde estos paradigmas, el soñador no necesariamente es el único que puede descifrar su sueño, pues el consejo o moraleja puede ser obvio para cualquier persona que se tome la molestia de buscarlo, ya que incluso el análisis de los símbolos se hace en términos muy genéricos, reflexionando sobre la función que cumplen los personajes y los objetos en el contexto mismo del sueño. Entonces, cuando el soñador relata su experiencia onírica a otra persona para que se la interprete y ésta lo hace, al soñador sólo le queda la tarea de precisar el sentido concreto en el que aplicará las recomendaciones o advertencias extraídas de su propio sueño.

Ejemplo de simplificación de un sueño

Este sueño lo tuvo Olga, de Michoacán:

> «No me hacen caso»
> *Soñé que había quedado de ver a mi papá en algún sitio pero se me había hecho tarde y le marcaba por el teléfono celular, pero no tenía saldo o batería, el caso es que no podía llamar. Se me ocurrió pedirle el suyo a mi mamá y subí por la escalera, pero casi al llegar arriba había un pedazo de pared que había que saltar para seguir subiendo. Al verlo me quedaba allí parada y me enojaba mucho. Le reclamaba a mi mamá que cómo era posible*

que no quitaran eso del paso, pero ella me decía que ya estaban acostumbrados a subirse a una silla y saltarlo.

Después estoy ya en la calle fuera de la casa, voy en el coche y en medio de la calle hay dos niñas que han puesto una especie de barricada y no se puede pasar, otra vez me enojo mucho y bajo a reclamarles a las niñas o a sus padres por dejarlas jugar en la calle.

Luego estoy en una exposición ecológica, veo a un compañero de la universidad que trabaja con el director de la exposición y le digo que sólo con las mamparas nadie se va a enterar del proyecto ecológico porque nadie se tomará la molestia de leerlas completas, le digo que si quieren yo puedo hablar con el público y explicarlo brevemente. Por la cara que pone, veo que no quiere que yo hable, así es que me voy a buscar al director y le digo que si quiere yo puedo hablar con la gente y explicarles, pero me dice que no, que ya harán una presentación en Power Point y la pondrán más adelante. Me enfado mucho y me siento doblemente rechazada.

Otros de los que trabajan en la exposición vienen y me dicen que querían hablar con una persona muy importante que fue quien los invitó a montar la exposición, pero ni siquiera han podido acercársele porque siempre está rodeada de sus seguidores.

Olga simplificó las diferentes partes de su experiencia onírica mediante las siguientes frases:

– *Alguien no puede comunicarse con alguien.*
– *Alguien se enfada ante un obstáculo al que alguien ya está acostumbrado.*
– *Alguien se enfada y busca reclamar ante un nuevo obstáculo.*
– *Alguien se ofrece (dos veces) a ayudar a alguien que rechaza su ayuda.*
– *Alguien se enfada y se siente rechazado.*
– *Alguien se queja de no poder hablar con alguien a pesar de haber sido invitado a hacerlo.*

Encontró que podía resumir todas ellas en la siguiente moraleja:

El que se enfada y se siente rechazado no puede vencer los obstáculos para comunicarse.

Entonces se puso a pensar en qué área de su vida no podía vencer obstáculos para comunicarse y llegó a esta conclusión:

Primero pensé que se trataba de mi padre, que era con la primera persona con quien intentaba hablar pero luego vi que es, en general, con todas las personas que representan alguna autoridad,

porque el compañero de la universidad es el jefe de mi grupo, lue-
go hay un director y alguien importante con quien tampoco se
puede hablar. Y en la vida me chocan las jerarquías pero ni siquie-
ra intento franquearlas, me pasa como en el sueño, allí no intenté
quitar yo misma la barrera de la escalera ni la barricada de las
niñas, que era aún más fácil, ni intenté dar argumentos cuando no
aceptaron mi ayuda, sólo me enfado, reclamo y me siento recha-
zada, menospreciada o incomprendida.

Ésta es la aplicación práctica que Olga dio a su interpretación:

Voy a pedir una cita con las personas de la universidad con quie-
nes quiero hablar para decirles todo lo que siempre pienso que
está mal y que podría mejorarse y voy a proponer cosas muy con-
cretas. No voy a dejarme vencer por los obstáculos y voy a insistir
y a ofrecer otras alternativas hasta lograr que se me escuche. Y lo
mismo voy a hacer con mis papás, aunque con ellos me cueste
más trabajo por la dinámica de incomunicación que ya tenemos
desde hace años. Pero justamente yo misma voy a empezar a qui-
tar los obstáculos en vez de simplemente quejarme.

2. Consultar un diccionario

Metafísico significa etimológicamente *más allá de lo físico*. Quienes creen en la existencia de inteligencias que habitan fuera de este plano físico que pueden comunicarse con nosotros a través de los sueños, a menudo, también suponen que existen ciertos códigos para comprender estas comunicaciones en los casos en los que se presentan de forma velada.

Estos códigos, aunque puedan responder a una simbología ancestral basada en los arquetipos comunes a la humanidad, también responden a un conjunto de concepciones compartidas únicamente por determinados grupos de personas en periodos históricos muy concretos. Tal es el caso, por ejemplo, de los códigos de interpretación propios de la antigua Grecia, cuando sus habitantes compartían la creencia en determinados dioses de su panteón cultural a los que representaban mediante estatuas que pretendían captar algo del espíritu, las características y los poderes que se atribuían a cada dios, no sólo a través del detalle estético, sino a través de los mismos materiales en que las estatuas eran talladas.

Prácticamente todos los días, los habitantes de ese periodo histórico de Grecia veían alguna estatua… al ir a los templos, al pasar por alguna plaza o incluso dentro de sus propias casas. Y al ver cada una de ellas, la asociaban con lo que el dios o la diosa representada significaban en su cultura. Por eso Artemidoro, en su *Oneirokritica*, un tratado dedicado a la clasificación e interpretación de los sueños, podía asegurar justificadamente a sus lectores:

> [...] es auspicioso ver las estatuas de los dioses que significan algo bueno por sí mismos o a través de sus estatuas, si las estatuas no están rotas en pedazos ni destrozadas. Pero si los propios dioses o sus estatuas indican algo malo, es auspicioso ver que sus estatuas desaparecen.[54]

Alguien contemporáneo que haya nacido en Barcelona, por ejemplo, casi con todas seguridad no soñará nunca con una estatua concreta de digamos, la diosa Afrodita del amor destruyéndose o la del dios Asclepio de la medicina ofreciéndole un consejo. Pero aun en el caso de que aparezca en sus sueños alguna estatua, seguramente no va a acudir al texto de Artemidoro en busca de ayuda para descifrar su significado. Es más probable que pase por un kiosco de periódicos y compre, por decir algo, el especial de la revista *Mía* sobre interpretaciones oníricas escrito por Milena Llop quien, varios siglos después de la muerte de Artemidoro y la desaparición del culto a los dioses romanos, advierte a sus contemporáneos lectores:

> Si en los sueños contemplas estatuas, tómatelo como una advertencia. Tus asuntos, negocios, relaciones sentimentales... están estancados en el pasado. Debes tratar de revivirlos, de ponerlos de nuevo en funcionamiento.[55]

Por su parte, alguien que haya nacido, digamos en Los Ángeles y consulte el diccionario de símbolos oníricos compilado con las interpretaciones del famoso vidente Edgar Cayce, encontrará lo siguiente:

> Estatua: Una imagen que muestra el «espíritu que la formula» o el espíritu que emana de ella (por ejemplo la Estatua de la Libertad

---

54. Artemidoro: *Oneirokritica*, citado en Cox Miller, Patricia: *Los sueños en la antigüedad tardía*, Siruela, Madrid, 2002.

55. Milena Llop: *Interpretación de sueños*, Revista *Mía*, Madrid, 1999.

representa el espíritu de una nación). [...] Otras posibilidades: Un aspecto del yo que ha sido moldeado por algo más. Insensible. Alguien que ha sido «colocado en un pedestal». Un deseo de mantener vivo el recuerdo de una persona muerta.[56]

Y si consultamos diez diccionarios más, ya sean de sueños o de símbolos en general, seguramente que tendremos otras varias interpretaciones distintas acerca de lo que significa soñar con estatuas.

Por eso al principio yo desconfiaba del uso de los diccionarios oníricos y compartía la firme creencia psicoanalítica de que los símbolos de los sueños sólo pueden ser interpretados por el soñador mismo, quien ocasionalmente puede recurrir a la ayuda de un diccionario general de símbolos para saber cuál es su significado en el inconsciente colectivo de la humanidad, pero nunca a las «adivinaciones» de los diccionarios de sueños.

No obstante, una noche me dormí bastante preocupada pensando cómo resolver una emergencia financiera y soñé que alguien me daba un papel en el que estaba escrito el número 5. Cuando desperté se me ocurrió buscar un tratado de numerología en una caja de libros que me había regalado un amigo que se mudó. El tratado no estaba, pero en la caja encontré precisamente el ejemplar de la revista *Mía* con las interpretaciones oníricas de Milena Llop que decía lo siguiente:

> **Cinco.** Simboliza el matrimonio y augura que no se sufrirá escasez.[57]

Justo ese tarde mi marido me comentó que un cliente suyo le había encargado un trabajo sencillo que yo podría hacer para quedarme con el dinero y resolver mi problema. Por supuesto acepté la oportunidad muy contenta y ambos nos reímos cuando le conté mi sueño y la interpretación que encontré en el diccionario onírico acerca del cinco.

Cautamente quise ver esto como una coincidencia y decidí continuar explorando otros sueños a través de las interpretaciones del mismo diccionario, hasta que las «coincidencias» resultaron demasiadas para seguir siéndolo. En ese punto, también con cautela, comencé a pedir a los alumnos de mis talleres de sueños (que en aquella época eran reunio-

---

56. Thurston Mark: *Los sueños: sabiduría para la Nueva Era de Edgar Cayce*, Edaf, Madrid, 1991.

57. *Op. cit.*

nes semanales de dos horas) que trajeran a clase sus diccionarios oníricos favoritos. Allí constatamos que los símbolos del soñador estaban más correlacionados con la información contenida en su propio diccionario que en el mío o en el de cualquier otro compañero. Y, por supuesto, ni yo ni nadie habíamos leído de antemano todas las páginas de nuestros respectivos diccionarios, por lo cual esas interpretaciones no estaban previamente en nuestro inconsciente.

Así fue como comencé a aceptar la idea de que la fuente de nuestros sueños, sea cual sea, nos conoce y sabe lo que tenemos en nuestros archivos memoriales, pero también está al tanto de lo que nos rodea en el plano físico, tal como suponen los metafísicos. Por lo tanto, quien nos haya enviado un sueño sabe con precisión qué diccionario vamos a consultar para interpretarlo y nos habla en esos términos. Es como cuando consultas un oráculo, ya sea el I Ching, el tarot, las runas, las cartas de los ángeles, de los animales de poder,[58] etc., lo que ocurre es que la fuente de la información utiliza la mejor de las interpretaciones disponibles dentro de ese particular sistema de interpretación para responderte.

Así es que este ejercicio comienza por buscar el diccionario de interpretaciones oníricas que más te agrade. Mi única recomendación es que no elijas uno de tipo catastrofista cuyas descripciones parezcan malos augurios… es mejor no correr el riesgo de sugestionarte con cosas negativas. Elige uno con interpretaciones propositivas cuyas advertencias no estén formuladas en tono de fatalidades irremediables como «si sueñas que se te caen los dientes significa que te echarán de tu trabajo»…

Una vez que lo tengas, utilízalo con cautela y discernimiento. Hay diccionarios que contienen varias acepciones para un mismo símbolo, en cuyo caso, tienes que recurrir a tu intuición para elegir la que más se ajuste al mensaje de tu sueño dentro de su particular contexto.

Es muy importante que si acaso te topas con un mal presagio, no lo tomes como algo irremediable, sino como la advertencia que es, para que cambies de rumbo y rectifiques lo que te puede conducir a ese probable futuro si no haces nada al respecto.

Eso es lo que hizo por ejemplo, Maika de Alicante, cuando recibió este inquietante sueño:

---

58. Puedes consultar el oráculo que yo diseñé: *El Juego de los animales de poder*, también publicado por Ediciones Obelisco, Barcelona, 2011.

«Piojos»
Soñé que mi cuñada llegaba a quejarse con mi madre de que yo había ido a su casa y le había pasado los piojos. En el sueño sentía comezón y me rascaba la cabeza, pero sabía que era una mentirosa porque fue ella la que me los pasó a mí.
Cuando busqué la moraleja del sueño escribí esto:
Alguien está afectando con sus mentiras a alguien.
En el libro decía que «soñar que tienes piojos es una advertencia de que la culpabilidad, los malos pensamientos y la negatividad te están parasitando y se están apoderando de tu mente. Si es otra persona la que los tiene en tu sueño, ten cuidado porque alguien está tratando de meter cizaña en tus relaciones personales».
Como en mi sueño era mi cuñada quien me los había pasado y luego me echaba la culpa a mí, así es en el día nuestra relación porque hace un tiempo que nos llevamos mal porque ella habla mal de mí con mi hermano y con nuestra madre.
Intentaré no cabrearme por lo que ella diga. Voy a hablar con ella para que hagamos las paces pero si ella quiere seguir igual pues no va poder pegarme su negatividad, porque veo que es cierto que si yo me dejo llevar por su juego, las cosas se van a escapar de las manos y seré yo la que esté pensando en paranoias, defensas y venganzas.

Ejemplo de consulta de un diccionario

Éste es el sueño de Laura, de La Paz, Baja California:

«Ingenuo»
Soñé que un hombre que no tenía muchos estudios, en vez de enviar un currículum enviaba fotocopias a color de las portadas de los libros que había leído. Eran bastantes, viejos, de los años setentas, como La revolución sexual de los jóvenes de Wilhem Reich, y cosas así. Me pareció muy ingenuo de su parte haber enviado eso.

Al simplificar su sueño, lo describió con esta frase:

A alguien le parece ingenuo que alguien pretenda conseguir algo basándose en algo viejo.

Laura no encontró, al menos de entrada, ningún área de su vida en la que ella se sintiera identificada con esta pauta, así es que buscó alguna pista consultando un diccionario onírico:

Libro. En general, los libros simbolizan nuestro pasado y nuestro destino, pero, sobre todo, lo que tiene que ver con los sentimientos y el terreno afectivo. Así, si en el sueño aparecen muchos libros, éstos

indican la necesidad de pasar revista a tu vida, de analizar a fondo
tu pasado y tu presente y buscar motivaciones profundas para no
perder la ilusión de vivir o de seguir luchando. Este sueño indica
que la solución a tus problemas se encuentra en tu interior, que bas-
tará con que eches mano de tus propias vivencias, de tu anecdotario
particular para hallarla. También representa la necesidad de vivir la
soledad. Si el libro está cerrado, representa la existencia de un secreto,
de algo que no deseas que salga a la luz. Si vas a comprarlos, conoce-
rás a gente nueva que te ayudará a plantar nuevas semillas, a iniciar
proyectos. Si durante el sueño te ves leyendo, esa imagen vaticina un
descubrimiento inesperado. Pero ver leyendo a alguien indica que
otras personas están investigando tu vida; que, de alguna forma, se
están inmiscuyendo en tus asuntos privados. Su título y contenido
también te ofrecen información sobre su significado.[59]

Tras leer esto, Laura escogió lo que se aplicaba a su sueño, que era
la primera parte, donde se refiere a lo que significan muchos libros y lo
relativo al título de un libro en particular. Entonces pensó que este sueño
le hablaba de su matrimonio, concretamente de su vida sexual después
su reciente menopausia. Pensó que en ese aspecto sí que se sentía aludida
con la frase que simplifica su sueño, así es que se propuso lo siguiente:

*Como me aconseja «alguien» a través de la interpretación del dic-
cionario, voy a pasar un tiempo a solas, pasando revista a mi vida,
analizando a fondo mi pasado y mi presente para buscar motivaciones profundas para no perder la ilusión de revivir la sexualidad
con mi esposo. En el terreno afectivo nos llevamos muy bien, con
los años nos hemos hecho muy buenos amigos, pero yo ya no encuentro esa chispa que él conserva todavía y tengo que encontrarla en mi interior, según el consejo de mi sueño. El tema de la
portada de La revolución sexual de los jóvenes me hace pensar
que sigo viendo el sexo como lo veía en los setenta cuando estaba
en mis veintitantos. Se me invita a ver que esa época ya pasó y a
recapitular todo lo vivido para encontrar la manera de disfrutar
esta nueva etapa de nuestras vidas, ya que gracias a Dios no nos
falta ni salud ni cariño.*

59. Esta interpretación es del diccionario de Milena Llop (*op. cit.*), que siempre
tengo a disposición para los alumnos de mis talleres. Gracias a la buena voluntad
de la autora, también se puede consultar gratis en una de las secciones de mi web:
www.mind-surf.net/diccionario

3. Reflexionar acerca del sueño

Explicación

El trabajo onírico que se practica bajo estos paradigmas está orientado a reconocer cuál es la fuente de nuestro sueño y, sobre todo, a reflexionar acerca de lo que obtuvimos de nuestra experiencia onírica o viaje inter-dimensional y cómo podemos aplicarlo en nuestra vida diurna. Por eso está planteado como una reflexión acerca de ciertas preguntas relevantes sobre el contenido del sueño. La primera de ellas es: ¿Cuál creo yo que es la fuente de esta experiencia onírica? Y se responde en función de las posibles fuentes que analizamos en el capítulo anterior. A continuación, el soñador debe plantearse y responder otras preguntas que le ayuden a reflexionar acerca de los acontecimientos, escenarios y personajes que aparecieron en su experiencia onírica y de la forma en que puede trasla-dar esta energía a su vida diurna.

Vamos a comprenderlo mejor mediante otro de los sueños de Sara (quien como ya comenté en el ejemplo de «Análisis onírico», se enfrenta desde su nacimiento a una discapacidad física que le impide caminar, aunque en esta experiencia onírica, su alma, libre de las restricciones del cuerpo físico, camina y corre sin problemas):

«Dulce Sueño»
Estoy en algún lugar en el que hay varias personas, varios niños. Llega Leonel y hace fuego (con un báculo o algo así), primero hay miedo y luego se apaga el fuego dejando el piso de madera que-mado. Rafael se acerca, y en un instante el piso está como nuevo. Salimos a platicar. Le pregunto cómo lo hizo y me explica que hay que poner energía en el lugar que se quiere modificar.

Le cuento que estoy viviendo una sanación y pienso en la sen-sación de estar energetizada. Recuerdo el sueño de hace cuatro días en el que me movía ligera. Se lo cuento. Vamos caminando al aire libre, en eso pasamos una construcción y veo en el cielo una figura, como un perro, hecha de estrellas (como constelación) que luego desaparece. Le cuento emocionada lo que vi y por su reacción descubro que él lo hizo. Regreso un poco en el camino y al pasar de nuevo el edificio vuelve a aparecer, luego aparece otra, de un pegaso. Permanece por más tiempo que la anterior. Mientras caminamos me pregunta sobre mi vida, le cuento que, aunque en algunos momentos quise que las cosas fueran diferen-tes, ahora creo que son como son por algo y que es importante que así sea.

Ahora estamos con más gente, cada quien por su lado y me siento bien. Yo me ausento un rato y cuando regreso y lo veo, corro hacia él y lo abrazo, me siento cómoda. Un rato después me lleva a un lugar donde no hay nadie más y me pone las manos en la cabeza. Me dice que quiso esperar a que confiara en él antes de hacer esto (recuerdo a Erick y la manera en la que ganaba la confianza de la gente para luego mostrar un lado opuesto y de mentira) y comienzo a sentir la energía de libre movimiento del sueño de hace cuatro días. Noto que estoy soñando, reconozco que es una energía del estado elevado de sueño y sé que no es exclusiva de soñar y que la puedo invocar cuando quiera.

Me hago consciente de que estoy sola y no hay unas manos en mi cabeza.

La fuente de este sueño es el alma de Sara y probablemente un guía que se expresó en la figura de su amigo Rafael, cuyo nombre simbólicamente está asociado con la energía del arcángel dedicado a la sanación.

Sara leyó esta serie de preguntas importantes acerca de un sueño: ¿Por qué he soñado precisamente esto ahora? ¿Qué quiere de mí la fuente de esta experiencia onírica? ¿Puede ser que mis guías aparezcan disfrazados en este sueño? ¿Estoy conforme con mi actuación en esta experiencia onírica? ¿Por qué necesito este sueño? ¿Cómo resumiría el tema de este sueño en una palabra? ¿En qué escenario o escenarios tuvo lugar esta experiencia onírica y qué representan para mí? ¿Qué símbolos aparecen en este sueño y cuál es mi relación con ellos? ¿Qué relación tiene este sueño, si la hay, con lo que está sucediendo ahora en mi vida o con algo de mi futuro? ¿Me está mostrando este sueño un rasgo de mi personalidad? ¿Cuál es el significado que tiene para mí este sueño? ¿Qué relación tiene este sueño, o sus símbolos, con otros sueños que he tenido? ¿Qué es lo que está siendo aceptado en este sueño? ¿Qué sentimientos experimenté y por qué? ¿Qué sentimientos estuvieron inexplicablemente ausentes? ¿Qué me recuerda este sueño? ¿Por qué estoy enfrentándome de ese modo a la situación que me plantea esta experiencia onírica? ¿Por qué no estoy haciendo en mi vida algo que sí hago en este sueño? ¿Quién o qué es mi adversario en esta experiencia onírica? ¿Qué se siente herido en este sueño? ¿Qué me gustaría evitar en esta experiencia onírica? ¿Por qué a veces tengo miedo de los personajes oníricos? ¿Qué está siendo curado en este sueño? ¿Qué fuerza de este sueño me ayuda o me sana? ¿Quién o qué es mi compañero? ¿Se manifiestan mis guías en este sueño y en mi vida diurna? ¿Qué me gustaría añadir a esta experiencia onírica? ¿Qué acciones sugiere este sueño que debería considerar? ¿Por qué quise reflexionar acerca de este sueño en particular? ¿Qué puede suceder si continúo trabajando con este sueño? ¿Qué pasa si no hago caso de este sueño? ¿Puedo cambiar mi futuro a raíz de esta advertencia onírica? ¿Puedo crear o descubrir algo con las claves de este sueño?

Usamos esta serie de preguntas en los talleres como punto de partida para encausar la reflexión y animar el surgimiento de otras preguntas que puedan ocurrírsele al propio soñador. Siguiendo las instrucciones de este ejercicio, ella escogió responder dos preguntas de la lista:

> **¿Qué acciones sugiere este sueño que debería considerar?**
> *La participación en la creación, creer en la magia, confiar, creer en mí.*
> **¿Qué cuestiones me plantea este sueño?**
> *Una desconfianza en mí. Sentir que es importante ser quien soy a pesar de lo que he vivido y el aceptarme.*

Luego, utilizando el resto de las preguntas como si fueran un oráculo a través del cual la fuente del sueño le quiere hacer reflexionar, escogió al azar otras dos:

> **¿Qué fuerza de este sueño me ayuda o cura?**
> *Darme cuenta de mi propio poder, sentirme bien en el rato de estar sola.*
> **¿Quién o qué es mi compañero?**
> *Un amigo de la infancia y hermano del corazón.*

Sara terminó integrando sus reflexiones mediante un último cuestionamiento:

> **¿Cómo puedo trasladar a mi vida diurna la esencia de esta experiencia onírica?**
> *Animándome a actuar, a encontrar mi fuerza interior y a confiar.*

EJEMPLO DE REFLEXIÓN ACERCA DE UN SUEÑO

La siguiente experiencia onírica es de mi hermana Alejandra, que también nació en el Estado de México y al casarse con un español se fue a vivir a Madrid. Esto lo soñó cuando llevaba un poco más de un año lejos de nuestra «Madre patria»:

> *«Vibraciones mexicanas»*
> *En la primera escena estoy con mi abuelita, un hermano suyo y una de mis primas. Estamos en España. Vamos a recoger a una de mis tías que viene de visita. Me preguntan qué valdría la pena visitar y yo les digo que el Escorial. Vamos hacia allá y, de repen-*

te, cuando vamos pasando por una calle céntrica, vemos unos altavoces gigantes, del tamaño de una persona. Se ve que había como una feria o exposición. Me quedo viendo el espectáculo y empiezan a tocar unos tambores grandes y empieza a sonar una música prehispánica muy poderosa y espectacular. Siento cómo la vibración de la música entra a través de mí y empiezo a experimentar un sentimiento como de exaltación patriótica y añoranza de México. Me desperté muy feliz y muy impactada, sobre todo por la música.

El sueño de Ale puede simplificarse con esta frase: *Alguien que siente orgullo y nostalgia por sus raíces se convierte en guía de alguien en su nueva tierra.* Esto es lo que respondió a la primera pregunta:

¿Cuál podría ser la fuente de esta experiencia onírica?
Mis antepasados y mis guías.

Después escogió responder estas dos:

¿Qué quiere de mí la fuente de esta experiencia onírica?
Me muestra que hay una fuente muy poderosa de sabiduría mexicana y que debo traerla o encontrarla acá en España, sobre todo en los lugares cercanos a mí y que me gustan (como el Escorial).
¿Por qué he soñado precisamente esto ahora?
Porque a veces sí extraño mucho mi país y necesitaba este sueño ahora para darme cuenta de que puedo tener un contacto con lo mexicano aquí mismo en Madrid.

Luego escogió al azar estas otras dos preguntas sobre las cuales la fuente de sus sueños quería que reflexionara con mayor detenimiento:

¿Qué me gustaría evitar en esta experiencia onírica?
El sentimiento de nostalgia de mi país.
¿Puedo crear o descubrir algo con las claves de este sueño?
He descubierto que no estoy sola, que me acompaña la fuerza de mis antepasados. Y creo que en mi trabajo yo puedo convertirme en un puente entre México y España.

Y por último respondió a ésta:

¿Cómo puedo darle una aplicación práctica a la información que me ha dado el hecho de reflexionar sobre este sueño?
Dándole un sentido más trascendente a mi trabajo, que consiste en organizar talleres, cursos y terapias para otras personas, la mayoría de las cuales son mexicanas. Ahora puedo hacerlo con ese objetivo de vincular más México y España.

SÉPTIMA TAREA:

INTERPRETA ALGUNOS DE TUS SUEÑOS

Practica la técnica de simplificación con al menos diez de las experiencias oníricas que tengas consignadas en tu *Diario de Sueños* y pídeles a tus familiares y amigos que te cuenten alguno de sus sueños para que también te entrenes en simplificar sueños ajenos. Recuerda que la práctica hace al maestro, así es que repite esta importante técnica hasta que sientas que la dominas. Cuando consideres que el mensaje necesita complementarse, utiliza tu diccionario favorito y el ejercicio de reflexión.

Encontrarás las instrucciones detalladas para realizar estas tres técnicas en el «Anexo» que está en la parte final de este libro.

Capítulo 7

«Las Tribus Pleyadianas Arcangélicas de Luz son los custodios de la Tierra y de nuestro sistema solar... Algunos de los arcángeles pleyadianos establecen lazos conscientes con seres humanos... Otros se especializan en comunicaciones interestelares y planetarias, que están centralizadas en Alción, el sol central de las Pléyades. Otros arcángeles pleyadianos trabajan con los humanos durante nuestro tiempo de sueño y nos muestran posibilidades que van más allá de las limitaciones que tenemos. A veces organizan sueños especiales de sanación con los que nos liberamos del pasado y continuamos creciendo, o encontramos nuevas maneras de expresarnos que son más acordes con el estado que vamos a alcanzar.»

AMORAH QUAN YIN
Manual de ejercicios pleyadianos

¿Cómo recibir guía a través de los sueños?

Entre los aborígenes australianos donde los sueños se perciben como una sombra de la realidad, cada tribu cuenta con el oficio de un «evocador de sueños» a quien solicitan consejo si necesitan ayuda para mejorar una relación, sanar una dolencia o comprender el propósito de una experiencia determinada. Al recibir una petición de ayuda, el hombre o la mujer experta en el arte onírico, realiza un bello ritual donde el consultante solicita a la fuente de los sueños que le envíe alguna respuesta y utiliza telarañas como símbolo del deseo de atrapar el sueño que le sea enviado. Éste el relato de una viajera que tuvo contacto con una de estas últimas tribus:

[«El sueño de Hacedor de Herramientas»]
Hacedor de Herramientas era un hombre anciano que estaba especializado no sólo en herramientas sino también en pinceles, en utensilios de cocina, en casi todo. Él había pedido consejo sobre dolores musculares. Su sueño trataba de una tortuga que, al salir reptando, había perdido las patas de un lado de su cuerpo y estaba coja.

Después de que Mujer Espíritu hablara con él sobre el sueño, Hacedor de Herramientas llegó a la conclusión de que había llegado el momento de enseñar su oficio a otro. Tiempo atrás le había encantado la responsabilidad de ser un maestro artesano, pero cada vez era menor el disfrute y mayor la presión que se infringía a sí mismo, así que se le había indicado la necesidad de un cambio. Perdido el equilibrio entre trabajo y diversión, se había convertido en un ser descentrado. En los días que siguieron le vi enseñar a otros. Cuando le pregunté por sus dolores y achaques, se ahondaron las arrugas de su rostro al sonreír y me dijo: «Cuando el pensamiento se hizo flexible, las articulaciones se volvieron flexibles. No más dolor».[60]

---

60. Marlo Morgan: *Las voces del desierto*, Punto de lectura, Barcelona, 1991.

Invocar un sueño

Por supuesto los aborígenes australianos no son un caso aislado en la invocación de sueños como método de diagnóstico y sanación. Ya en el primer capítulo de este libro comenté que durante buena parte de la época del esplendor grecolatino, acudían al templo de Asclepio en Pérgamo cientos de personas de todos los estratos sociales a incubar sueños para que el dios de la medicina les ayudara a curarse de sus dolencias. Afortunadamente en la literatura de aquella época que aún se conserva, se han hallado algunos ejemplos notables acerca de lo que ocurría en este templo, como las descripciones del orador romano Arístides. Aquejado de «asma en el pecho», con síntomas de vientre hinchado, calambres musculares, temblores, accesos de fiebre e insuficiencia respiratoria, fue desahuciado por los médicos a los que consultó y decidió viajar a Pérgamo para buscar consejo en el templo de Asclepio.

Con el anhelo de recibir las prescripciones curativas del dios durante sus sueños, Arístides siguió el ritual acostumbrado: purificarse con agua de las fuentes, sacrificar animales, recitar plegarias, encender velas y dormirse en una de las cámaras de incubación del templo. Sus esperanzas se vieron recompensadas con creces pues el orador no sólo recibió un sueño sanador sino que se convirtió en protegido del dios y durante una intensa temporada tuvo varias aventuras oníricas, no sólo con Asclepio, sino con el cuidador médico llamado Zósimio y con «el sacerdote de la salud». Según cuenta, en una de estas aventuras oníricas recibió el mandato de escribirlas, así es que Arístides redactó *Los discursos sagrados,* en los cuales se aprecia que estos personajes oníricos le ayudan no sólo a restaurar su salud física, sino a reestructurar su personalidad en términos psicológicos.

Arístides comenzó por enfermarse de la garganta al sentirse agobiado por la dura y cerrada dinámica de la competencia entre los oradores, que en aquella época eran entrenados en el uso de la retórica con el único objetivo de vencer aplastantemente a sus oponentes o sucumbir de forma denigrante frente a ellos. O sea, renunció a su instrumento principal de batalla porque se sentía dividido entre el dilema de tener que denigrar a otros o permitir que otros lo denigraran a él.

En el primer sueño que Arístides tuvo, el dios le ayudó a recuperar su deseo de vivir y su autoconfianza:

[«El primer sueño de Arístides con Asclepio»]
Primero apareció la estatua, que tenía tres cabezas y resplande-
cía con fuego, salvo por las cabezas. Luego nosotros, los adora-
dores, permanecíamos junto a ella [...] yo casi entre los primeros.
En ese momento, el dios, que estaba ya en la postura en que se le
representaba en las estatuas, nos indicó que saliéramos. Todos los
demás habían salido, y yo me volví para marcharme, pero el dios
me indicó con la mano que me quedara. Me sentí entusiasmado
por el honor y la importancia que suponía ser preferido a los otros
y grité: «Eres el Único», refiriéndome al dios. Pero él dijo: «Tú lo eres»
[...] Para mí, el hecho de ser así señalado [por] mi señor Asclepio,
fue algo más grande que la propia vida, y cualquier enfermedad
era menos importante que aquello, cualquier gracia era inferior a
ésa. Esto hizo que deseara y pudiera vivir.[61]

En sueños posteriores y bajo el mandato de escribir sus experiencias
oníricas, Arístides recibió una tercera vía para salir del dilema del orador
de aplastar o ser aplastado, que fue la de rivalizar con sus compañeros
de oficio mediante la escritura de un libro que el mismísimo dios de la
medicina le encargó redactar.

Testimonios como el de Arístides permiten apreciar que muchos de
los remedios que proporcionaba Asclepio a sus creyentes se relaciona-
ban con sueños compensatorios, según los clasificaría Jung, debido a su
función de brindar al soñador la oportunidad de salir de alguna posición extrema encontrando un camino hacia el equilibrio. Por ejemplo,
a quienes llevaban una vida sedentaria en virtud de su oficio, el dios
les recomendaba practicar algún tipo de actividad física como montar
a caballo o entrenarse para las luchas, mientras que a los que eran de
temperamento activo y nervioso les aconsejaba cultivar la literatura o el
canto para sosegar su espíritu.

A veces también transmitía remedios concretos, a través de imágenes
simbólicas, para soñadores que lo consultaban con dolencias específicas,
como atestiguó Artemidoro en su *Oneirokritica*:

Un hombre con un desarreglo estomacal imploró a Asclepio una pres-
cripción médica. Soñó que entraba en el templo del dios y que éste
tendía su mano derecha y ofrecía al hombre sus dedos para que los
comiera. El hombre comió cinco dátiles y se curó. Pues los frutos

61. Elio Arístides: *Discursos sagrados*, citado en Cox Miller, Patricia: *Los sueños en la antigüedad tardía*, Siruela, Madrid, 2002.

de la palmera datilera, siempre que están en buenas condiciones, se llaman «dedos».[62]

Desde la perspectiva de los tejedores de sueños, imagina: si tú fueras a enviar un mensaje a alguien que necesita recuperar su deseo de vivir y esta persona espera ver en sueños a un dios que sólo conoce por medio de las estatuas que hay en los templos, ¿acaso no aprovecharías estas imágenes registradas en sus archivos memoriales?

Seguramente, si yo fuera romana, si creyera en los dioses de esa época y necesitara ayuda, también se me habría aparecido alguno de ellos en mis sueños, pero como soy una habitante del globalizado siglo XXI y una gran fan de todas las secuelas derivadas de la vieja serie de televisión *Star Trek (Viaje a las Estrellas)*,[63] resulta lógico que en algunos de mis sueños aparezcan naves espaciales y extraterrestres que me dan buenos consejos para mi vida personal y profesional.

Por si nunca has visto algún capítulo o película de *Star Trek*, te cuento que trata acerca del hipotético futuro de la humanidad, cuando finalmente descubrimos la «tecnología warp» que permite que nuestras naves espaciales viajen a velocidades superiores a la luz y empezamos a explorar el espacio. Según esta serie, hasta el año 2063 contactamos oficialmente con otra raza no humana y eventualmente con otras más, de forma que en el año 2061 establecemos junto con otras civilizaciones la Federación de Planetas Unidos. Según la Wikipedia, *Star Trek* «tiene la virtud de mostrar a los personajes extraterrestres como seres similares a nosotros, con ciertas ventajas y desventajas respecto de los humanos, superando en este aspecto a la gran mayoría de las producciones del género, que se han enfocado en los extraterrestres como amenazas para la Tierra y la humanidad».[64] Para mí otra gran virtud es que en muchos capítulos los personajes se enfrentan a interesantes dilemas éticos que tienen que resolver.

En la ideología *treky*,[65] se supone que los planetas deben cumplir ciertos requisitos de desarrollo moral y tecnológico antes de que la Federación autorice a alguno de sus miembros a iniciar el primer contacto oficial

---

62. *Op. cit.*

63. *Star Trek, Viaje a las Estrellas, la Nueva Generación, Espacio Profundo 9, Voyager y Enterprise.*

64. *Wikipedia:* http://es.wikipedia.org/wiki/Star_Trek

65. *Trecky* es el nombre que recibimos los fans de la serie.

con una civilización que aún no ha explorado las fronteras de su propio sistema solar. Así es que yo tengo un concepto muy optimista acerca de la –altamente probable– existencia de inteligencias no humanas con las que tarde o temprano vamos a terminar contactando físicamente. Mientras tanto, como aún estamos viviendo en la «era pre-warp», me conformo con la ciencia ficción, las noticias extraoficiales de contactos no formales y algunos sueños como éste:

> «Consejo extraterrestre»
> Sueño que un extraterrestre me pide que les diga a las personas que asisten a mis talleres que invoquen sueños cuando tengan dudas, aunque al principio no los recuerden, ya que las respuestas que reciban se quedarán registradas en alguna parte de la psique y eso será suficiente para que eventualmente pasen a la conciencia.

Cabe señalar que también asocio a los extraterrestres con los guías que tenemos fuera del plano físico. Los libros que he leído sobre los pleyadianos[66] aseguran que hay varios planetas habitados en el sistema de las siete estrellas que conocemos como las Pléyades. Sin embargo, se supone que no percibimos sus civilizaciones porque ellos tienen una tasa vibratoria distinta a la nuestra, o sea, se encuentran en otra dimensión y, por lo tanto, no son visibles desde nuestra óptica tridimensional a menos que ellos hagan un esfuerzo por «densificarse» y nosotros hagamos un esfuerzo por «elevar nuestra vibración» a fin de entrar en contacto con ellos. Algunos grupos de pleyadianos que se han comunicado telepáticamente con humanos aseguran que son nuestros ancestros genéticos (el famoso eslabón perdido que buscaba Darwin) y que muchos de ellos colaboran con las almas humanas fungiendo como nuestros asesores o como nuestros guías, o sea, aquellos seres que desde los antiguos tiempos registrados por los judíos hemos llamado ángeles y arcángeles.

Como en mi mente las imágenes de extraterrestres, ángeles, guías y pleyadianos están plenamente asociadas, siempre que sale alguna de ellas en mis sueños, procuro hacer mucho caso de sus mensajes. Así pues, desde que tuve este sueño invito a los alumnos de mis talleres a seguir la costumbre de los aborígenes australianos y los seguidores de Asclepio...

---

66. Escritos por Barbara Marciniak, Amorah Quan Yin y Barbara Hand Clow. Todos publicados en Barcelona por Ediciones Obelisco.

Aunque, ya en estos ajetreados tiempos, dejamos en paz las telarañas, pasamos de sacrificar animales y nos ahorramos toda la parafernalia del ritual de invocación, exceptuando si acaso una velita para los nostálgicos. Comenzamos por escribir nuestra petición o pregunta en un papel que ponemos debajo de la almohada, mientras aprendemos a confiar en que con sólo pedirlo antes de dormir es suficiente. Y en ocasiones ni eso hace falta... Basta con quedarse dormido pensando en algún tema concreto para recibir un sueño orientativo.

De hecho, así le ha ocurrido a muchos inventores o descubridores que obtuvieron inspiración de sus imágenes oníricas, por ejemplo, el famoso sueño del anillo de serpiente que tuvo el químico Augusto Kekulé, el cual le inspiró para reconocer la estructura anular de la molécula del benceno que tanto él como sus colegas habían estado buscando durante años. Este nuevo entendimiento sobre el benceno y, por extensión, de todos los compuestos aromáticos, resultó ser tan importante tanto para la química pura como para la química aplicada, que en 1890 la Sociedad Química Alemana organizó una elaborada ceremonia en honor de Kekulé.[67] En ella, el famoso químico describió cómo ocurrió su descubrimiento:

> [«*El sueño de Kekulé sobre el anillo bencénico*»]
> *Giré la silla hacia el fuego y me quedé dormido... Otra vez los átomos brillaban frente a mis ojos... Mi ojo mental, agudizado por visiones repetidas de esa índole, podía distinguir las estructuras más grandes, de diversas conformaciones; largas filas, a veces más encajadas; todas entrelazadas y moviéndose como serpientes. ¡Y de pronto mira! ¿Qué fue eso? Una de las serpientes se había mordido su propia cola, y la forma daba vueltas burlonamente frente a mis ojos. Me desperté como un relámpago... Aprendamos a soñar, caballeros.*[68]

Este caballero con tantas fórmulas y estructuras químicas en la mente, al ver una serpiente enroscada, inmediatamente la asoció con el benceno. Su sueño le inspiró a través de una imagen simbólica. Pero muchas veces la información que recibimos puede ser mucho más literal, como puede comprobarse en este mensaje que me envió por correo electrónico una alumna de la Ciudad de México llamada Liliana:

---

67. Ver más al respecto en la Wikipedia: http://es.wikipedia.org

68. Citado en el libro de R. Robertson: *Arquetipos junguianos*, Paidós, Buenos Aires, 1995.

[«*El sueño de Liliana sobre el expediente perdido*»]
Te comento algo que me dejó atónita. Fíjate que hace como dos meses, en mi oficina traíamos traspapelado un expediente, ya llevábamos unas semanas así y yo estaba preocupada, así es que durante algunos días (menos de una semana) estuve pidiéndole a mi guía que me dijera dónde estaba. Y así una noche lo soñé. Por principio de cuentas me llamó la atención no olvidar el sueño pues normalmente se me olvidan, pero más me llamó la atención que estaba en un lugar que a nadie se le hubiera ocurrido que pudiera estar. Al día siguiente voy al lugar que soñé ¡y efectivamente allí estaba! No sabes lo shokeada que quedé, pero a la vez súper emocionada porque a partir de ahí sé que realmente puedo obtener mensajes a través de los sueños. He obtenido también algunos otros mensajes, pero éste me encanta porque fue en respuesta de algo específico que pregunté.

Santiago Rubio (Saya), del País Vasco, se dedica a dar talleres de crecimiento personal, meditación y metafísica. También es sanador energético y autor de un interesante libro en el que comparte toda la información que ha recibido durante sus sueños, a los cuales divide en sueños inconscientes, ensoñaciones lúcidas y viajes interdimensionales.[69] En su libro comenta que, aunque no realice una solicitud específica antes de dormirse, por el simple hecho de trabajar en una cuestión determinada y meditar un poco antes de irse a la cama, sus sueños le enseñan nuevos aspectos sobre el tema en el cual ha estado trabajando durante el día, como es el caso de estos dos en los que aprendió cosa nuevas acerca de la meditación y la sanación:

[«*La importancia de meditar en familia*»]
La familia es importante y es necesario meditar construyendo círculos de luz entre sus miembros. Veo cómo en la familia se hace un círculo de Luz y Amor para que nada del exterior pueda influenciar negativamente sus actividades. Es un trabajo de ampliación de la conciencia, pues todavía existen muchas personas que no meditan, ni entienden de energías; pero las cosas van por ahí y creo que poco a poco los núcleos familiares serán cada vez más propensos a realizar ejercicios de meditación conjunta o a seguir un curso de crecimiento personal. En mi último viaje a México tuve la feliz oportunidad de dar uno a una familia entera, lo que fue una corroboración interior de que realmente así está pasando, y aumentará a medida que los seres humanos ampliemos nuestros horizontes espirituales.

69. Saya: *Somos multidimensionales. Más allá de los sueños: ensoñaciones, viajes interdimensionales y canalizaciones*, Muñoz Moya Editores, Sevilla, 2003.

[«Cómo desbloquear el tercer chakra»]
Estoy en una sala donde hay varias personas esperando que les haga una sanación. Pienso en la importancia que tiene el plexo solar para las conexiones multidimensionales del Ser y es entonces cuando me pongo un guante de color blanco, me sitúo sobre uno de los pacientes a la altura de su plexo solar –tercer chakra en la boca del estómago– y, colocando las manos sobre el mismo, aspiro las energías que están obturando las conexiones, escupiéndolas finalmente para sacarlas de mi cuerpo. Fue una experiencia impactante que me enseñó cómo limpiar el plexo de las energías negativas que impiden a las personas las conexiones multidimensionales y son producto de diferentes enfermedades: el plexo solar es el centro por donde entran en el cuerpo las energías emocionales que, cuando son manejadas de manera incorrecta, producen bloqueos. Días después comencé a aplicar esta técnica, con muy buenos resultados, en las sesiones individuales que hago.

Ejemplo de invocación de un sueño

María Fernanda, de la Coruña, es profesora de educación especial para niños y también da charlas de orientación para padres. Comenzó un régimen especial para perder peso y tenía dudas acerca de si lo lograría o no, pues no estaba notando los resultados que esperaba, así es que una noche antes de dormirse metió debajo de su almohada un papel que decía lo siguiente:

«Preguntas para mi Consejo Asesor Onírico: ¿Cómo le está sentando el cambio de alimentación a mi cuerpo? ¿Qué necesito para seguir adelgazando? ¿Hay algo que esté comiendo aún que no me siente bien?»

Esa noche María Fernanda se despertó muy asustada y anotó esto:

«Matar al enemigo»
Me escondo de alguien que me persigue. Luego cambio de opinión y voy tras mi enemigo y lo mato a golpes, luego voy hacia su territorio y veo que las fuerzas del mal han tomado a un grupo de personas y tengo mucho miedo porque no sé si seré capaz de resistirme. Alguien quiere hechizarme con palabras mágicas, pero yo he matado al que se las sabía y los demás no tienen suficiente poder, pero no estoy segura y tengo mucho miedo. Entonces veo junto a mí a un perro negro y le doy una patada con violencia.

Volvió a dormirse y despertó con otro recuerdo:

«Sin instrucciones»
Soñé que iba a dar una clase. Me imagino que voy con retraso, pero mi madre dice que no, que aún me quedan unos minutos. Cuando llego al aula me esperan algunos padres, comienzo a sacar mi material didáctico del bolso y les pregunto si pueden quedarse a hacer una dinámica de juego con sus hijos. Los padres ni siquiera comprenden la pregunta y yo los echo cabreada. Luego intenté comenzar el juego pero no recordé las instrucciones.

Pensó que ninguno de los dos sueños tenía nada qué ver con su pregunta, así es que volvió a repetirla antes de quedarse dormida y tuvo un tercer sueño cuya escena final fue la única que le pareció que estaba relacionada con sus preguntas.

«Cuentas bancarias y granos de azúcar»
Soñé que la directora de mi cole estaba dentro de una furgoneta aparcada frente a mi piso. Delante de mi puerta hay unos niños que huelen muy mal. Pienso decirles que entren a casa a ducharse y desayunar, pero sólo por «ganar puntos» frente a la directora que está allí observando la escena. Después estoy revisando unos papeles donde están las cuentas bancarias de mis hermanas y veo que todas están mejor que yo de dinero. Luego estoy preparándome un café con leche y espolvoreo unos granos de azúcar sobre la espuma para endulzarlo al menos un poco.

A pesar de que pensó que no tenían nada qué ver con su pregunta, siguiendo las instrucciones, María Fernanda analizó completa su trilogía onírica usando la técnica de simplificación gracias a la cual pudo realizar este excelente trabajo de interpretación:

El primer sueño lo simplifiqué de esta forma: «Alguien que tiene miedo se enfrenta a él con violencia y continúa teniendo miedo».
Al relacionarlo con la pregunta que hice y por haber pateado a un perro que simboliza un guardián (me encantan los perros y nunca se me ocurriría golpear a ninguno), pensé que no tengo confianza en recuperar mi peso y como tengo tanto miedo, reacciono con violencia incluso frente a lo que podría ayudarme, que es mi nuevo régimen.
El segundo lo simplifiqué de esta forma: «Alguien que piensa que va con retraso (lo cual no es cierto), pierde la paciencia y no recuerda lo que debe hacer».
Entonces me resultó evidente que se refería a mi régimen, o sea que en realidad voy bien aunque yo pienso que ya debería haber perdido más peso y al impacientarme pierdo rumbo.

El último no pude simplificarlo en una sola frase, hice tres: «Alguien permite por conveniencia y no por amor que algo sea limpiado y bien alimentado. Alguien sale perdiendo con las comparaciones. Alguien está comiendo un poco de algo prohibido».

Me identifiqué claramente que me he puesto a régimen sólo por perder peso, pero no por amor a mi cuerpo. Lo hago por competir un poco con mis hermanas que me parecen más delgadas y guapas que yo. Y estoy comiendo un poco más de carbohidratos (el azúcar) que de proteínas (la leche).

Me he quedado anonadada con la exactitud de estas respuestas y convencida de que, en verdad, hay alguien que me responde. También estoy muy agradecida. En un libro leí que un sueño no interpretado es como una carta no leída, por eso me animé a redactar todas mis interpretaciones como si se tratase de una carta que alguien me envió en respuesta a mis preguntas:

«Querida María Fernanda:
Tienes que confiar más en ti para dejar de estar cabreada y apreciar la ayuda que te brinda el cambiar de régimen. Vas perdiendo peso a un ritmo adecuado. No te impacientes y continúa siguiendo las instrucciones. Pero vigila que tu motivación sea el amor a tu cuerpo y no la competencia estética con tus hermanas. Come más proteínas y un poquito menos de carbohidratos.»

Como sé que la ansiedad impide el logro inmediato de nuestros deseos, siempre recomiendo a las personas que no se agobien con la idea de que no van a descansar o van a olvidar sus sueños y les digo que simplemente se programen para que el próximo sueño que recuerden contenga la respuesta a su petición, lo cual funciona especialmente bien para quienes no suelen recordar sus sueños.

Recibir un sueño para otra persona

Hace tiempo comencé a recibir sueños con información relevante para mi trabajo con las personas que acuden a mis consultas y talleres. En ocasiones incluso antes de conocerlas. Se trata de mensajes simbólicos en su gran mayoría, aunque de vez en cuando recibo información muy literal. Tanto la persona que me consulta como yo, muchas veces nos hemos quedado sorprendidas con la exactitud de la información que recibo acerca de antecedentes familiares, detalles íntimos o sentimientos que quedan al descubierto y con los cuales necesitamos trabajar.

Este tipo de sueños comenzaron a llegarme ocasionalmente sin que yo los pidiera, ahora los solicito y recibo de forma más consciente y tenía curiosidad por saber si eso les podía ocurrir también a otras personas o si era algo que sólo me pasaba a mí debido a mi profesión o mi experiencia con los sueños. Así es que en un taller en Madrid al que excepcionalmente asistieron sólo mujeres les comenté esta duda y les propuse la idea de hacer un experimento para averiguarlo. Como parte del programa de mis cursos de fin de semana, el sábado les explico a los participantes cómo invocar un sueño y les pido que practiquen esa noche para trabajar el domingo por la mañana con los sueños que hayan recibido.

Esta vez les propuse a mis entusiastas alumnas que escribieran en un papel sus preguntas y las metieran en una cajita que después volvimos a hacer circular entre todas para que cada una escogiera al azar una pregunta. Les pedí que no comentaran nada, incluso si a alguien le había tocado su propia pregunta, para no influenciar a las demás. Solicité que internamente otorgaran su permiso para que quien hubiera sacado su papelito pudiera percibir algún tipo de respuesta y, además, se comprometieran a no enfadarse en caso de que la persona que recibió su pregunta no recordara sus sueños de esa noche.

Afortunadamente todas accedieron y los resultados fueron sorprendentes. Para empezar, el índice de recuerdos aumentó considerablemente, pues sólo una de ellas no recordó lo que soñó. Lo cual contrastaba con el índice de éxito de los talleres anteriores en donde las personas invocaban sueños para sí mismas y pocas veces más de la mitad lograban recordarlos. Supongo que debido al mecanismo de resistencia que evita que la información recibida pase a la conciencia...

El caso es que nos quedamos muy satisfechas con el experimento pues todas las respuestas, algunas más simbólicas que otras, ofrecieron información relevante para la persona que formuló la pregunta. Recuerdo que hubo un caso que nos causó mucha gracia. Alguien preguntó: «¿Qué me impide encontrar una pareja estable?». La compañera a quien le tocó responder esta pregunta contó que en su sueño «alguien» le iba a dictar la respuesta. Ella tenía papel y bolígrafo en sus manos oníricas y estaba dispuesta a anotar lo que le dijeran, cuando de pronto entró en su sueño la compañera que había solicitado la respuesta queriendo escucharla ella misma. La soñadora se enfadó y le dijo algo así como «Vete, que me van a decir la respuesta, mañana te la comento», pero la otra insistía y no se marchaba. Exaltada por la imposibilidad de sacar a la compañera de su sueño, despertó «sin haber recibido la respuesta completa» pues, según dijo, sólo vio que alguien le daba a la dueña de la pregunta un boleto de la lotería de la ONCE[70] y ella lo rechazaba.

Después de sofocar las risas, alguien preguntó a la soñadora: «¿Y qué número era?». Ella respondió: «No me acuerdo de la cifra completa, pero terminaba en 44». Enseguida la dueña de la pregunta exclamó: «¡Ala, el número de la suerte de mi madre!». Suponiendo que el número era un simbolismo que podría responder a su pregunta, enseguida le pregunté: «¿Por qué rechazas un billete con el número de la suerte de tu madre? ¿Cuál fue la suerte de tu madre con sus parejas?». Y por supuesto, había sido nefasta. Entonces, esta breve escena onírica le estaba mostrando que no encontraba una pareja estable porque alguna parte de su inconsciente temía que le sucediera lo mismo que a su madre en cuestión de amores y prefería boicotear sus deseos conscientes para no correr ese riesgo. Ella se quedó sorprendida pero estuvo de acuerdo. Y, por supuesto, la soñadora estuvo muy contenta al saber que no recibió una respuesta incompleta, sino un ingenioso símbolo que no podía haber descifrado ella misma ya que evidentemente quien tenía la clave para interpretarlo era quien formuló la pregunta.

Yo en particular me quedé fascinada con este sueño del 44 porque siempre me gusta ver las cosas desde la posición de quien quiera que sea quien «teje» el sueño, del otro lado, en los planos sutiles. Por mis propios condicionamientos simbólicos me imagino a alguien sentado frente a un ordenador especial ideando códigos y efectos oníricos para hacer llegar su mensaje y no puedo más que admirar el ingenio, la inventiva y la elegancia de quien sea que contestó a esta mujer con ese simple, certero y contundente 44. ¡Enhorabuena a quien corresponda la creación de este magnífico sueño que es toda una obra de arte!

En realidad, todas y cada una de las alumnas que soñaron recibieron cosas útiles para sus compañeras pues tengo la impresión de que todas quedamos muy contentas con los resultados del experimento que nos aportó diagnósticos muy específicos. Por ejemplo hubo otra mujer, Margarita, que hizo una pregunta bastante similar: «¿Por qué no consigo pareja?». Y Flora, la persona que sacó su papelito, tuvo este sueño:

---

70. La Organización Nacional de Ciegos de España tiene una lotería propia en la que trabajan muchos invidentes vendiendo números y con los fondos que obtienen llevan a cabo muchos programas de asistencia, gracias a ello económicamente les va muy bien. Ojalá se implantará algo similar en México y en otros países donde haría mucha falta que tengan una fuente de sustento y apoyo.

«Maternal en vez de sensual»
Estoy en Torrelavega (Cantabria), en mi casa natal, asomada a la ventana. Conmigo está un amigo actor, muy guapo, compañero de clase, más joven que yo. Una persona ahora inalcanzable y que tiene éxito profesionalmente. Está recibiendo los rayos de sol que entran directamente de la ventana, y él se sabe guapo. Yo estoy muy cerquita de su cara y como si toda esa belleza no fuera conmigo, como si fuera una madre o una hermana mayor que admira lo que tiene delante, pero que sabe que nunca será para ella... le pregunto qué tal le va con algo de trabajo... No sé si llego a quitarle un mechón de pelo de la cara o algo así, un gesto más bien maternal... Él ni habla... se deja querer por los rayos del sol y sabe que estoy pendiente de él y se sabe especial.

La soñadora le dijo a Margarita que desde su perspectiva en ese sueño, ella consideraba que la respuesta a su pregunta era que no conseguía pareja porque no estaba activa su parte femenina, seductora y se relacionaba con los hombres de forma fraternal en lugar de sentimental y sexualmente porque los veía como algo inalcanzable.

Margarita estuvo de acuerdo con el diagnóstico de su compañera, por lo cual días después asistió conmigo a una terapia personal en la que trabajamos para localizar, mediante un sueño que yo tuve, cuándo y por qué que tomó la decisión inconsciente de renunciar a su sensualidad. En realidad hubo dos momentos, ya que en su infancia sufrió un abuso sexual y siendo joven sintió que otro chico del que ella estaba enamorada la utilizó sexualmente. Durante la terapia revivimos ambos momentos desde la perspectiva de su madurez actual para reintegrar esa energía que, desde el punto de vista del chamanismo, se fragmenta y se queda perdida en el pasado. A esto se le llama recuperación del alma. Es un trabajo muy profundo que da la pauta para que las personas movilicen sus propios recursos y recuperen su energía perdida a fin de comenzar a hacer cambios en su vida para superar, poco a poco, las situaciones traumáticas que habían estado condicionando su presente (comentaré más al respecto en el capítulo 10).

A la chica del 44 le recomendamos hacer algún tipo de ritual sistémico para dejar la suerte de su madre en su sitio y pedirle su bendición a fin de permitirse tener un destino diferente con los hombres.

Lo que quiero dejar en claro con ambos ejemplos es que, muchas veces el sueño es un simple diagnóstico y corresponde al soñador hacer algo con ese diagnóstico para darle una aplicación práctica al conocimiento recibido.

Ejemplo de invocación de un sueño para otra persona

Éste es un sueño que invoqué para responder la pregunta de Andrea, alumna de un taller que di en Atizapán, Estado de México. Ella no tenía ninguna preocupación concreta, así es que simplemente escribió en su papel: «¿Qué sigue para mí ahora?».

«Ecoaldeas»
Soñé que veía una bolsa con cosas mías, libros o cuadernos y pensaba que si alguien me juzgara por ella podía pensar que soy un desastre o una mujer muy interesante. Llegaba mi mamá y me llamaba para que fuera a ayudar a mi papá con algo. Luego los veía a ambos en otro espacio. Una habitación desconocida. Mi mamá me echaba la culpa por no haberla ayudado. Estaba llorando y yo la abofeteaba tres veces porque pensaba que me estaba pasando sus responsabilidades a mí. Le decía que ella tenía que tomar a mi padre como eso y no como si fuera mi esposo y tenía que dejarme a mí que yo lo tomara como padre.

Después de la tercera bofetada que le doy, me percato de que estoy soñando. Entonces me veo dentro de un autobús donde hay dos filas de compañeros de la universidad que me admiran y quieren salir conmigo. Yo los miro pero ninguno me parece interesante. Creo que podría imaginarme a alguien nuevo e interesante y trato de hacerlo, pero enseguida pierdo la concentración y me veo en la calle de noche, mirando las estrellas y masturbándome. Entonces recuerdo que estoy soñando para algún alumno del taller de mañana y analizo lo que hay en esa escena. Al hacerlo pienso que, en realidad, la persona para la que estoy soñando es quien no quiere tener una pareja, pero no por falta de oportunidades sino porque no se lo propone seriamente ya que prefiere poner su mente en cuestiones más elevadas mientras el cuerpo le pide satisfacción sexual.

En eso llega una mujer junto a mí. Estamos en la calle y me mira. Por su vestimenta y aspecto me parece que se ha escapado de la filmación de El quinto elemento. Me dice algo sobre las ecoaldeas. Me está diciendo que lo que sigue son las ecoaldeas. Yo la miro con asombro al recordar que la pregunta concreta que ha hecho la persona para quien estoy soñando es precisamente qué sigue para ella. Como yo tenía planeado visitar el proyecto de ecoaldea de un amigo en Perú ese año, le digo: «Pero si el sueño no es para mí, es para otra persona». Me mira y me dice sonriendo: «Ah, ¿sí?». Y yo le digo que sí, que la respuesta no es para mí sino para alguien del taller. Ella se ríe muy divertida.

Entro a un espacio distinto donde habrá una cena. No quiero perder la lucidez y quiero retenerlo todo en la mente, tampoco quiero que se acabe aún el sueño, porque me encanta estar lúcida por los escenarios oníricos. Así que empiezo a traer a mi mente las escenas anteriores para fijarlas en mis recuerdos. En eso veo a un hombre y luego veo que estoy comiendo salmón ahumado, que me encanta. Pero me doy cuenta de que el pedazo que tengo es muy grande y ya estoy llena, así es que lo dejo en un plato. En eso despierto.

Al otro día, cuando hicimos la ronda para contar nuestros respectivos sueños y me llegó el turno de contar el mío, Andrea comentó sorprendida que recientemente le habían hablado sobre una ecoaldea y ya se había planteado la idea de ir, por lo que el sueño le estaba ayudando a confirmar su decisión. Además comentó que sus padres estaban separados y que, efectivamente, su madre le hacía cargar con responsabilidades que le corresponderían a ella y no a Andrea, por lo que se encontraba en medio de un conflicto familiar que no sabía cómo resolver. Encontró interesante la sugerencia del sueño de «ponerse en su lugar de hija» y «tomar a su padre como tal». Y también se sintió satisfecha al saber que podía tener una participación más activa para encontrar una pareja.

Por cierto, quiero comentar que ese mismo día que yo le conté este sueño de las ecoaldeas a Andrea, Sara me respondió con un interesante sueño a la pregunta que yo había formulado: «¿Algún consejo para mi libro de sueños?». Gracias a su obsequio, surgió la idea de compartir el mayor número posible de ejemplos de los sueños de otras personas en estas páginas. Por eso me parece más divertido y más redituable intercambiar sueños en lugar de simplemente soñar para otros.

También he hecho el experimento de pedir a otra persona que sueñe por mí una respuesta que yo ya he obtenido previamente en mis propios sueños. De esta forma he encontrado que a veces recibo una pauta distinta, como si la misma cuestión hubiese sido analizada desde otra óptica. Y a veces me reiteran el mismo mensaje, aunque con los particulares elementos oníricos del soñador, lo cual es muy bello debido al contraste o las coincidencias entre simbolismos propios y ajenos.

Ese sueño tan completo que tuve para Andrea me gusta mucho porque no siempre consigo estar tan lúcida cuando invoco un sueño. Casi siempre me pasa como en la primera parte, o sea, que vivo los acontecimientos en primera persona de principio a fin sin darme cuenta (hasta que despierto al día siguiente), de que aquello no tiene que ver conmigo sino con la persona para quien invoqué el sueño. Además la mayoría de los sueños que recibo son bastante simbólicos.

Hasta estos momentos sólo una vez he tenido un sueño totalmente literal en el que una niña apareció junto a mi cama y me habló de un problema familiar:

«Familia española en Sudamérica»
Veo una niña al lado de mi cama, tiene unos once años. Ella me mira y me cuenta: «Tengo dos hermanos mayores, todos nacimos en España, pero cuando éramos niños mis papás decidieron trasladarse a Sudamérica y allá crecimos. El problema es que cuando ya ellos eran adolescentes, un día a las cuatro de la mañana mi papá decidió, con la cabeza y no con el corazón, que nos regresaríamos a España. Y mi hermano mayor está enfermo y ésta es la causa».

Yo no había invocado ningún sueño aquella noche, ni para mí ni para nadie, así es que me pareció muy extraño cuando lo anoté. Al día siguiente tuve un taller de Introducción al Chamanismo en Valencia y lo primero que pido siempre a los participantes en este taller es que redacten una pequeña autobiografía para recapitular sobre lo que han hecho con sus vidas hasta esos momentos en que decidieron entrar en la senda del chamanismo. Durante la ronda en la que compartimos las biografías, una chica empezó a leer la suya y dijo que cuando era niña su familia se había ido a vivir a Venezuela. Recordando mi sueño, la interrumpí para preguntarle si tenía una hermana menor y un hermano mayor enfermo. Ella me miró sorprendida diciéndome que sí. Y con la misma sorpresa yo le conté mi sueño. Ella confirmó que todos los datos coincidían con los de su familia.

Debido a mi formación en constelaciones familiares, consideré que el alma de la familia de esa chica estaba solicitando a través de este sueño que hiciéramos algún trabajo en servicio de su sistema. Las constelaciones familiares son algo muy difícil de explicar, por eso más vale verlas en acción para después poder comprender sus fundamentos y su profundidad. Así es que sólo mencionaré brevemente que este trabajo, desarrollado por Bert Hellinger, está basado en la idea de que existe un alma colectiva familiar a la cual pertenecemos, junto con nuestros hermanos, nuestros padres y sus respectivos hermanos, nuestros abuelos y sus respectivos hermanos, y en ocasiones nuestros bisabuelos y tatarabuelos. Dentro de este sistema hay un orden que, si no se sigue, ocasiona trastornos en toda la dinámica familiar. Además cuando hay algún problema en este sistema y no se soluciona en el nivel en que se originó, este problema irresuelto se hereda y continúa afectando al sistema, a través de comportamientos inexplicables de los miembros de la siguiente generación. Todo esto se detecta a través del trabajo sistémico que se realiza en Constelaciones Familiares, cuya finalidad consiste en aportar una imagen o un camino de solución a la persona.

Al realizar en grupo este trabajo, se escogen a diferentes personas que representan a los miembros del sistema familiar y se sitúan unos en relación con otros. Después se les pide que observen internamente qué sensaciones o sentimientos tienen al estar en esa posición y se les da la libertad de moverse en silencio si prefieren ocupar otro espacio. De la forma en que se colocan, de los sentimientos que expresan visualmente, de la posición de su mirada, etcétera, se deducen ciertas pautas de la dinámica que hay en el sistema familiar que está siendo representado y a partir de allí comienza a desarrollarse el trabajo. A veces los representantes repiten en voz alta ciertas frases que les da el facilitador de la constelación para ver qué sienten al decirlas y qué repercusión tienen sobre el resto de los representantes. A veces sólo se realizan ciertos reajustes espaciales y a veces ambas cosas, hasta encontrar un nuevo equilibrio para el sistema.

En el caso del problema familiar que me planteó la niña que apareció en mi sueño, les comenté a los participantes del taller que me parecía que no era casual que la familia de esa compañera tuviera la misma problemática y que podríamos hacerle una constelación. Afortunadamente, los compañeros estuvieron de acuerdo y se prestaron para representar los papeles de cada miembro de la familia, gracias a lo cual tuvimos el honor de servir a ese sistema a fin de darle una pauta de solución para el conflicto ocasionado por el abrupto retorno a España.

Cuatro recomendaciones y un mensaje

Después de recibir un sueño invocado, recuerda:
1. Dar las gracias a quien corresponda por haberte respondido.
2. Solicitar que te iluminen el entendimiento para poder comprender y aplicar la respuesta.
3. Llevar a cabo algún trabajo con el contenido del sueño:
   a) En caso de que el sueño no sea literal, realiza un análisis onírico o simplifícalo.
   b) Aun si la respuesta obtenida ha sido clara, quizá quieras emplear alguna otra técnica, por ejemplo dialogar con los personajes, hacer un ejercicio de representación artística del sueño, etc.
4. Formular una aplicación práctica: Si el sueño te ofreció un diagnóstico, establece alguna acción concreta para solucionar el problema. Si te otorgó una idea creativa, describe los pasos que te llevarán a implementarla en el plano físico. O lo que se te ocurra, según el caso.

En el caso de mi sueño del «Consejo extraterrestre», se me ocurrió utilizar el ejercicio de diálogo con los personajes oníricos, y éste fue el resultado:

Karina: Hola estimado extraterrestre, me gustaría saber ¿a qué parte de mi conciencia representas?

Extraterrestre: Represento a tu Consejo Asesor Onírico. Soy uno de los miembros.

K: ¿Qué es un Consejo Asesor Onírico?

ET: Es un grupo de entidades no físicas que incluye a tus guías personales, a otros guías que se podrían considerar como especialistas en ciertos temas y a tu propio ser en sus diferentes estratos, es decir, la parte de ti que no está confinada por el tiempo lineal, lo que concibes como tu propio inconsciente, el inconsciente colectivo de la raza humana y la supraconciencia de la cual todos formamos parte. Todos estos estratos e inteligencias tienen el potencial de aportar información a tu conciencia a través de la ventana de los sueños.

K: Invoqué un sueño para preguntar por qué cuando pido sueños para otras personas algunos son más simbólicos y otros más literales. Soñé que estaba en una playa donde muchas personas encendían pequeñas fogatas con lo que iban encontrando por allí. Así es que me imagino que la playa y los elementos que se encuentran en ella son los recursos de mi psique, con los cuales trabajan los distintos tejedores de sueños…

ET: En los casos de sueños enviados por otros o invocados para otros las imágenes oníricas se deben a una combinación de factores, entre los cuales se halla efectivamente la «materia prima» del propio soñador, y también la creatividad y los propósitos de las almas y de sus respectivos Consejos Asesores Oníricos. Nosotros compartimos contigo la percepción de que tejer e interpretar un sueño es un trabajo artístico y como tal, cada sueño es una obra única, a veces personal y a veces colectiva, pero siempre única ya que incluso en el caso de los sueños recurrentes siempre hay variaciones.

K: ¿Tienes algún otro consejo o mensaje que quieras compartir?

ET: Sí, escribe rápido, sin pensar, sin censurar y sin intervenir conscientemente. Voy a dictarte un mensaje destinado a quienes lo lean:

Tú, como todos los humanos encarnados en la Tierra, también tienes un Consejo Asesor Onírico. Estamos a tu servicio. Quizá a través de ciertos sueños especiales ya te has dado cuenta de que estamos contigo. En las etapas anteriores de la evolución humana nuestro contacto era más velado porque las concepciones mentales de la población eran más estrechas. Sin embargo, los tiempos están cambiando y las mentes se están abriendo a percibir las cosas desde perspectivas menos mitológicas y un poco más cercanas a la realidad.

Al igual que tú, los miembros de tu Consejo Asesor Onírico también tenemos un camino evolutivo que pasa por contactar más directamente contigo. Si estás leyendo estas palabras, la oportunidad se abre ahora para ti y para nosotros de trabajar más estrechamente. Somos un equipo. Tus avances son los nuestros y viceversa. Esperamos contar con tu entusiasmo y con tu comprensión hacia ti mism@ y hacia otras personas que aún no estén dispuestas a cambiar sus paradigmas.

Es importante que sepas que nosotros no te juzgamos con los mismos parámetros ni con la misma severidad con la que tu mism@ estás acostumbrad@ a juzgarte. En realidad, nosotros no te juzgamos. Estamos junto a ti de forma permanente e incondicional para apoyarte en el camino que elijas transitar. Sea cual sea. Si no sigues nuestras recomendaciones, no pasa nada, no estamos enfadados contigo. Si interrumpes el contacto con nosotros durante mucho tiempo, no pasa nada, nuestra percepción temporal es muy distinta a la tuya. A quien afecta una demora es a ti, pero es mejor demorarse que correr demasiado. La sobrecarga de información causa peores problemas que la lentitud en la asimilación. Además los tiempos de cada persona son distintos.

Queremos decirte que nunca estás sol@ en tus decisiones. Siempre puedes contar con nosotros y pedir nuestro apoyo y nuestro consejo. Nunca te diremos cómo vivir tu vida, a dónde tienes que ir o qué elecciones tienes que hacer. Respetamos tu libre albedrío. Nos gusta ayudarte ofreciéndote información para que elijas lo más amoroso, conveniente y divertido en cada momento. La mayoría de las veces sólo te ofrecemos un certero reflejo de lo que no estás considerando, de las partes de ti que estás negando o de las implicaciones que no has percibido, para que puedas hacer mejores elecciones.

Es un placer ayudarte. No nos quitas el tiempo con tus preguntas, estamos a tu servicio. Si no recibes una respuesta inmediata no significa que no te la daremos, quizá necesitas aprender algo antes o tener alguna información o experiencia previa y en unos días más recibirás nuestra respuesta en tus sueños. O quizá ya te la hemos dado y nuestro silencio prolongado es la forma de recordarte que esa información ya la recibiste en algún otro sueño previo y sólo necesitas releerlo y ponerlo en práctica.

K: ¿Algo más?

ET: Mucho más, pero sigue tu propio flujo creativo. Poco a poco iremos compartiendo más cosas.

K: Muchas gracias por este mensaje ¡y por todos los mensajes de nuestros sueños!

¿Cómo recibir respuestas muy concretas?

Este mismo extraterrestre o algún otro miembro de mi Consejo Asesor Onírico, me envió este sueño:

> «Mensaje codificado»
> Estoy leyendo algo en un cuaderno. Nada tiene sentido. Son frases que no vienen al caso unas con otras. Sin embargo, cuando termino de leer la página, comienzan a brillar sólo unas cuantas palabras, me doy cuenta de que se trata de un mensaje codificado y entonces leo únicamente las palabras que brillan, dicen: «Soy tu guía».

Desperté maravillada. Siempre me da mucha alegría comprobar que no estoy sola, que hay alguien que me apoya e incluso juega conmigo. Además con esto me enseñó una técnica intuitiva para recibir respuestas muy concretas, ya que días después invoqué un sueño para saber cuál era la mejor fecha para iniciar un proyecto que tenía entre manos y pregunté otras cosas específicas. Desperté con recuerdos de breves secuencias de imágenes inconexas que no venían al caso unas con otras. Sin embargo, al releer todo, después de anotarlo, cuatro palabras del texto completo me dieron las respuestas. Obviamente no brillaron en mi papel, jeje, porque ya no estaba en los planos de los sueños, pero sí «brillaron» en mi mente al leerlas. Por ejemplo, al leer la última secuencia: «voy caminando, veo una prenda en un escaparate que me gusta, la dependienta me dice que las de mi talla llegarán en mayo», inmediatamente la palabra «mayo» brilló en mi mente como la respuesta a la fecha más propicia.

OCTAVA TAREA:

INVOCA SUEÑOS QUE GUÍAN

Sigue las instrucciones que están en el «Anexo» que encontrarás al final del libro para recibir un sueño cuyo contenido sea útil para ti en tus circunstancias actuales. Días después de que lo hayas recibido y le hayas dado alguna aplicación práctica, revisa tu lista de inquietudes e invoca otro.

Cuando termines con todos tus temas o cada uno que te apetezca, simplemente solicita a tu Consejo Asesor Onírico que te envíe un sueño con información que te sea útil, con alguna advertencia, recomendación o consejo que considere oportuno para ti en esos momentos.

Recuerda que también puedes solicitar ideas creativas para tu trabajo ya sea artístico, científico o comercial. ¡Y por supuesto también puedes pedir algún consejo para mejorar tus ingresos!

Si tu profesión está relacionada con la salud física o mental de otras personas, considera la posibilidad de invocar sueños que te ayuden a determinar el origen de una dolencia, la técnica más adecuada para tratar a una persona o lo que ésta requiera saber para avanzar en el camino de su recuperación.

Cuando se presente la oportunidad, atrévete a utilizar la técnica para invocar un sueño que pueda ayudar a un amigo o familiar cercano que enfrente dificultades… Vuestros respectivos Consejos Asesores Oníricos estarán muy complacidos de recibir vuestras peticiones.

Capítulo 8

«La esencia de lo que sientes con respecto a las cosas en las que piensas con mayor frecuencia acaba siempre manifestándose en tu experiencia vital, pero tarda menos tiempo en manifestarse en tus sueños. Por ese motivo, tus sueños pueden ser muy útiles para ayudarte a comprender lo que estás creando en tu estado de vigilia. [...] Si te despiertas de un mal sueño, no te preocupes, alégrate de haber sido consciente de estar prestando atención a algo que no deseas. [...] Tu ser interior, que es consciente de que estás proyectando cosas negativas hacia tu futuro, te ofrece un sueño para mostrarte lo que estás haciendo. Al despertarte, dices: "¡Eso no lo quiero!". A continuación te preguntas: "¿Qué es lo que quiero? ¿Y por qué lo quiero?". Entonces haces que fluya tu Energía productivamente hacia lo que deseas, transmutas tu Energía y modificas así tu experiencia futura.»

ABRAHAM (a través de Esther Hicks)
Pide y se te dará

¿Cómo trabajar con nuestros sueños?

Como ya se ha visto, muchos sueños nos ofrecen diagnósticos de nuestra situación actual y como tal requieren de acciones posteriores para cambiar lo que está herido, lo que nos hace padecer, lo que no nos agrada o lo que requiere alguna clase de modificación. En estos momentos de la historia humana tenemos a nuestra disposición un generoso y nutritivo «bufet libre» de técnicas y herramientas de sanación que están esperando a que las utilicemos: Constelacionas Familiares, Sanación del Alma, Hipnosis, Psicoterapia, Gestalt, Psicología Transpersonal, Bioenergética, Quatum, Rolfing, Astrología Evolutiva, Psicomagia, Diseño Humano, Terapia de Contención, Trabajo con Cristales, Regresiones, Equilibrio Energético, Creación Consciente, Trabajo con el Niño Interior, Ejercicios Playadianos y un larguísimo etcétera. Sólo es cuestión de decidir cuál o cuáles nos interesan más en virtud de nuestras afinidades y requerimientos.

Entre todas estas opciones, por supuesto, se encuentra la de continuar trabajando con los sueños después de haber obtenido un diagnóstico onírico. En este capítulo se van a exponer cuatro ejercicios distintos cuya finalidad es el trabajo terapéutico. El primero nos ayuda a identificar y desactivar creencias inconscientes que boicotean nuestros intentos conscientes. El segundo ejercicio consiste en reescribir nuestros sueños desde la conciencia, aportando soluciones creativas para enfrentar los problemas que no hemos podido resolver de manera satisfactoria durante nuestras experiencias nocturnas. El tercero se utiliza para traer a la conciencia información o imágenes de nuestra psique utilizando la expresión creativa para plasmarlas en el plano físico. Y el último tiene como finalidad el ejercicio de la imaginación y la diversión para ensayar nuevas creencias y pautas de comportamiento.

Estas herramientas de trabajo con sueños pueden utilizarse por sí mismas o en combinación con otras técnicas. Además, puedes realizar cualquiera de estos ejercicios de forma individual o contando con la colaboración de un terapeuta con quien estés trabajando simultáneamente en otras áreas. En estos casos suele ser común que haya una retroalimentación de ambos trabajos. Los sueños pueden evaluar tus avances y aportar las claves para superar los eventuales obstáculos que pudieran presentarse.

1. Detectar y transformar creencias inconscientes

¿Alguna vez te has preguntado por qué las cosas no han salido como las planeabas? ¿Te has preguntado a qué se deben los accidentes, los obstáculos, las pérdidas inesperadas, las desilusiones y todo aquello que te aparta de conseguir tus objetivos?

Antiguamente todas estas cosas se atribuían al destino, a la mala suerte o a la voluntad de alguna divinidad y ante todo ello se aconsejaba resignación y sometimiento. Hoy en día, estas percepciones están cambiando de manera radical. Los humanos nos sentimos cada vez más dueños de nuestro destino. Dentro de lo que podríamos llamar el «mercado de la autoayuda» nos repiten constantemente que no somos víctimas de ningún poder externo y que lo único que nos separa de nuestros anhelos son nuestras propias creencias. Muchas personas intentamos seguir estos consejos poniendo en práctica todo tipo de métodos que genéricamente podríamos llamar «técnicas de creación consciente» para cambiar nuestra realidad. Y al hacerlo nos damos cuenta de que a veces todo funciona de maravilla y, sin embargo, hay ciertas ocasiones en que algo se nos resiste. Hay veces que por más que intentamos y clarificamos, aún no podemos experimentar aquello que anhelamos.

En estos casos, lo que ocurre es que nuestra voluntad aún no está completamente unificada en torno a eso que supuestamente deseamos conseguir. Evidentemente, a nivel consciente lo queremos y por eso lo pedimos y nos embarcamos en hacer todo lo posible por conseguirlo. Sin embargo, hay otras partes de nuestra psique que no están de acuerdo con experimentar el cumplimiento de ese deseo; partes que tienen dudas o que incluso se oponen a toda costa. Por diferentes motivos, esas tendencias inconscientes boicotean activamente los deseos de nuestra conciencia a través de errores involuntarios o a través de circunstancias externas adversas.

Tomemos como ejemplo, el caso de Manolo de Barcelona, quien durante muchos años de su vida se ha dedicado a ser taxista. De pronto le apetece cambiar de profesión y decide –conscientemente– poner a la venta su taxi y su licencia de taxista, sin embargo, podría darse cuenta de que en los carteles que distribuyó por todo el pueblo escribió mal su número de teléfono. Con toda claridad un error de este tipo sería percibido como un autoboicot. Pero también es posible generar obstáculos más imperceptibles en los que la persona no se identifica a simple vista como responsable del hecho.

Supongamos que Manolo sí puso bien sus datos en los carteles, pero después de unos días de no recibir ninguna llamada, lo comenta con un compañero y éste le dice que justo en esos momentos el mercado de las licencias de taxis está colapsado, por lo cual es altamente improbable que pueda vender la suya al precio que espera. Su colega le hace pensar que no vale la pena distribuir más carteles hasta esperar a que la situación cambie.

En cualquiera de los casos, tanto con un autoboicot, como con un obstáculo percibido externamente, el resultado es el mismo: Manolo no venderá su taxi porque hay alguna parte de él mismo que se opone a su deseo consciente y contribuye a crear una realidad adversa que le impide conseguirlo.

Para explicar cómo participamos en la generación de autoboicots externos, Gregg Braden, uno de los divulgadores científicos más importantes del momento, se basa en las teorías del físico cuántico David Bohm sobre el orden implicado y el orden manifiesto. Él denomina Matriz Divina a lo que en Oriente se llamaba Tao, y en Occidente éter o quintaesencia, o sea, la materia y el soporte invisible que compone todo lo que existe. Braden la describe como una «manta cósmica» que comienza y termina en el reino de lo desconocido y cubre todo lo que hay en medio. Esta hipotética manta tiene varias capas de profundidad y siempre está cubriéndolo todo, de tal forma que nuestros cuerpos, nuestras vidas y todo lo que conocemos sucede en su interior. Cualquier evento, comenzando por nuestra concepción en el útero de nuestra madre hasta nuestros matrimonios, divorcios, amistades, trabajos y cualquier cosa que experimentamos puede ser considerado como una «arruga» en la manta cósmica.

A través de esta perspectiva cuántica, todas las cosas, desde las partículas más pequeñas que componen la materia hasta llegar a los planetas y las estrellas, pueden ser consideradas como una «perturbación» en el tejido uniforme de esta manta espacio-temporal. De hecho, las antiguas tradiciones espirituales de Oriente describían la existencia casi de la misma forma. Los Vedas, por ejemplo, hablaban de un campo unificado de «conciencia pura» que impregna toda la creación. En estas tradiciones, nuestras experiencias mentales y emocionales –y todos los juicios que generamos a partir de estas experiencias– se consideran perturbaciones o interrupciones en un campo que de otro modo sería uniforme e inmóvil.

Tal como una pantalla de cine refleja sin juzgar la imagen de aquello que ha sido filmado, la Matriz Divina nos proporciona una superficie imparcial para que nuestras experiencias interiores y nuestras creencias puedan ser manifestadas en el mundo. Es así como a veces de forma consciente y a veces de manera inconsciente, «mostramos» nuestras creencias más verdaderas sobre todas las cosas, desde la compasión hasta la traición, a través de la calidad de las relaciones que nos rodean.

Utilizando una creativa metáfora, Braden nos considera como pintores expresando nuestras pasiones, sueños y deseos más profundos a través de la esencia viva de un misterioso lienzo cuántico. Sin embargo, a diferencia del lienzo de un pintor normal, que existe en un solo lugar en un determinado momento, nuestro lienzo es la sustancia de la que todas las cosas están hechas, se halla en todas partes y siempre está presente. Y al igual que los pintores refinan sus ideas hasta que quedan lo más cercanas posibles a las imágenes que concibieron, todos hacemos lo mismo con nuestras experiencias vitales usando como lienzo la Matriz Divina. Mediante «nuestra paleta de creencias, juicios, emociones y plegarias», creamos relaciones, trabajos y situaciones de afecto y traición que tienen lugar con distintos individuos en diferentes lugares. Dice Gregg que vernos a nosotros mismos como una perturbación en la Matriz Divina no es una idea muy atractiva, pero nos proporciona una poderosa manera de concebir nuestro mundo y nuestras vidas:

«Si por ejemplo queremos tener nuevas y enriquecedoras relaciones, dejar que el amor entre en nuestras vidas o encontrar una solución pacífica al conflicto de Oriente Medio, debemos crear una nueva perturbación en el campo, una perturbación que refleje nuestro deseo».[71]

Entonces, para crear perturbaciones en el campo de la Matriz Divina que reflejen nuestra voluntad consciente de vivir situaciones placente-

---

71. Gregg Braden: *La Matriz Divina*, Ed. Sirio, Barcelona, 2007.

ras, divertidas y amorosas, primero debemos identificar las tendencias inconscientes que están en contra de nuestros anhelos y después emprender los pasos necesarios para unificar nuestra voluntad. En este sentido, resulta evidente para quienes trabajamos con los sueños que éstos son «la vía regia» hacia todos los rincones más oscuros de nuestra psique en los que se esconden las tendencias inconformes o rebeldes. Volviendo al ejemplo de Manolo, vamos a analizar uno de sus sueños:

> *«Pasajero gamberro»*
> *Yo iba en el taxi conduciendo por la ciudad, cuando de pronto se subió un desconocido bastante gamberro que puso los pies sobre el tablero. Yo no quise armar jaleo, pensé que se bajaría pronto y seguí conduciendo. Pero de pronto sacó un arma y me apuntó con ella. Me asusté y le grité: «¡No me mates, tengo familia!». Entonces él apuntó el arma hacia sí mismo con intenciones de suicidarse y yo me desperté muy asustado.*

Como ya hemos visto, desde el punto de vista del análisis onírico básico, todos los personajes que aparecen en nuestros sueños reflejan una parte de nuestra psique. Si son amigos o familiares, representan una tendencia cercana a la conciencia y cuanto más desconocidos sean, sus acciones manifiestan tendencias más ajenas a nuestra conciencia.

En este caso, el gamberro desconocido representa una tendencia inconsciente ajena a la voluntad de Manolo de cambiar de profesión. Se trata de una parte de su psique a quien esta idea le descontrola tanto que no pude coexistir con ella y amenaza simbólicamente con matar o matarse. Al analizar su sueño de esta forma, Manolo comprende que el gamberro está dando expresión al conjunto de ideas que su padre le transmitió acerca de la independencia material, el estatus y la estabilidad que conlleva el hecho de ser taxista. Esta parte de su psique le hace ver, de forma simbólica, que considera un suicidio vender su única fuente de sustento material para lanzarse al incierto vacío que implica el cambio de profesión que desea emprender unilateralmente desde la conciencia.

Trabajando con el ejercicio que a continuación se explicará, no sólo podemos escuchar a las tendencias contrarias en nuestra psique, sino que tenemos oportunidad de comunicarnos con ellas para ver exactamente cuáles son sus temores y qué tan fundamentados están, a fin de escuchar lo que tienen que aportarnos y poder ofrecerles ciertas garantías de que aquello que pretendemos hacer no será para peor como temen, sino para mejor, tal como nuestra conciencia lo vislumbra. Sin embargo es muy importante mantener una mentalidad abierta, porque también puede llegar a darse el caso de que sea el inconsciente quien tenga razón y nos esté advirtiendo oportunamente de algo que no queremos ver porque se opone a nuestros deseos.

Es por eso que si realizamos este ejercicio con una mentalidad abierta y unificamos nuestra conciencia con nuestras tendencias inconscientes mediante un adecuado consenso, podremos situarnos en el campo de los milagros y, a pesar de las tendencias desfavorables externas que hayamos ayudado a co-crear dentro de la Matriz Divina, lograremos hacer realidad nuestros anhelos.

En realidad éste es el ejercicio más difícil de llevar a cabo de todos los que encontrarás en este libro porque, además de requerir tiempo y esfuerzo, es uno de los que más resistencia suele generar. Recuerda que la resistencia es un mecanismo de autoprotección psíquica que se manifiesta como fatiga, aburrimiento, dolores súbitos o cualquier otra distracción que te impida continuar con el ejercicio. Sin embargo, las recompensas de hacerlo bien son enormes ya que se pueden detectar las raíces de conductas y reacciones automáticas que a veces resultaban inexplicables. Esto abre la posibilidad de llegar a trasformar creencias profundamente inconscientes que quizá hayan ocasionado problemas durante años.

Por eso hay que mantener muy presente la importancia de este ejercicio, ya que con paciencia y perseverancia, podremos trasladar este conocimiento a todos los aspectos de nuestras vidas, para que a la luz de nuestra conexión con el todo, comprendamos lo poderosos que realmente somos y aprendamos a manejar la Matriz Divina a fin de crear las mejores realidades posibles para nosotros y para el maravilloso mundo en el que vivimos… De hecho, los pleyadianos dicen que aunque invirtamos toda esta vida en aprender esta única lección, estará inmejorablemente bien empleada porque así nos ahorraremos muchas más.

EJEMPLO DE UN EJERCICIO DE DETECCIÓN Y TRANSFORMACIÓN DE CREENCIAS INCONSCIENTES

Esto lo soñó Aitor, de Bilbao, cuando trabajaba en un banco en el que no lo habían ascendido desde hacía varios años y por lo cual ya no se sentía a gusto trabajando allí:

«Alcalde impuesto»
En mi sueño, la plaza Zabálburu está en obras. Ha venido a super-
visarlas el alcalde del ayuntamiento. No sé cómo, pero sé que el
alcalde ha sido impuesto. Hay mucha gente y van a hacer un
debate para ver si conviene que el alcalde se quede un periodo
más. Yo pido la palabra pensando en decir algo a favor. Un gru-
po de hombres no quieren que hable porque dicen que soy de
izquierdas. Me da gusto que se me note de alguna forma y hablo
aunque ellos no quieran. No recuerdo lo que dije, sólo recuerdo
que me pareció que el alcalde estaba complacido con mi inge-
nio y me sentí bien. Pensé: la gente no votaría por mí para alcalde
y es mejor estar bien con éste que ya está en el cargo. Aunque en-
seguida me pregunté para qué, si en realidad es alguien impuesto
que no ganó ninguna elección.

Ésta es la tabla de lo que Aitor hace y siente durante la experiencia onírica y lo que no:

Qué hago y siento
Acepto la imposición *Colaboro con la figura impuesta buscando su aprobación* *Me identifico con la izquierda que resuelve cosas* *Siento que la gente no votaría por mí en una elección* *Improviso con ingenio, poniendo mis habilidades al servicio del poderoso* *Quiero hacerme notar ante el opresor buscando su admiración* *Me cuestiono por qué acepto la imposición y para qué quiero quedar bien con él*

Qué no hago y no siento
No cuestiono la imposición *No encabezo una rebelión porque la gente no me seguiría* *No quiero verme en la derecha que identifico como convencional* *No siento confianza en mí mismo para ganar una elección* *No uso mis habilidades en mi propio beneficio ni en el de otros que lo necesitan* *No quiero pasar desapercibido o pasar como innecesario frente a los poderosos* *No continúo actuando ciegamente y sin cuestionamientos sobre mi sumisión*

Éstas son las generalizaciones y los porqués de Aitor:

−*Prefiero no cuestionar la imposición de una autoridad externa* **porque** *no tengo poder suficiente para hacerlo.*

−*La gente no votaría por mí* **porque** *no soy popular* **porque** *mis argumentos no le interesan a los demás.*

−*Es mejor que me identifiquen como alguien de izquierdas que como alguien convencional* **porque** *no me gusta el papel de prohibir o controlar* **porque** *no me gusta que me controlen ni que me prohíban nada* **porque** *no me gusta que recorten mi libertad en ningún sentido.*

−*Es mejor que los poderosos piensen que eres útil para ellos* **porque** *si estás cerca de quien tiene poder, tú también compartes algo de ese poder.*

−*Prefiero no continuar actuando ciegamente y sin cuestionamientos sobre mi sumisión y mi necesidad de quedar bien* **porque** *no quiero estar eternamente sin poder, buscándolo en una fuente externa.*

Aitor decidió que sólo quería conservar la última generalización y que deseaba transformar las creencias y actitudes derivadas del resto. Así es que, para transformar sus creencias y actitudes, formuló estas afirmaciones:

Tengo poder suficiente para impedir que alguien me obligue a aceptar algo en contra de mi voluntad.

Mis argumentos son interesantes para los demás.

Soy perfectamente capaz de proteger mi libertad y autocontrolarme.

Puedo colaborar poniendo mis habilidades al servicio de autoridades legítimas para alcanzar objetivos comunes.

Mi poder emana de mí mismo.

Al escribir varias veces cada afirmación, se encontró que sólo tenía objeciones frente a una de ellas:

Mis argumentos son interesantes para los demás.	*No para toda la gente.*
Mis argumentos son interesantes para los demás.	*Los demás tienen sus propios argumentos y los defienden tanto como yo a los míos.*
Mis argumentos son interesantes para los demás...	

Dado lo cual, Aitor reformuló su afirmación de esta manera:

Hay muchas personas a quienes les interesan mis argumentos porque están bien fundamentados.

Y al escribirla varias veces ya no surgieron más objeciones. Así es que se repitió mentalmente sus afirmaciones dos veces al día durante más de una semana, encontrando que se sentía más satisfecho consigo mismo en su trabajo. Poco después, cuenta Aitor:

En lugar de seguir esperando a que me ofrecieran un ascenso, hablé con mi jefa para preguntarle qué posibilidades tenía. Ella me dijo con sinceridad que no había vacantes en mi área de experiencia y me recomendó que estudie una especialidad, con la que tendré más posibilidades de movilidad. He decidido aceptar su recomendación y tengo esperanzas firmes de lograr un ascenso cuando termine estos estudios.

2. Reescritura y reentrada a un sueño

Éste es un ejercicio para comunicarte con tu inconsciente en su propio lenguaje y con sus propios términos a fin de proporcionarle nuevas pautas para resolver problemas que dentro de la trama onírica original no tuvieron una resolución o ésta no resultó satisfactoria.

Se trata de escribir nuevamente el sueño pero no como fue, sino como nos gustaría que hubiese sido, reaccionando de manera distinta y dando respuestas diferentes ante el conflicto y las diversas situaciones que nos planteó el sueño original.

Antes de hacer este ejercicio es necesario haber practicado primero el análisis onírico básico para tener muy claro qué significa cada uno de los elementos simbólicos y personajes que aparecen en nuestro sueño. También resulta imprescindible conservar el conflicto o los conflictos presentados durante la experiencia original, porque si no, no estaríamos haciendo una reescritura del sueño, sino inventando uno distinto y eso es otro ejercicio, el de sueño lúdico que se explicará al final de este capítulo y tiene otros propósitos distintos.

Con esta técnica de reescritura pretendemos ensayar desde la conciencia nuevas formas de actuación frente a los conflictos y por eso hay que conservarlos tal como se muestran en la trama original.

El sueño de Begoña, de Guadalajara, ejemplificará la importancia de conservar los problemas durante la reescritura y de comprender los códigos que está usando el inconsciente antes de poder estructurar un mensaje apropiado:

«La ruta de los esclavos»
Soñé que me llevaban atada de las manos junto con muchas otras personas, íbamos en una especie de caravana por el desierto. Yo buscaba la manera de escaparme y miraba los rostros de los demás para ver si alguien tenía la misma intención, pero todos se veían resignados. Entonces me daba cuenta de que, en realidad, yo no estaba atada pero seguía caminando con todas las personas de la caravana que era mucho menor de lo que era en el principio pero todavía había muchas personas. Sabía que podía huir pero quería saber a dónde nos llevaban y desperté allí sin saberlo.

Begoña había concluido recientemente un tratamiento de desintoxicación alcohólica cuando tuvo este sueño. Al analizarlo llegó a la conclusión de que reflejaba con fidelidad el momento que estaba viviendo, pues ya había pasado el síndrome de abstinencia y su cuerpo estaba libre de la dependencia, pero aún así, a nivel psicológico la adicción continuaba y ella, aunque mostraba deseos de abandonarla, en realidad se estaba dejando conducir con el resto de las fuerzas de su inconsciente hacia un lugar desconocido.

Al comenzar la reescritura, Begoña tenía la intención de continuar la ruta de la caravana hacia un oasis, pero en un momento de lucidez, se dio cuenta de que justamente ésa era la imagen que tenía del alcohol cuando comenzó a beber: sentía que le proporcionaba momentos de solaz para compensar la aridez de su vida, como un auténtico oasis en el desierto. Durante las primeras veces que salía a beber, así fue y ella aún conservaba esos agradables recuerdos. Por eso en el fondo no rechazaba la idea de continuar la ruta. Sin embargo, ya sabía por experiencia propia que sus cada vez más recurrentes visitas al oasis del alcohol la condujeron a una situación de dependencia que le provocó bastante sufrimiento. Se percató de que, si en su reescritura los esclavos llegaran a un oasis, lo único que haría con esa imagen sería reforzar las tendencias inconscientes que aún percibían al alcohol de esa manera positiva. Entonces pensó que era mejor advertirles a los esclavos de la caravana que no estaban siendo conducidos hacia un oasis, sino hacia algo que debieran evitar a toda costa.

Ésta fue la creativa manera en que lo resolvió:

«La ruta de los esclavos – segunda parte»
Soñé que me llevaban atada de las manos junto con muchas otras
personas, íbamos en una especie de caravana por el desierto. Yo
buscaba la manera de escaparme y miraba los rostros de los de-
más para ver si alguien tenía la misma intención, pero todos se
veían resignados. Entonces me daba cuenta de que, en realidad,
yo no estaba atada pero seguía caminando con todas las perso-
nas de la caravana que era mucho menor de lo que era en el prin-
cipio pero todavía había muchas personas. Sabía que podía huir
pero quería que los demás también huyeran. Así es que, discreta-
mente, fui moviéndome entre los pequeños grupos de la caravana
para avisarles de que los estaban conduciendo hacia una trampa.
Encontré una piedra afilada en el camino que me sirvió para cor-
tar las cuerdas de un hombre y éste cortó las de alguien más y así
sucesivamente hasta que todos estuvimos desatados y advertidos.
Entonces, a mi señal, todos comenzamos a correr dispersándonos
por distintas direcciones para que no pudieran volver a atrapar-
nos. Todos corríamos y gritábamos felices por haber recuperado
nuestra libertad.

Este magnífico ejemplo sirve para demostrar que la reescritura, en realidad, es un asunto delicado y no es cosa tan sencilla como a simple vista parece, ya que si no esclarecemos primero el simbolismo del sueño que queremos reescribir, podría ser que inadvertidamente enviemos a nuestro inconsciente un mensaje contrario al que se supone que quere-mos transmitir.

Hay un libro muy bueno, escrito por un oncólogo y una psicóloga, Carl Simonton y Stephanie Mathew-Simonton,[72] quienes desarrollaron un exitoso método complementario a los tratamientos de quimioterapia contra el cáncer. Cuando comenzaban a tratar a un paciente le pedían que dibujara tres cosas que simbólicamente representasen el cáncer, el efecto que sobre las células cancerosas estaba teniendo la quimioterapia y el efecto que estaba teniendo sobre ellas la actividad de su propio sistema inmunológico.

En estos diagnósticos encontraron invariablemente que las personas que estaban peor dibujaban el cáncer como una masa compacta sobre la cual no tenían prácticamente ningún efecto ni la quimioterapia ni los

---

72. Carl Simonton *et al*: *Recuperar la salud*, Los Libros del Comienzo, Madrid, 2007.

recursos internos de su sistema inmune. Y las personas que tenían más miedo a los efectos secundarios de la quimioterapia hacían dibujos que la representaban como algo que también era temible, como el mismo cáncer. En cambio, las personas que estaban obteniendo mejores resultados dibujaban el cáncer como algo menos compacto y más amorfo, la quimioterapia como algo que sólo estaba afectando a las células cancerosas y su sistema inmune como un grupo bien organizado actuando con eficacia sobre el cáncer.

En base a esto, parte de su terapia complementaria, consiste en visualizar tres veces al día una pequeña secuencia que transmita a su inconsciente el mensaje de que el cáncer está siendo exterminado con éxito. Por ejemplo, se puede visualizar la quimioterapia como si fueran varias figuritas semi-circulares del pacman o comecocos de las máquinas de juegos, el cáncer como las bolitas de las cuales se alimentan, y el sistema inmunológico como un grupo de aves de rapiña que también se encargan de eliminar a las mismas bolitas.

A pesar de que los terapeutas supervisaban cuidadosamente las imágenes de esta visualización al principio del tratamiento, se dieron cuenta de que quienes no estaban mostrando mejoría habían cambiado la escena original y estaban dando una imagen menos eficiente o inadvertidamente contraria al propósito, por lo cual decidieron supervisar a intervalos regulares del tratamiento que la visualización estuviera llevándose a cabo de la forma adecuada y en combinación con el resto de la terapia, que consta de ejercicios de relajación, ejercicio físico, sesiones de psicoterapia para detectar y solucionar la problemática emocional previa a la aparición del cáncer, así como para identificar los beneficios secundarios que les ha proporcionado la enfermedad (como dejar de ir a un trabajo que les causa problemas, recibir atenciones que no tenían, dejar de enfrentar una situación emocional a la cual no le veían salida, etc.) que podrían convertirse inadvertidamente en factores que alentaran el deseo inconsciente de no recuperarse o al menos de alargar la enfermedad.

Este sistema se puede aplicar a todo tipo de padecimientos, por eso recomiendo ampliamente la lectura del libro de los Simonton a cualquier persona enferma o que quiera prevenir la enfermedad. Y también a quienes deseen saber más acerca del efecto de las visualizaciones sobre el inconsciente para llevar a cabo las mejores reescrituras y reentradas de sueños que puedan imaginar, pues el siguiente paso de este ejercicio, una vez que hemos cambiado y mejorado el argumento onírico, consiste en presentárselo a nuestro inconsciente antes de dormir. Para ello hay que llevar a cabo una visualización completa justo antes de volver a entrar en el estado de sueño reviviendo con detalle las secuencias originales junto con las añadidas. Hay que repetir este procedimiento de reentrada hasta que encontremos alguna comprobación en nuestros sueños posteriores y en nuestra vida diurna de que nuestra intención ha sido captada. La idea es que sea esta vez la conciencia quien envía un sueño repetitivo al inconsciente hasta recibir su atención y conseguir impactarla.

EJEMPLO DE UN EJERCICIO DE REESCRITURA Y REENTRADA AL SUEÑO

Éste es el sueño que invocó Mercè, de Barcelona, para responder a la pregunta: «¿Por qué continúo con la autoestima baja?».

«Disolviendo cadenas»
Estoy en una prisión. Es una prisión sin celdas, con salas amplias donde hombres y mujeres conviven. Hay buen rollo entre todos los presos y presas. Estoy con una presa mirando una nota. Las dos estamos muy unidas. Cuando miro alrededor los chicos se han ido a la parte de la prisión que es sólo para ellos, como signo de respeto a nuestra amistad. Anna (una amiga) me dice: «Es que dentro de las prisiones se vive muy bien». Yo quiero responder, porque en mi interior se genera una tensión de disconformidad, pero no sé qué decir ya que las evidencias me contradicen.

Después de hacer el análisis onírico básico, Mercè descubrió lo siguiente:

La prisión simboliza mis tensiones internas y mis miedos a no ser aceptada por lo que diga o haga en relación a cómo percibo el orden establecido, o las convenciones aceptadas por la mayoría. La prisión también representa cómo interpreto y vivo el entorno, mi realidad social: creo que el desarrollo apacible y la aparentemente normalidad que percibo en la sociedad es un engaño. Y cuando debo responder a este engaño, no sé cómo explicar lo que para mí es una evidencia (que estar dentro de una prisión nos perjudica) por miedo a contradecir lo que piensa y siente la mayoría.
Por eso, una parte de mi conciencia, representada por mi amiga Anna, a la que identifico con la libertad, se encuentra cómoda porque afuera, en la confrontación con los demás, hay riesgos que prefiere no correr. En ese aspecto el encierro le reporta ventajas. A la vez, percibo mi parte femenina y masculina viviendo en armonía. La relación con mi parte femenina que me genera plenitud es respetada por mis instintos de sexualidad a través de resaltar el amor.

En síntesis, mi baja autoestima todavía es baja porque me maltrato con miedos y tensiones por lo que pensarán los otros de mí por lo que diga o haga y por el miedo a quedarme sola dentro de una prisión. La prisión continuará presente mientras no dé salida a mi potencial interno (armonía, equilibrio y potencial femenino) y confíe en mi visión y en mi capacidad de expresarla sin temer a la confrontación.

A partir de esta información, con el fin de dar una pauta distinta a su inconsciente sobre cómo actuar frente a la confrontación que le da miedo y la mantiene en la prisión de la baja autoestima, Mercè realizó el siguiente ejercicio de reescritura del sueño:

«Disolviendo cadenas, la continuación»
Estoy en una prisión. Es una prisión sin celdas, con salas amplias donde hombres y mujeres conviven. Hay buen rollo entre todos los presos y presas. Estoy con una presa mirando una nota. Las dos estamos muy unidas. Cuando miro alrededor los chicos se han ido a la parte de la prisión que es solo para ellos, como signo de respeto a nuestra amistad. Anna (una amiga) me dice: «Es que dentro de las prisiones se vive muy bien». Yo quiero responder, porque en mi interior se genera una tensión de disconformidad, pero no sé qué decir ya que las evidencias me contradicen.
Finalmente, me repongo. Abrazo a Anna y le digo al oído:
—Las personas que estamos aquí dentro estaremos bien en todas partes. La cuestión es si queremos continuar estando aquí o no.
Anna y yo pedimos al resto de compañeros y compañeras hablar sobre el asunto. Cuando están todos, Anna me cede la palabra:
—Antes, Anna ha asegurado que en la prisión se vive muy bien. Este comentario me ha generado tensión ya que creo que la prisión nos anula, nos roba todos nuestros derechos esenciales. Creo que deberíamos ponernos de acuerdo para encontrar una forma de salir de aquí.
Uno de los chicos responde:
—Yo no tengo ninguna intención de irme de aquí. Yo pienso como Anna: aquí no nos falta de nada, nos conocemos todos, conocemos las normas y no tenemos ningún tipo de problema. ¿Por qué te complicas tanto la vida y quieres complicárnosla a nosotros?
—Yo no quiero convenceros ni forzaros a nada —respondo—. Sólo comparto mi visión con vosotros. Y en mi visión veo que lo que estamos haciendo dentro de la prisión es escondernos y no atender nuestras obligaciones para nosotros mismos y para la sociedad en general. Creo que tenemos miedo a vivir con todo nuestro potencial desplegado porque tememos exponernos a la crueldad humana. Nos hemos encerrado voluntariamente en esta prisión para vivir mediocremente y, para no ver esta realidad, tenemos

la necesidad que todo esté en perfecta armonía entre nosotros. Necesitamos el buen rollo para no tener que salir de la prisión forzosamente. Si aquí no tuviéramos buen rollo buscaríamos otra prisión, aparentemente en armonía, para no tener que enfrentarnos a un conflicto ya que nos forzaría a posicionarnos, y esto es, precisamente, de lo que huimos. Los amigos y colegas nos sirven de tapadera para no ver nuestro miedo a ser nosotros mismos y a exponernos al otro y a nuestros errores.

Se hace un silencio largo y denso, al final del cual Anna pregunta:
—¿Quieres decir que lo que sentimos los unos por los otros no es en verdad amistad sino dependencia mutua?

—Creo que si somos capaces de continuar respetándonos después de que cada uno de nosotros se exprese desde su ser totalmente desplegado, será verdad lo que sentimos. Pero hasta que no salgamos de la prisión no lo sabremos.

—Yo quiero respetarte plenamente y deseo que tu ser se expanda con todo su potencial –añade otro chico.

—¿Y si resulta que como consecuencia de conseguir nuestra plenitud cambiamos tanto que ninguno de nuestros amigos nos reconoce y nos quedamos solos? –pregunta una chica

—Exactamente, tienes razón; si cambiamos ¿qué garantía tenemos de continuar siendo normales y aceptados?

Se hace otro silencio que da pie a que todos nos miremos intensa y profundamente a los ojos. Reconocemos miradas de miedo, de duda, otras de comprensión y complicidad. Y por encima de ellas sentimos que nos amamos y entendemos que esta certeza disuelve cualquier miedo, cualquier desconfianza. La chica con quien estoy muy unida rompe el silencio activo:

—Este amor está dentro nuestro y con este amor nunca nadie nos puede herir ni nunca podremos sentirnos solos o atacados. ¿Cambiaríais este amor por la duda o el miedo? Este amor, es nuestro gran potencial. Un potencial que en este momento puede disolver cualquier miedo, cualquier cadena, cualquier muro.

Nos cogemos de las manos. Sentimos como nos convertimos en un solo ser enorme con el corazón lleno de amor abierto al mundo. En ese instante, los muros de la prisión caen limpiamente hasta encontrarnos en medio de un bello prado. Una brisa suave nos devuelve nuestra individualidad para emprender el camino hacia la plenitud, con el compromiso de respetar y respetarnos a través del caudal de amor que disponemos.

Para poner en práctica lo aprendido, Mercè decidió compartir públicamente sus ideas a través de un taller en el que habló libremente de su visión y se dio cuenta de que hay personas interesadas en ella pues se inscribieron varios alumnos que salieron muy satisfechos. Lo cual le ha dado más argumentos para que todos los presos que representaban sus tendencias inconscientes que se resistían a exponerse aprendan a confiar en que es seguro salir y expresar su maravilloso potencial interno.

3. Representar artísticamente un sueño

En comparación con los ejercicios anteriores, éste y el próximo son mucho más sencillos y disfrutables. Como su nombre lo indica, la intención de nuestro tercer trabajo terapéutico es expresar mediante alguna técnica artística el contenido total o parcial de un sueño o una serie de sueños. Trabajar con una serie de sueños es una excelente manera de cartografiar nuestras expediciones oníricas y hacer manifiesto el contenido de nuestro inconsciente. Mientras que trabajar con un solo sueño nos permite rescatar algún mensaje importante o alguna otra cosa que nos haya impactado y queramos traer al mundo material de vigilia.

Hay muchos artistas, sobre todo pintores, que han trabajado con la materia prima de sus sueños, como los miembros de la corriente artística del surrealismo, quienes buscaban inspiración en las imágenes oníricas. El creador de su manifiesto, André Breton se refería a los sueños como su principal fuente de inspiración, junto con la escritura automática. Dalí, Malraux, De Chirico y otros miembros de la corriente hicieron pinturas fantásticas tomando como base escenas de su material onírico. Mi pintora favorita, Remedios Varo, aunque nunca se consideró a sí misma como surrealista, pintó cuadros extraordinarios cuyas imágenes llenas de simbolismo son las mejores representaciones del contenido de un sueño que he visto jamás.

También son muchos los directores de cine que han intentado recrear las experiencias oníricas de sus personajes mediante los recursos de la narración cinematográfica, o que incluso se han atrevido a realizar largometrajes enteros inspirados en la narración onírica y sus disparatadas imágenes y cambios de escenarios, como Luis Buñuel…

En el campo de la literatura, ya desde *La Odisea* y *La Ilíada* de Homero, existe la costumbre de relatar los sueños de los personajes principales. Famosas son las imágenes oníricas que permitieron hilar a Shakespeare, *El Sueño de una noche de verano* y a Calderón de la Barca, *La vida es sueño*.

Muchas culturas indígenas han materializado danzas, canciones y rituales que presenciaron o les fueron entregados durante sus sueños. Y la misma inspiración continúan encontrando en ellos los artistas contemporáneos. Sin embargo, no hace falta ser un profesional para expresar artísticamente alguna parte de nuestras experiencias oníricas. Sólo se requiere la motivación de disfrutar con el proceso creativo o el deseo de mantener algo presente.

La siguiente experiencia onírica me sucedió cuando estaba realizando las prácticas del «Libro del Maestro», última parte de la trilogía que compone *Un Curso de Milagros,*[73] cuyos 365 ejercicios espirituales tienen como finalidad recordarnos la verdadera esencia del mensaje crístico para aplicarlo en nuestra vida cotidiana:

> *«El mensaje de Jesús»*
> *Dos mujeres y yo llegamos por separado a un valle. Una de ellas baja montada a galope en una yegua. En un prado veo a la yegua muy amorosa con su potrillo y siento mucha ternura y mucho amor, entonces veo una luz verde que se acerca y les digo a las otras dos mujeres que Jesús ha llegado. Después les informo: «Ahora está con el perro», porque veo la luz verde frente a un perro. Luego alguna de ellas que está a mi lado (es la hermana de una amiga que piensa que yo estoy loca) me pregunta con sarcasmo, «¿Y ahora dónde está?». Le respondo casi gritando de la emoción: «¡Está aquí!», porque la luz verde está justo frente a mí y me pongo a hablar con él desesperadamente, le digo: «¡Quiero verte, quiero hablar contigo, quiero dejar de sufrir!», y se lo digo casi llorando de desesperación. Él me responde: «Tú eres una maestra, pídemelo con alegría, desde el poder y no desde el lloriqueo de la debilidad». Luego la hermana de mi amiga manifiesta su incredulidad en un gesto que me enoja mucho y Jesús me recomienda: «Ten compasión porque ella ni siquiera ve aún la luz verde que tú apenas ves».*

Me desperté muy emocionada. Lo clasifiqué como un sueño espiritual, suponiendo que realmente estuve en contacto con la energía crística, que en el sueño identifiqué con la figura histórica de Jesús. Y aun leyéndolo desde los códigos psicoanalíticos, se trata de un sueño muy positivo pues estaría demostrándome que una parte de mi psique ya está encarnando la energía crística, aunque aún hay partes que dudan y se burlan abiertamente de la confianza que manifiesta mi conciencia.

En mi libro favorito de interpretaciones oníricas (el de Milena Llop) busqué los símbolos del sueño y esto fue lo que encontré:

Valle: El valle dentro de los sueños representa un lugar donde tu alma recobra fuerza y energía. Simplifica las cosas, no te compliques la

---

73. *Un Curso de Milagros,* Foundation for Inner Peace, USA, 2000.

vida, pero no bajes la guardia porque aún te quedan muchas batallas que librar.

Yegua: La aparición de una yegua al galope puede reflejar la intensidad y la pasión con la que sueles enfrentarte a los problemas. Ese ímpetu tuyo, no cabe duda, puede resultarte de gran ayuda en ciertos momentos; pero lleva aparejados frecuentes cambios de humor que deberías tratar de moderar. Si la yegua está pariendo o recién parida, te indica que, aunque tus intenciones son buenas, te muestras algo torpe a la hora de demostrarlas o ponerlas en práctica. Busca un término medio y te beneficiarás con el cambio.

Verde: Indica esperanza, reconciliación, fecundidad y abundancia, pero también revela inestabilidad y transitoriedad.

Perro: Simboliza la amistad y la fidelidad. Si se trata de un perro amigable, refleja nuestra fidelidad a los ideales que hemos adoptado, o bien una necesidad de amor y protección.[74]

Tras esta consulta me quedé con la sensación de que había asistido a una especie de graduación del *Curso* en la que me advertían que estaba siendo fiel a mis propósitos, pero el verdadero trabajo de llevar la teoría a la práctica aún estaba por comenzar y debía mantenerme en guardia pues, aunque mis intenciones eran buenas, mi ímpetu estaba un tanto desbocado y aún no tenía la habilidad suficiente para aplicarlas. Tenía motivos para sentirme esperanzada, sin embargo aún estaba en una etapa muy inestable donde aún demandaba externamente amor y protección.

Ese mismo día hice la traducción de un artículo de Gregg Braden que un amigo me envió para que lo subiera en mi web de www.mind-surf.net y hablaba precisamente de lo que la luz me dijo en el sueño, del poder de la alegría. El artículo se llama «El arte perdido de orar de los esenios» y dice que la clave para ver cumplidos nuestros deseos es agradecerlos sintiendo que ya los tenemos en vez de pedirlos desde la sensación de carencia, ya que esto es lo que nos mantiene en ella.

Por toda esta enseñanza y la espectacular sincronicidad, escogí este sueño grandioso para hacer un dibujo que mantenga presente en mi memoria el bello mensaje que recibí. Dibujé el centro del valle de mis sueños con acuarelas y tinta china, en medio puse al perro frente a un huevo de luz y luego escribí: «El poder está en la alegría». Como parte de mi aplicación práctica de este ejercicio decidí colgar mi pintura en un

---

74. Milena Llop: *Interpretación de sueños, op. cit.*

lugar visible para mirarla cada vez que esté a punto de dejarme caer en el pesimismo, de tener un berrinche o de quejarme por cualquier cosa...

El poder está en la alegría

> *«Estás soñando continuamente. Lo único que es diferente entre los sueños que tienes cuando duermes y los que tienes cuando estás despierto es la forma que adoptan y eso es todo. Su contenido es el mismo [...] El Espíritu Santo, no obstante, aprovecha también el tiempo que pasas durmiendo, y puede, si se lo permites, utilizar los sueños que tienes mientras duermes para ayudarte a despertar.»*
>
> Un Curso de Milagros (18:02:02)

Ejemplo de un ejercicio de expresión artística del sueño

Éste es un sueño que tuvo Carlos, de Ávila, quien es actor, maestro de cantos armónicos y guía juegos de rol:

> *«Árbol, águila y flauta»*
> *Estaba sentado debajo de un árbol y entre las ramas distinguí algo que se movía, pensé que era un duende o una elfa pero en lugar de eso vi a un águila en una rama alta del árbol. A mis pies había una flauta de los indios norteamericanos y se me antojó tocarla, pero antes de llegar a cogerla desperté.*

Éste es el mágico cuento de hadas que escribió a raíz de las imágenes que aparecieron en su sueño:

Todo comienza cuando el pequeño elfo se encuentra sentado bajo el árbol, un árbol grande y frondoso. Este duende soy yo, y no parece que tenga muchas ganas de moverme. Estoy tranquilo apoyado bajo el gran árbol, viendo pasar las horas. Pasados unos minutos, una bonita águila decide apoyarse en una de las ramas y mira hacia abajo. Me observa. Yo me percato de su presencia y también la miro. Es entonces cuando el águila extiende sus alas demostrando su gran envergadura y, como si de una abuela con su nieto se tratase, se dirige hacia mí diciéndome:

—Camina, perezoso, levántate y camina de una vez.

—¿Dónde quieres que vaya? –contesté–, no sé dónde tengo que ir.

—Da igual hacia donde vayas, será suficiente con que empieces a caminar.

Así, el elfo se levantó enérgicamente con la sonrisa que le caracterizaba, sin dar mucha importancia a las palabras del águila, (creo que era una hembra). Recorro caminos y de vez en cuando observo que desde el cielo me sigue la amiga águila, como si cuando tuviera dudas de hacia dónde dirigirme ella apareciera con su sombra para indicarme el camino. En un momento dado y a la vista de que el elfo se había puesto a caminar, la guardiana del cielo decide contarle al elfo hacia dónde se dirige:

«Más allá de los caminos, está el siniestro castillo del Rey oscuro, que mantiene encerrada a una princesa, bajo la llave de la sombra. Debes rescatarla, pequeño elfo. No temas, recibirás la ayuda adecuada en su debido momento. Aquí te entrego una espada de diamantes que te servirá en tu camino.»

Y el elfo continuó su camino. Consciente ahora de su objetivo, caminaba con más firmeza. Pero pronto vinieron los peligros, la tranquilidad se vio turbada por tres grandes gigantes que atacaron al elfo. Me defendí con la espada cuanto pude pero no era capaz de someterlos, ni tan siquiera de herirlos. La fuerza descomunal de las tres horrendas figuras vapuleaba al elfo que no sabía cómo vencer. Fue entonces cuando en su interior reconoció una voz que le hablaba, era la misma voz del águila que decía: «Los gigantes son tus miedos, debes vencerlos». El elfo dio un gran salto y lanzó su estocada al corazón de uno de los gigantes, pero su esfuerzo fue en vano. Al caer, volví a recordar las palabras que resonaban en mi cabeza: «Los gigantes son tus miedos». El elfo se dio cuenta entonces de que sus miedos estaban en su cabeza no en el corazón así, con las fuerzas renovadas, se lanzó a cortar las cabezas de los gigantes que desaparecieron esfumándose cuando la espada tocó sus cuellos. El elfo continuaba su camino feliz, ya a lo lejos divisaba las oscuras nubes que rodeaban el castillo. Cuando la noche caía, algo impulsó al elfo a adentrarse por un hueco entre las ramas de unos arbustos. La luna se reflejaba clara sobre un lago. Junto a la orilla una hermosa dama desprendía un halo más bonito que el de la luna en el lago. Me acerqué a ella, era muy hermosa, con el pelo blanco y desnuda, aunque su hermoso pelo la cubría por entero. Entonces me dio una flauta, y sin abrir los labios, sentí telepáticamente cómo me decía que ya sabría cuándo usarla. Entonces me quedé dormido.

A la mañana siguiente, el elfo se acercaba hacia el castillo. Cuanto más cerca estaba, más ganas e ímpetu tenía por entrar. Subió las largas espirales que conformaban la entrada al castillo. Una vez dentro, le esperaba una lúgubre sala de piedra, húmeda. Hasta la piedra parecía negra por el moho. ¿Qué ser podría vivir allí? Pronto las dudas se resolvieron. Un enorme gigante con un casco de metal con dos prominentes cuernos que salían del mismo, vestido con una gran capa negra y unos guantes jironados. Su respiración llenaba con una bruma espesa la sala, aumentado la sensación de humedad. Desenfundé mi espada, arranqué corriendo y quise cortar su cabeza. El choque me hizo rebotar ante la carcajada de la criatura. Lo intenté una y otra vez. Exhausto contra una de las paredes, el abatimiento se apoderaba de mí. Cuando ya casi había perdido el aliento, una mariposa blanca aleteaba ante mis ojos mientras en mi interior escuchaba a la hermosa mujer del lago decirme: «Usa tu flauta, al odio sólo puedes transformarlo con el amor». Al comenzar a sonar la flauta una melodía surgió, una melodía que hizo que el gigante se estremeciera, mientras agarraba su casco de metal para intentar no oír la música, pero ésta era más poderosa que la humedad de la sala.

El rey oscuro quedó reducido a cenizas y, en la otra parte de la sala, un candado se rompió por el sonido de las notas de la flauta. De allí surgió una bella elfa.

La siguiente imagen del sueño fue ver cómo esta pareja vivía en un árbol enorme, muy parecido al que había al principio del sueño. Allí el elfo enseñaba a unos peques y la elfa construía bolas de luz de colores.

Comentario: Para mí el sueño es una alegoría de mi mundo interno, donde los guías se aparecen y mediante mensajes, me van indicando los lugares hacia donde debo caminar. En otras ocasiones, mi propio instinto me lleva ante aquello que necesito encontrar. El dejarse llevar me lleva hasta donde los impulsos más internos de mi ser quieren ir, dejándolos aflorar, simplemente caminando. «Da igual hacia donde vayas pero camina». Me recuerda a un pasaje en el que Alicia se encuentra con el Gato de Chesire. «Da igual hacia donde vayas, todos estamos un poco locos por aquí.» Los símbolos están muy bien marcados, o al menos eso creo. El águila, la voz de mujer, la doncella del lago, el pelo blanco, los gigantes, sus cabezas, la espada de diamantes, que aparece en una obra de Valle Inclán: «La farsa de la cabeza del Dragón». La flauta, la pereza, el rey oscuro, la humedad, la elfa, el árbol...

Puedo ver el sueño como un recorrido interno, pero no hay nada interno que no se manifieste en otros planos, o a la luz de nuestros ojos. Este sueño fue hace ocho meses. Desde entonces un día, caminé y caminé, hasta donde se acaba la tierra, siguiendo a las estrellas, siguiendo al sol. Acompañado por una flauta nativa, que me abre el corazón.

4. Crear un sueño lúdico

Para llevar a cabo esta técnica simplemente hay que echar a volar la imaginación y crear un sueño completo desde cero. Puedes elegir cualquier género (aventura, romance, diversión, comedia, incluso drama, si en verdad te apetece…) y puedes crearlo tú solo o invocando la participación de tu Consejo Asesor Onírico o de algún guía o maestro en especial.

De hecho fue mi guía personal, el Capitán, quién me animó a crear este tipo de aventura por primera vez. Un día me preguntó:

Capitán: «¿Quieres hacer una entrada directa a un sueño lúcido?»

Karina: ¡Wooo!

C: Éstas son las instrucciones: Imagínate que subes al plano mental-causal, a un espacio completamente vacío. Entonces decide qué es lo que quieres soñar, crea el escenario, trae a los personajes, asígnate a ti misma un papel y comienza a desarrollar tu sueño sin limitar tu imaginación en lo más mínimo. Luego suelta un poco el control para dejar que el sueño avance por sí mismo y cuando quieras vuelve a dirigirlo conscientemente. Juega y alterna entre una cosa y otra permitiendo que se expresen también los personajes para que puedas interactuar con ellos.

K: ¡Qué maravilla!

C: ¡Diviértete mucho!

K: Gracias, querido Capitán.

Seguí sus instrucciones con mucha emoción. Me imaginé subiendo a un ascensor de cristal sin techo cuyos botones eran los distintos planos del mapa dimensional de los teósofos. Pulse el botón del plano mental-causal, subí de largo por el astral y, al abrirse las puertas de mi destino, me vi salir hacia un espacio vacío completamente en blanco.

Se me ocurrió entonces que quería estar en un capítulo de *Strar Trek*, dentro de la nave Voyager, al lado de la capitana Katheryn Janeway y su tripulación. Me asigné el papel de aprendiz de oficial comandante, en misión estelar para recibir algunos consejos de mi capitana preferida de todas las distintas etapas de la vieja serie de televisión.

El capitán Pikard también me gusta mucho, pero definitivamente mi favorita es Janeway porque nunca pierde sus mejores características femeninas a pesar de tener una parte masculina tan fuerte. Es muy equilibrada. Realmente la admiro y la quiero mucho, es un gran modelo de mujer, una de mis mejores inspiraciones.

Por eso comencé mi sueño lúdico en el set de filmación de la serie, donde saludé a las almas de todos los actores y les dije cuánto los admiraba por haber elegido formar parte de esta famosa serie que ha abierto tanto las mentes de muchísimos humanos en todo el planeta en relación al tema extraterrestre y los potenciales del ser humano. Después solté el control y Janeway me dijo que ocupara el puesto de Chacotay, como su Primer Oficial para este episodio onírico. Así es que tuve el honor de sentarme a su lado en el puente de mando del Voyager y viajar a *Warp 9* hacia el espacio desconocido, jeje…

Janeway quería ir a observar de cerca una nebulosa de tonalidades bellísimas. Comparto con ella su ánimo explorador así es que ambas permanecimos encantadas frente a la pantalla principal de la nave atestiguando la profunda belleza de uno de los millones de espectáculos del espacio exterior de nuestro querido Universo.

Yo le hablé de algunos de los capítulos que más me habían gustado, de las lecciones que más me habían servido… como un memorable episodio en el que el Voyager cae en una especie de hoyo negro donde hay otras dos naves ya atrapadas que vienen a robarles alimento y materiales. Ella les da más aún de lo que le han robado y con sus grandes dotes diplomáticas y de mando, termina convenciéndolos de que si unen sus fuerzas podrán escapar juntos. Cosa que por supuesto sucede.

Janeway siempre me hace ver que tomar las decisiones que más benefician al conjunto es lo que a la larga más beneficia al individuo. Por eso hay que pensar siempre en términos globales y a largo plazo, conservando la fe mientras ese mejor futuro común apenas se está gestando y aún no se puede ver ni remotamente, concentrándose en dar «un paso a la vez», sin cuestionarse por los siguientes.

También hablamos del fantástico recurso literario de las anomalías temporales y los viajes en el tiempo para tomar elecciones distintas a las que ya hemos explorado y resultaron fallidas. Y de repente sonó la alerta máxima, pero no porque vinieran los Borg o algún otro invasor desconocido. Era una broma de Neelix que entró con una bandeja con café negro para la capitana y un vasito de ayahuasca con sabor a deliciosas frutas talaxianas para mí… Jeje…

Tuve la clara impresión de que en los momentos en los que yo soltaba el control, mi guía lo tomaba y participaba conmigo de una forma mucho más lúdica y fluida que con los diálogos anteriores que habíamos estado sosteniendo. Por eso decidí compartir esta técnica con los alumnos de mis talleres y fue en uno de ellos que una alumna madrileña bautizó este ejercicio como «sueño lúdico».

En otra ocasión, le pedí a Singing-Heart que me contara si ella y yo nos habíamos conocido alguna vez en la Tierra, en alguna encarnación y me dijo que fuera a un arroyo e hiciera un ejercicio de sueño lúdico y la invocara para que me respondiera a esta pregunta enviándome un paquete de energía que mi imaginación traduciría en forma de una historia.

En cuanto tuve oportunidad me fui a un pequeño arroyo de Galicia y creé una historia en la que ella había sido mi abuela. Las dos vivíamos en una aldea indígena lakota. Yo era huérfana y ella me cuidaba. Cada año me llevaba a un arroyo donde ella hacía una plegaria antes de que colocáramos unas pequeñas piedras lisas por ambos costados del arrollo. Luego nos escondíamos y permanecíamos inmóviles y en silencio, a veces por poco tiempo, a veces durante muchas horas, hasta que aparecía algún animal que venía a beber agua y pisaba una de las piedras o volaba sobre alguna.

Entonces esperábamos a que se fuera y salíamos corriendo y cantando felices a recoger la piedra que luego tallábamos con la forma de ese animal para «capturar» su poder. Ella usaba estas piedras en sus curaciones y cuando no, yo me encargaba de guardarlas como el maravilloso tesoro que eran. A veces también jugaba con ellas. En especial había una que me gustaba mucho, de una libélula.

Le pregunté a Singing-Heart si entonces ella me entrenó para ser su sucesora en la tribu y me respondió que no porque antes de mi primera menstruación morí tranquilamente de una enfermedad. Dijo que sólo había sido una vida de reposo para mí, entre dos muy agitadas.

Le di las gracias por el regalo y regresé al plano físico. Sincrónicamente, cuando abrí los ojos vi una libélula volando sobre una piedra que por supuesto me llevé. Recogí, además, varias plumas muy bellas que había por los alrededores y lo que más me impresionó fue que esa semana, Igone, una querida amiga-hermana de Bilbao, me envió un mensaje electrónico con la dirección de una página web que pensó que me agradaría ver ¡y era justo sobre piedras-medicina, talladas con animales, que indígenas norteamericanos vendían por internet! Se veían hechas en serie y muy comercializadas, por lo que sentí que Singing-Heart había compartido conmigo un auténtico recuerdo de cómo se hacían las originales en la antigüedad...

Y por supuesto no soy la única que se ha quedado asombrada con la información creada o recibida en sus sueños lúdicos. Recuerdo especialmente a una chica de Barcelona que en un taller terminó llorando de alegría por las sabias e iluminadoras respuestas de un viejito japonés que apareció en un jardín durante su ejercicio de sueño lúdico. La chica lloraba porque decía que o ella era mucho más sabia de lo que se imaginaba o en verdad había contactado así de fácil con un guía tan sabio. ¡Y las dos cosas le parecían maravillosas! Le pedí que volviera a entrar en su jardín y le preguntara al sabio viejito cuál de las dos cosas era cierta y él le respondió con una amplia sonrisa que las dos, aunque al fin de cuentas no tenía la menor importancia, siempre y cuando pusiera en práctica los consejos que había recibido.

EJEMPLO DE UN EJERCICIO DE SUEÑO LÚDICO

Éste es el hermoso sueño lúdico de Nuria, de Ferrol:

> *Estoy relajándome cuando Karina nos da el aviso para que subamos al ascensor transparente del fondo de la habitación, dejo sentado mi cuerpo físico y mi ser se monta en el ascensor, pulsa el botón para ir a la dimensión mental-causal, se vuelve a desplegar otro menú botones y elijo el plano causal, es emocionante ver cómo vamos subiendo a través de las nubes, el ascensor se para en su destino, se abren las puertas y la dulce voz de Karina nos despide hasta la vuelta, una gran luz blanca inunda el ascensor, cuando salgo me encuentro en un paraíso de la naturaleza, lleno de vida, armonía, paz, los árboles son verdes, altos, hay ríos, el canto de los pájaros y la música del fluir del agua me envuelve, comienzo a caminar por un sendero, mientras camino va apareciendo alguna gente, algunos son monjes de manto azafrán, todos tienen una sonrisa en sus labios y luz en los ojos, muchos de ellos se ponen a caminar también por el sendero, me acompañan en sonriente silencio, el camino pasa a veces por verdes praderas y otras bosques con frondosa vegetación, aparecen unos niños que me rodean, me dan la mano y juntos seguimos por el sendero cantando, la sensación de paz y unión me inunda, aunque agradezco el recibimiento y la compañía, me doy cuenta de que es una responsabilidad llevar a los niños y creo que debo hacer mi búsqueda sola, al borde del camino hay una pequeña cabaña donde hay un maestro esperando a los niños, los dejo allí y sigo ca-*

minando sola, llego a una cueva donde vive un monje de radiante sonrisa, la cueva está en frente de un gran lago que rebosa de paz y tranquilidad, me invita a tomar un té que ha preparado en una hoguera, ríe con risitas de niño inocente, con la pureza de un gran corazón, me sigue inundando la paz, nos ponemos a contemplar el precioso bosque sentados enfrente del lago, conecto con la paz del eterno, de pronto me doy cuenta de que tengo miedo a no avanzar en mi camino y que necesito proseguir, me despido con los ojos y una inclinación de respeto mutuo, sigo caminando sendero arriba por la montaña, disfruto haciendo este camino pero con algunas preocupaciones, me encuentro con Jean, es una alegría, empezamos a caminar de la mano, me hace compañía, me gusta y me ayuda con su simple presencia, al sentir que lo necesito me doy cuenta de mi miedo a la soledad, él me recuerda que no estamos solos, además que sé que cuando quiera puedo estar con él, y que puedo recibir ayuda cuando lo necesite, así decido seguir subiendo sola, sigo subiendo y aparece mi dragón, vuela acompañándome mientras sigo caminando, al cabo de un trecho me doy cuenta que aunque quiero hacer el camino con esfuerzo también lo puedo hacer disfrutando, volando montada en mi dragón, así viajamos, surcamos los cielos, disfrutando de la libertad, sobrevolando preciosos paisajes, volando rápidamente, jugando, haciendo piruetas, planeando lentamente... me doy cuenta que si de pequeña soñaba que a veces podía volar y que a veces ayudaba a volar a la gente, cogiéndose de mi mano con la simple confianza de que podían hacerlo, y una vez volando podían coger confianza en sí mismos, soltarse y volar solos, así que me solté de mi dragón, y comencé a volar sola, jugamos en el aire, volamos en el viento, sobrevolamos una aldea y un niño sonrió al vernos, él entendía. Yo me metía dentro de mi dragón, él en mi... así que cuando comprendí que éramos individuales pero lo mismo, mi dragón se hizo chiquitito y lo metí en mi corazón, seguí volando hasta llegar a una espiral blanca, que con base en el cielo iba ascendiendo, había dos angelitos guardianes que sonrieron al verme, me estaban esperando y me invitaron a entrar, me dejé llevar por el movimiento ascendente envuelta en una luz blanca intensa, me di cuenta que ahí llevaba una túnica blanca, la espiral desembocaba en el espacio, me encontré rodeada de estrellas, de planetas, de la inmensidad del espacio, disfruté ahora de volar entre las estrellas, pedí la compañía de maestros y vinieron Jesús, Maya y Buda, que alegría de estar con ellos, los tres me enviaron con sus manos rayos a mi corazón, recibí una purificación, una aceptación y comprensión completa de mi ser; radiante de luz blanca, empezaron a acercarse seres preciosos de luz, había muchísimos, conectada con ellos nos unimos formando una gran esfera de luz, podía sentir mi unicidad y a la vez la sensación del todo, y mucha alegría al sentirme en casa, íbamos creciendo pues seguían uniéndose más almas de luz, también se estaban formando muchas otras bolas de luz, miríadas de ellas, poco a poco las esferas nos vamos colocando en fila como si nos uniéremos por un cordón plateado en la parte superior de la esfera a modo de tranvía infinito, yo estaba contenta porque sabía que nos preparábamos para «ver» a Dios, todos aguardábamos, en el no tiempo, presentar nuestra gratitud, mientras Dios iba derramando bendiciones en las inmensas esferas, sentimos las bendiciones de su dicha, después en mi esfera comenzamos a «despedirnos» y «agradecernos», preparándonos para la explosión, disfrutando con la alegría de la eterna gran fiesta cósmica, viendo cómo del infinito tranvía una vez recibidas las bendiciones, se «bajaban» las inmensas esferas, e iban estallando, en miles de rayos de luz, en miles de estrellas fugaces, en miles de colores, como fuegos de artificio, cada una a su manera, a su tiempo, infinitas, en el infinito, con completa conexión y felicidad nos despedimos, estallamos y salgo volando en estrella de luz a gran velocidad con una trayectoria descendente de regreso a la Tierra, ya volví.

5. Analizar series de sueños

Hay psicoanalistas que consideran irrelevante analizar un solo sueño y únicamente trabajan con series de varios sueños. Obviamente yo no comparto esa opinión, sin embargo coincido con ellos en la importancia que tiene analizar una serie completa de sueños para constatar a través de ellos si se están produciendo o no los cambios o la transformación que buscamos en nosotros mismos.

En su libro *Psicología y alquimia*, Jung hizo un famoso análisis de una serie de sueños que tuvo uno de sus pacientes. En ellos encontró los símbolos y arquetipos de la transformación alquímica y constató que la mayoría aparecían justo en los momentos en que el soñador tenía que tomar decisiones importantes o cuando había hecho avances en relación a la ruptura de los límites convencionales y los miedos que le obstaculizaban.

Jung le dio el nombre de *proceso de individuación* a la tendencia innata de la psique humana a encontrar su centro, su Sí-Mismo. Lo cual es un camino progresivo de reconocimiento y desvelamiento de las proyecciones de nuestro inconsciente personal, lo que supone una recuperación consciente de tales proyecciones y, por lo tanto, un mayor conocimiento de uno mismo. Jung tenía la certeza de que los alquimistas, así como los grandes filósofos de Oriente, se referían a tales experiencias y que la ignorancia de la psique es la que nos ha hecho atribuirles el calificativo de místicas a estas experiencias que son esencial y naturalmente psíquicas. Por eso la alquimia, para Jung, era ante todo una búsqueda espiritual en la que el alquimista, tratando de encontrar el espíritu en la materia, terminaba por hallarlo dentro de sí mismo.

La primera de las tres etapas principales del «Opus» del alquimista, se llama «Nigredo» o putrefacción y corresponde, según Jung, a la integración del aspecto «oscuro» de la psique humana. O sea, de todas aquellas emociones, intuiciones, percepciones y pensamientos que se han rechazado a lo largo de la vida por considerarlos inapropiados o indeseables. Esto supone sumergirse en el inconsciente personal y cobrar conciencia de las numerosas proyecciones que se encuentran reflejadas en personas de nuestro alrededor y en objetos de nuestro entorno, las cuales se corresponden con lo que el ego ha marginado o rechazado. Por otro lado esta fase también supone un mirar, cara a cara, al aspecto sombrío de la Creación, es decir, el concepto del «Mal».

El siguiente paso, llamado la «Albedo», consiste en la integración consciente y responsable de lo opuesto, es decir, del «eterno femenino» o *ánima* en el caso del hombre, y del «eterno masculino» o *ánimus* en el caso de la mujer. En el plano psicológico se parte de la labor de retirar las proyecciones que el arquetipo del *ánima* emana hacia las mujeres: madre, hermanas, esposa, etc. Y las que el *ánimus* proyecta en los hombres: padre, hermanos, esposo, etc. Una vez lograda esta fase inicial, se integra conscientemente la contraparte, comprendiendo que la «amada» o el «amado», en realidad, se encuentran dentro de uno mismo. A la imagen de este encuentro y diálogo con la contraparte se le llama la «coniunctio». Los participantes de esta conjunción son descritos casi siempre como hermano y hermana, madre e hijo o padre e hija, de forma que su unión constituye un incesto. Esto tiene como fin hacer consciente la proyección, es decir, darse cuenta de que, en último término, se trata de una íntima unión de los componentes de nuestra propia personalidad, de un «desposorio espiritual», a fin de que sea una vivencia interior no proyectada. Y lo que surge de ello es el «rebis» o la «cosa doble» que es andrógina.

Posteriormente Jung sitúa en el camino del proceso de individuación la integración de los arquetipos del «Niño Eterno» y del «Viejo Sabio», expresados igualmente en numerosas figuras de los alquimistas. Con esto se alcanza el segundo escalón al realizarse la «unio mentalis», esto es, la unidad del espíritu y del alma con el cuerpo.

La última etapa de la alquimia es la «Rubedo», donde se alcanza el «cuerpo de diamante», o sea, el logro de la «Totalidad». Esto significa el encuentro y acogimiento mutuo entre el Yo o el ego de nuestro ser consciente que ha recorrido el camino, con el Sí-Mismo o nuestro SER total, del cual formaba parte, aunque sin saberlo. Es una nueva unión, la «boda alquímica» en la que todos los opuestos se juntan, se complementan armónicamente y se conectan directamente con el «Unus Mundus», lo cual es un estado inefable, indescriptible y como tal, constituye un Misterio que no puede abarcarse con la mente.

Los alquimistas más importantes establecían un perfecto paralelo entre la obra alquímica y el cambio moral-intelectual del hombre que la llevaba a cabo. Por eso, desde los tiempos más remotos, la alquimia presentaba dos aspectos: por un lado, el trabajo práctico de la química en el laboratorio, y por otro lado, un proceso psicológico, que para Jung era en parte consciente y en parte inconsciente, porque era proyectado y visto en los procesos de transformación de la materia:

> Aquellos alquimistas no podían comprender aún enteramente la esencia de la química y sus limitaciones. [...] La verdadera naturaleza de la materia era desconocida para el alquimista, que sólo la conocía por alusiones. Al intentar investigarla, el alquimista proyectaba el inconsciente a la oscuridad de la materia, para iluminarla. Y para explicar el misterio de la materia, proyectaba otro misterio: precisamente su desconocido fondo psíquico en lo que tenía que explicar: *oscurum per oscuris, ignotum per ignotius.* Desde luego que éste no era un método deliberado, sino un hecho involuntario.
>
> El que trabajaba en la obra y en los experimentos químicos, vivía ciertas experiencias psíquicas que se le manifestaban como un comportamiento particular del proceso químico. Puesto que se trataba de proyecciones, era natural que el sujeto no se diera cuenta de que sus vivencias nada tenían que hacer con la materia en sí misma (es decir como hoy la conocemos). El alquimista vivía su proyección como cualidad de la materia. Y lo que en realidad vivía era su propio inconsciente. Y así el alquimista repetía la historia del conocimiento de la naturaleza en general. La proyección es un proceso preconsciente, que sólo tiene efecto mientras es inconsciente.[75]

A continuación voy a ofrecer aquí un par de ejemplos sólo para dar una idea general acerca de este tipo de interpretación. Son parte de la serie

75. Jung, Carl: *Psicología y alquimia*, Ed. Tomo, México, 2002.

de 400 sueños del paciente de Jung. El primer sueño es el número 4. Lo tuvo al inicio de su psicoanálisis, o sea, antes de comenzar la etapa llamada «Nigredo» en la que se atreve a explorar su inconsciente:

El soñante está rodeado por muchas figuras imprecisas de mujeres. Una voz le dice en su interior: «Primero tengo que apartarme de mi padre».

Sobre este sueño, Jung comenta:

[...] Presuntamente lo que quiere decirse es más o menos esto: «Para luego poder seguir al inconsciente, esto es, la atracción de las mujeres». El padre, como representante del espíritu tradicional, tal como se manifiesta en la religión y en la concepción corriente del mundo, le obstruye el paso. El padre mantiene al soñante atado a la conciencia y a sus valores. El mundo tradicional masculino, con su intelectualismo y racionalismo, se manifiesta como un obstáculo por lo cual tenemos que deducir que el inconsciente, que hace irrupción en el soñante, se encuentra en significativa oposición respecto de las tendencias de la conciencia y que el soñante, a pesar de esta oposición, revela ya una fuerte inclinación hacia la parte del inconsciente. El inconsciente no debe pues subordinarse al juicio racional de la conciencia, sino que más bien es una vivencia sui generis. [...] Por lo demás, tal conflicto no se resuelve mediante el intelecto, sino tan sólo viviéndolo. En efecto, la unión de la conciencia y del inconsciente sólo puede alcanzarse gradualmente.

El sueño que sigue está marcado con el número 31, una vez iniciada la etapa del «Nigredo»:

El soñante está sentado a una mesa redonda con un hombre determinado, de cualidades negativas. Sobre la mesa hay un vaso lleno de una masa gelatinosa.

Jung comenta entonces lo siguiente:

Este sueño representa, respeto del anterior, un progreso, puesto que aquí lo oscuro es aceptado como oscuridad propia, de suerte que nace una verdadera sombra que pertenece personalmente al soñante. Así el ánima queda liberada de la proyección de la inferioridad moral y puede pasar a ejercer la función que le es propia, es decir, la función vital, creadora.

Esta última está probablemente representada por el vaso con su extraño contenido, que comparamos, junto con el soñante, con la masa indiferenciada de vida, del sueño 18. [...] Aunque la palabra *gelatinoso* está determinada por concepciones modernas, tales como caldos de cultivo, humores coloidales, etc., estos mismos conceptos están ligados a ideas alquímicas mucho más antiguas, las cuales, como ya hicimos notar frecuentemente, no existen en la conciencia, pero, ello no obstante, influyen en alto grado en la elección inconsciente del símbolo. (El *Nostoc* en Paracelso es una sustancia arcana que se la caracteriza como *viscosa* y *untuosa*).[76]

Para hacer un análisis onírico de los arquetipos alquímicos dentro de una serie de sueños, es necesario conocer muy bien los símbolos alquímicos, así como los pormenores y etapas del proceso de individuación, tal como los explica Jung. Por eso recomiendo el trabajo psicoanalítico y la lectura de su libro *Psicología y alquimia* a quien esté interesado en analizar sus sueños bajo esta profunda y fascinante perspectiva.

Nancy Qualls-Corbertt, una psicoanalista que trabaja bajo estos mismos supuestos, comenta por ejemplo esto que es muy interesante:

Muchas mujeres tienen alguna aprensión cuando sueñan que hacen el amor con una mujer. Tienen miedo de que esto indique que son lesbianas, pero, normalmente este no es el caso. Incluso en la vida exterior tener, temporalmente, algunas relaciones lesbianas o deseos eróticos por una mujer son, a menudo, expresiones de búsqueda de una relación amorosa con su parte femenina. Un sueño así indica un cambio a nivel inconsciente, lo que trae consigo el valor consciente que le corresponde a la naturaleza femenina. Puede verse como un hermoso regalo del inconsciente que le permite ser consciente de su unión interna con el arquetipo de la Diosa del amor.[77]

---

76. *Ídem.*

77. Nancy Qualls-Corbertt: *La prostituta sagrada*, Ediciones Obelisco, Barcelona, 1997.

NOVENA TAREA:

TRABAJA CON TUS SUEÑOS

Escoge tres sueños distintos o un mismo sueño para trabajar con los ejercicios de detección y transformación de creencias, reescritura y reentrada, y representación artística. Las instrucciones se hallan en el «Anexo» al final del libro. Procura hacerlos en ese orden, para enfrentar al principio las tareas más difíciles pero sin duda más importantes, porque son las que te ayudan a autoconocerte y transformar tus pautas de conducta.

Cuando llegues al tercer ejercicio recuerda que no hace falta ser un artista profesional para expresarte a través de los medios propios del arte. Los resultados de este trabajo no están destinados a un museo, galería, teatro o lo que sea. Están consagrados a tu autoconocimiento y desarrollo. Si además te sirven para otra cosa, pues excelente, pero haz que prevalezca la espontaneidad de tu expresión por encima de las consideraciones técnicas o estéticas.

Al terminar estos tres trabajos, como recompensa, crea tu propio sueño lúdico y diviértete con tus guías o simplemente desarrollando tu propia fantasía. Recuerdo que en un taller asistió una mujer que es policía y durante las presentaciones comentó que de momento estaba haciendo un trabajo más administrativo que de acción, como le gustaría. Sin embargo, durante su ejercicio de sueño lúdico se desquitó y se montó una historia genial donde alguien tenía atados a unos rehenes que ella rescató valerosamente, luego fueron tras ella y tuvo que pasar por varias aventuras para liberarse a sí misma… Por supuesto, se divirtió de lo lindo y nos hizo reír y disfrutar mucho a todos cuando nos lo contó.

En contraste, durante otro taller, hubo una señora mayor que nos dijo que se quedó completamente en blanco durante este ejercicio, sin poder decidirse por nada. Entonces, con ayuda de todos los compañeros la estuvimos guiando mediante preguntas simples: ¿Quieres estar en una playa, en un desierto, en una montaña, en una ciudad o en un bosque? ¿Quieres estar sola o acompañada? ¿Quién quieres que sea tu compañero, un animal o una persona? ¿Hombre o mujer? ¿Viejo o joven? Etcétera. Fue un ejercicio muy terapéutico para ella, pues en su vida cotidiana realmente estaba paralizada y no lograba ni siquiera ver las opciones que tenía a su disposición y dijo que tomaría el hábito de hacerse preguntas a sí misma para sentir qué deseaba experimentar en cada momento.

Capítulo 9

«Había veinticuatro intérpretes de sueños en Jerusalén. Una vez tuve un sueño, fui a verlos a todos y todos dieron interpretaciones diferentes, y todas se cumplieron, confirmando así lo que se dice: Todos los sueños siguen a la boca.»

Talmud
Código religioso del judaísmo

¿Cómo trabajar en grupo con los sueños?

Muchos antropólogos e investigadores de diversas disciplinas que estudian grupos humanos considerados como «primitivos» se sorprenden al confirmar que esta gente estaba más en contacto con los símbolos internos de su imaginación mítica que los «civilizados», siempre ocupados por asuntos externos y conscientes.

En distintas sociedades ancestrales los problemas del individuo y los de la comunidad se afrontaban de manera creativa y terapéutica evitando la represión, el estrés, la ansiedad y otras emociones que generan negatividad y violencia en nuestra cultura contemporánea. En este sentido, una de las ventajas de la gente primitiva era la posesión de una mitología capaz de contener, estructurar y expresar el inaccesible nivel interior del significado psíquico.

Para quien realiza cualquier estudio comparativo, resulta evidente que algunas de estas culturas ancestrales estaban más avanzadas que nuestra sociedad actual desde el punto de vista de la salud mental y emocional. Tomemos como ejemplo a los iroqueses de América del Norte, un pueblo que vivía en los lagos y los bosques de lo que actualmente constituye el estado de Nueva York y la parte alta de Pensilvania. Ellos trabajaban activamente con sus sueños, lo cual les permitió mantener una higiene mental que les aportaba una gran paz interior. Quien tiene paz la extiende a su alrededor y eso fue lo que hicieron los iroqueses, tal como pudieron comprobar los primeros europeos que llegaron a sus territorios y vieron que vivían en paz con sus vecinos agrupados en su confederación de las Cinco Naciones. Lo cual, en esa época y en esos territorios de encarnizadas luchas tribales, era un logro auténticamente extraordinario.

Una de las primeras cosas que observaron los exploradores franceses y los misioneros jesuitas que tuvieron trato con los iroqueses a comienzos del siglo xvi fue la presencia de sociedades de bailarines que llevaban máscaras grotescas. La más importante, la «Sociedad de la Cara Falsa», era una sociedad de medicina encargada de curar enfermedades. Los iroqueses distinguían tres categorías: 1) las que eran resultado de acontecimientos naturales como accidentes o heridas durante la caza o las labores del campo; 2) las que se causaban mediante maldiciones; y 3) las que eran propiamente psíquicas, resultado del resentimiento del alma interior, cuyas necesidades básicas no habían sido satisfechas. Para las dos últimas categorías se recurría especialmente a la Sociedad de la Cara Falsa.

La tercera categoría de enfermedad es la que nos interesa en particular a los terapeutas. El mejor método para curar y prevenir las enfermedades psicológicas, según los iroqueses, consistía en la interpretación de los sueños efectuada y dirigida por las sociedades de medicina durante las tres grandes fiestas anuales. En primavera, en otoño, y especialmente en la fiesta de cinco días de duración que se celebraba en el solsticio de invierno, el «Festival de los Sueños», éstos eran el foco de atención, interpretación y representación. Cada persona contaba un sueño que tenía especial importancia para ella. Los demás miembros, como público, respondían con sus impresiones o interpretaciones. Cuando el soñador –u otras personas– opinaban que alguien había interpretado el sueño correctamente, el soñador debía pagar a esa persona una «multa» que por regla general consistía en un regalo o un favor. Se esperaba que entre estas personas naciera un lazo de amistad como resultado.

Si el sueño expresaba un «deseo del alma», toda la tribu ayudaba al individuo a hacer que su deseo se volviera realidad. En cambio, si el deseo procedía «de la personalidad» y conculcaba excesivamente los derechos de otra persona o era un deseo agresivo o exagerado, el drama se representaba de manera simbólica, con el público interpretando varios papeles. Estos dramas oníricos recuerdan mucho lo que aparece ahora como la vanguardia de técnicas actuales como el psicodrama y el trabajo onírico de la terapia Gestalt. Lo esencial en estos métodos es que el sueño se lleve a la conciencia y al diálogo, que se tome en serio, que se trate como si fuera real.

Los senois, un pueblo malayo, también celebraban ceremonias públicas de interpretación de los sueños y hablar del tema era parte de sus costumbres domésticas cotidianas. La hora del desayuno era para ellos una especie de «consultorio onírico» durante el cual se relataban, comparaban e interpretaban los sueños que habían tenido la noche anterior cada uno de los miembros de la familia. Los niños crecían sabiendo que el sueño era real pero que participaba de una realidad diferente a la del mundo material en el que se encontraban cuando estaban despiertos.

Les enseñaban que las imágenes aterradoras de sus sueños eran en realidad sus propios pensamientos convertidos en formas. Les decían que podían participar no sólo pasivamente, sino de forma activa en el proceso de soñar y los instruían en la práctica del sueño lúcido para que pudieran conversar con los personajes de sus sueños en un diálogo creativo.

Su psicología de interpretación de los sueños podría resumirse en estos términos: el hombre crea en su propia mente seres o imágenes a partir de sus experiencias en el mundo exterior. Algunos de estos seres-imágenes están reñidos con él y con otros seres-imágenes. Con el tiempo, estos seres-imágenes hostiles hacen que el hombre se vuelva contra sí mismo y contra sus semejantes. Si no recibe ayuda, tales seres oníricos tienden a permanecer y manifestarse como destructivas tensiones mentales, orgánicas y musculares. E incluso pueden llegar a romper la asociación con su personalidad principal causando una enfermedad psíquica. Sin embargo, con la ayuda de la interpretación de los sueños es posible entender y reencauzar estas tendencias contradictorias a fin de que vuelvan a ser útiles para el soñador. Stephen Larsen, un admirador de la teoría onírica de estos pueblos indígenas, se pregunta qué hubiera pensado Freud acerca de las efectivas técnicas senois de sublimación sexual:

> Si el personaje onírico que exige amor se parece a un hermano o una hermana, con quien el amor sería anormal o incestuoso en la realidad, una persona no tiene por qué sentir miedo a expresar amor en el sueño, toda vez que estos seres oníricos no son, en verdad, hermano o hermana, sino que se han limitado a disfrazarse con estas imágenes tabúes. Estos seres oníricos son sólo facetas del propio modo de ser espiritual o psíquico que se ha disfrazado de hermano o hermana, y son útiles hasta que se recuperan o poseen mediante la libre expresión del amor en el universo onírico.[78]

A fin de llevar a cabo esta reorganización psíquica, los senois contaban con el «ensueño cooperativo», una técnica para trabajar con sueños

---

78. Stephen Larsen: *La puerta del chamán*, Editorial Martínez Roca, Barcelona, 2000.

en condiciones parecidas al trance, lo cual se parece de forma notable a la técnica de la «imaginación activa» de Jung o a las técnicas de fantasía guiada que se utilizan en la Gestalt o en Psicología Transpersonal.

A estos supuestos y herramientas comunes, tanto de los pueblos indígenas como de las modernas teorías sobre los sueños, la Psicología Transpersonal los considera transculturales y quizá básicos en cualquier sistema de interpretación o terapia onírica.

Realizar un festival de los sueños

Un día 20 de marzo en Terrasa, Catalunya estaba comentándoles a un grupo de alumnos esto que acabas de leer, cuando de pronto alguno de ellos tuvo la brillante idea de que hiciéramos nuestra propia versión contemporánea del festival de los sueños aprovechando que al día siguiente era el equinoccio de primavera y ya teníamos pensado hacer un ritual para celebrarlo. A todos nos entusiasmó mucho la idea, así es que antes de despedirnos les pedí que llevaran flores, piedras, cristales, instrumentos musicales, ropa especial y cualquier cosa que se les ocurriera que pudiera formar parte de nuestro festival onírico. También les dije que trajeran un pequeño regalo para dárselo a quien interpretara mejor su sueño.

A la mañana siguiente limpiamos el campo energético del lugar con copal. Luego purificamos nuestras respectivas auras y adornamos el espacio creando un círculo sagrado con flores, cristales, piedras y semillas. Entonces iniciamos el ritual de la rueda de las armonías estilo lakota, que aprendí a instancias de Singing-Heart.

Para establecer el orden de entrada y las posiciones de cada persona dentro del círculo de poder, usamos un oráculo de 5 piedras de distintos colores. Primero entran aquellos que sacan la piedra amarilla y se colocan en el este, luego los de la roja en el sur, los de la negra en el oeste y los de la blanca en el norte. Los de la azul me ayudan a organizar todo y al final nos situamos en los espacios vacantes. Estando todos de pie «abrimos los campos», o sea, nos conectamos con el mundo invisible. Saludamos la presencia de los espíritus de la naturaleza y los devas del entorno y les pedimos su bendición para llevar a cabo nuestro ritual. Luego invocamos la presencia de nuestros guías y ancestros. Las mujeres visualizamos a nuestra espalda la energía del alma de nuestra madre, detrás de ella, la energía de la abuela, luego de la bisabuela, la tatarabuela y así todo nuestro linaje desde el principio de los tiempos hasta nosotras ahora. Si alguna mujer tiene hijas y/o nietas, las visualiza delante de sí misma recibiendo a través de ella la fuerza de la vida que ha pasado de generación en generación hasta el momento presente. Los hombres hacen lo mismo con su linaje masculino. Después convocamos también al alma de otros parientes, amigos y antepasados a quienes queramos invitar a participar de esta ceremonia. Y ya con toda esta energía pronunciamos juntos la Plegaria a las Siete Direcciones Galácticas. Primero todos miramos hacia el este con las palmas abiertas hacia esa dirección. Alguien a quien le haya tocado la posición del este lee la primera línea en voz alta y los demás la repetimos también en voz alta, después lee la segunda y la tercera líneas esperando a que las repitamos. Entonces giramos hacia el norte para decir las frases correspondientes y hacemos lo mismo con cada una de las direcciones. En la dirección superior extendemos los brazos con las palmas hacia arriba. En la dirección inferior nos hincamos para tocar la tierra con las palmas extendidas. Nos incorporamos y, por último, en la dirección central cruzamos las manos sobre el pecho, a la altura del corazón.

Ésta es la plegaria que usamos. Pertenece al movimiento del calendario maya de las 13 lunas impulsado por José Argüelles:

Plegaria a las siete direcciones galácticas

Desde la Casa Este de la Luz
Que la sabiduría se abra en aurora sobre nosotros
para que veamos las cosas con claridad

Desde la Casa Norte de la Noche
Que la sabiduría madure entre nosotros
para que conozcamos todo desde adentro

Desde la Casa Oeste de la Transformación
Que la sabiduría se transforme en acción correcta
para que hagamos lo que haya que hacerse

Desde la Casa Sur del Sol Eterno
Que la acción correcta nos dé la cosecha
para que disfrutemos los frutos del ser planetario

Desde la Casa Superior del Paraíso
Donde se reúnen la gente de las estrellas y nuestros antepasados
que sus bendiciones lleguen hasta nosotros ahora

Desde la Casa Inferior de la Tierra
Que el latido del corazón cristal del planeta
nos bendiga con sus armonías para que acabemos con todas las guerras

Desde la Fuente Central de la Galaxia
Que está en todas partes al mismo tiempo
que todo se reconozca como luz de amor mutuo.

¡AH YUM HUNAB KU EVAM MAYA E MA HO!
¡Sea la Paz de la Naturaleza del Cosmos en Todos y en cada Uno!

Las posiciones que nos tocan, no son casuales, sino que representan nuestro momento vital, como puede constatar cada participante cuando comenzamos a comentar lo que significa cada dirección:

Este – Dirección del Águila – Espíritu.

Cuerpo celeste: Sol. Elemento: Fuego. Color: Amarillo. Estación: Primavera. Ciclo: Nacimiento. Tiempo: La madrugada. Dominio: Intuición. Poder: Visión. Enemigo: Muerte. Reino: Humano. Momento vital: Inicio de proyectos, relaciones, ciclos o etapas. Sistémicamente representa el alma de la familia en la cual nacemos. Para el trabajo personal representa el lugar donde entramos en contacto con nuestro maestro interior.

Sur – Dirección del Ratón – Confianza.

Cuerpo celeste: Luna. Elemento: Agua. Color: Rojo. Estación: Verano. Ciclo: Juventud. Tiempo: La mañana. Dominio: Emociones. Poder: Atención. Enemigo: Miedo. Reino: Vegetal. Momento vital: Etapa de aprendizaje dentro de proyectos, relaciones, ciclos o etapas. Sistémicamente representa el alma de la tribu o colectividad a la que pertenecemos por nacimiento y por herencia cultural. Para el trabajo personal representa el lugar donde entramos en contacto con nuestro niño interior.

Oeste – Dirección del Oso – Cambio.

Cuerpo celeste: Tierra. Elemento: Tierra. Color: Negro. Estación: Otoño. Ciclo: Madurez. Tiempo: La tarde. Dominio: Sensaciones. Poder: Previsión. Enemigo: Debilidad. Reino: Mineral. Momento vital: Madurez de proyectos, relaciones, ciclos o etapas de vida. Sistémicamente representa al alma individual. Para el trabajo personal representa el lugar donde entramos en contacto con nuestro protector interior.

Norte – Dirección del Búfalo – Sabiduría.

Cuerpo celeste: Estrellas. Elemento: Aire. Color: Blanco. Estación: Invierno. Ciclo: Vejez. Tiempo: La noche. Dominio: Pensamiento. Poder: Conocimiento. Enemigo: Certeza. Reino: Animal. Momento vital: Final o muerte de proyectos, relaciones, ciclos o etapas de vida. Sistémicamente representa el alma colectiva al que todos pertenecemos y la morada de los ancestros. Para el trabajo personal representa el lugar donde entramos en contacto con nuestro guerrero interior.

A quienes les toca la piedra azul, el oráculo les anuncia que en esos momentos están simultáneamente en el centro, arriba y abajo. Se encuentran en un momento vital de plenitud en el que les corresponde compartir con los demás, ser el centro en el cual confluyen las personas y desde el cual se organizan y materializan las cosas. Es un momento para dar y compartir.

Mientras explicamos las correspondencias de cada una de estas direcciones, vamos colocando objetos que representan su respectivo simbolismo dentro de un altar en forma circular que tenemos colocado en el centro. Cuando uno se prepara para hacer este ritual, escoge los objetos que desee colocar en cada dirección, según sus preferencias.

En mi rueda tenemos en el este una vela amarilla que encendemos después de invocar al espíritu del fuego, colocamos también una llave que simboliza el acto de abrir y dar paso a los nuevos comienzos. Y ponemos tres monedas del I Ching unidas con un lazo amarillo, representando el reino humano, pero guiado por el espíritu a través de la simbología del antiguo oráculo oriental.

En el sur invocamos al espíritu del agua llenando un pequeño cuenco de barro, colocamos conchas en representación del reino marino (del Atlántico, del Mediterráneo y del Pacífico, pues hasta ahora son las costas de estos mares las que han visto montada esta rueda). Y también un par de hojas de Chacruna y bejucos de *Banisteriopsis* con los que se prepara la medicina ceremonial de la ayahuasca, en representación de la sabiduría y el servicio del reino vegetal. (Por cierto: un chamán recibió en sueños la receta, lo cual no dudan los farmacólogos que conocen el grado de dificultad que implica encontrar la combinación de esas dos plantas entre los millones de combinaciones posibles dentro de la Amazonía, pues sólo estando juntas funcionan, ya que nuestros jugos gástricos inhiben sus efectos si se toma cualquiera de ellas por separado.)

En el oeste solicitamos las bendiciones de la Madre Tierra abriendo una cajita que siempre lleva tierra o arena del último lugar en donde montamos la rueda (al final del taller ésta se queda allí y me la rellenan con tierra local que viajará conmigo hacia el siguiente destino). Asimismo colocamos un cristal de cuarzo y una obsidiana como representación del reino mineral y distintas semillas en reconocimiento de la abundancia de la tierra.

En el norte invocamos la presencia del viento colocando un pequeño plato para él y encendiendo un incienso con el fuego del este, lo cual simbólicamente enlaza los finales con la luz de los nuevos comienzos. Además ponemos una figura de una tortuga y otra de un elefante como representantes del reino animal.

Por último, en el centro, colocamos una cajita circular con el símbolo del ying y el yang en representación del Gran Espíritu en el que todo está contenido en perfecta proporción, en perfecta belleza y en perfecta armonía.

La rueda de las armonías tiene diversos significados a múltiples niveles y todo lo que existe tiene su lugar en ella porque es a la vez un altar y un sistema filosófico. Es una especie de mapa y brújula que nos orienta y nos une al Gran Espíritu y a la Madre Tierra. Nos ayuda a comprender la naturaleza cíclica de la vida en este planeta para no aferrarnos a las personas y las cosas, que al igual que las estaciones, surgen y desaparecen. Y también nos da protección cuando nos embarcamos en viajes interiores.

Es una rueda de poder ya que posee fuerzas muy distintas en un equilibrio perfecto. Existe dentro y fuera de nosotros, compone nuestro ser y el cosmos. La podemos emplear para entrar en contacto con nosotros mismos, comprender la vida, atisbar la organización perfecta del cosmos, situarnos en relación a nuestro humilde lugar el mundo, consolidar nuestro espíritu y establecer un marco que nos permita honrar las fuerzas de la naturaleza y la energía de la vida.

En este sentido, la rueda es un bellísimo y ancestral instrumento simbólico de concentración para nuestra conciencia, un espacio sagrado y una ayuda para la meditación, pues cada vez que la montamos nos lleva a hacernos muchos planteamientos y nos abre muchas puertas.

Durante aquel primer festival contemporáneo de los sueños en Catalunya, después de montar la rueda de las armonías, comenzamos a compartir alguno de nuestros sueños, iniciando por las personas que estaban colocadas en el este y finalizando por las del norte.

Una mujer nos comentó que desde hace tiempo tenía pesadillas en las que ella iba por la calle, empujando el cochecito de su hija y de pronto escuchaba pasos detrás de ella, sabía que alguien la perseguía y ella aceleraba el paso, cada vez con más miedo, hasta terminar corriendo presa del pánico con el que se despertaba cada noche.

Con ella intentamos la primera representación. La pusimos a dar vueltas en círculo simulando que llevaba el cochecito, luego uno de los compañeros comenzó a seguirla a cierta distancia mientras el resto nos quedamos observando. Durante un buen rato ninguno de los dos hizo nada distinto. Ambos continuaban dando vueltas en la gran sala, así es que otros compañeros se impacientaron y espontáneamente salieron a unirse a la persecución. Después de unos minutos en los que sólo se escuchaba con tensión el ruido de los pasos cada vez más numerosos, se suscitó un punto de quiebra en el que la mujer se echó al suelo y rompió a llorar. Los perseguidores se sentaron en silencio detrás de ella y en silencio empezaron a expresarle muestras de consuelo acariciándole. La dejamos así un rato para que soltara la presión emocional acumulada, hasta que se calmó y nos explicó que al estar dando vueltas se dio cuenta de que lo que la perseguía era una mezcla de sentimientos que comenzaban por la culpa de haberse embarazado a una edad arriesgada y haber tenido una hija con un leve retraso mental. Quiso reparar su «error» siendo una madre perfecta y dedicándose obsesivamente a su niña descuidando su relación con su marido, sus amigos, familiares, compañeros de trabajo y de su entorno, quienes querían saber cómo estaba y querían ayudarle, pero ella estaba tomando esto como un agobio y una presión adicional en su esfuerzo por ser la madre perfecta para expiar su sensación de culpabilidad.

Mediante la actuación completamente espontánea de los compañeros, ella pudo darse cuenta de esta dinámica y pudo soltarla. Después abrazó a cada uno de los compañeros como símbolo de su intención de soltar la carga de su culpabilidad y comenzar a abrirse de nuevo a los demás para recibir su amor, su comprensión y su ayuda. Resultó muy emotivo para todo el grupo.

Dentro de la clasificación onírica de los iroqueses, éste había sido un sueño de la personalidad y según recomendaban los senois, ella hizo las paces con los espíritus de sus sueños reconociéndolos como fuerzas amigas en vez de enemigas.

Después un chico contó un sueño en el que estaba en un autobús, cuando de pronto se sentó a su lado el alcalde. El soñador comenzó a pensar cosas que le gustaría decirle sobre lo que podría mejorarse en su pueblo, pero no se atrevió a abrir la boca. Vio como el alcalde se bajó del transporte y despertó sin haberle dirigido la palabra. Nos comentó que seguramente estaba relacionado con un proyecto ecológico que llevaba tiempo gestando pero que aún no sabía qué hacer con él, a quién presentarlo o dónde buscar apoyo para ponerlo en marcha.

Al mismo tiempo, resulta que otro de los compañeros tenía experiencia en la financiación de proyectos y tenía contactos que enseguida puso a disposición del soñador. Le pidió que le explicara un poco más en qué consistía su proyecto. Y al escucharlo, otros que vivían cerca del soñador se ofrecieron también para colaborar con él como voluntarios una vez que estuviera en marcha.

O sea que éste podría considerarse como un sueño enviado por el Gran Espíritu en el que la tribu tenía que colaborar para que pudiera llevarse a cabo.

No recuerdo con claridad el resto de los sueños que se compartieron aquel día, sólo recuerdo que no hicimos ninguna otra representación, sino que colaboramos tratando de descifrarlos y dando consejos a los respectivos soñadores desde nuestra perspectiva, por lo cual, a la hora de escoger a quién darle el regalo, todos tuvieron muchos problemas pues decían que cada uno había aportado algo para la interpretación y estaban indecisos. Les gustaría haber traído regalos para todos... Así es que la cosa terminó convirtiéndose en un intercambio porque los compañeros tuvieron la gentileza de no dejar que nadie se quedara sin regalo.

En los paradigmas chamánicos, la última palabra sobre el sueño no necesariamente la tiene el soñador, como ocurre en el psicoanálisis, ya que el Gran Espíritu puede utilizar a cualquier persona para revelar el significado o para transmitirle algún mensaje importante al soñador.

Yo me quedé con la impresión de que un sueño es como un diamante con múltiples facetas y por nuestros respectivos bagajes, a cada persona que lo escucha le es más fácil ver una de esas facetas, gracias a lo cual, al escuchar varias interpretaciones, el soñador puede tener una visión más completa de su experiencia onírica, conservando todas las impresiones y rescatando las que le sean más útiles.

Al final agradecimos a todos los presentes, visibles e invisibles y cerramos el festival bailando y tocando los respectivos instrumentos que cada uno llevamos.

Encontré tan enriquecedora esta experiencia, que a partir de aquella primavera incorporé la costumbre de organizar festivales de los sueños en cada taller, aunque las fechas no coincidan con equinoccios o solsticios... Desde entonces las cosas se han ido depurando poco a poco.

Ahora ofrecemos la oportunidad de trabajar con sueños invocados la noche del sábado. Cada participante decide si quiere soñar para sí mismo o si quiere intercambiar su pregunta con el resto de los compañeros mediante el sorteo de papelitos con las respectivas preguntas. De esa forma el domingo, durante el festival, trabajamos con el sueño incubado o con otro que el soñador elija contar en caso de que el compañero que sacó su pregunta no hubiese recordado ningún sueño. Casi todos eligen la oportunidad de soñar para otros, sabiendo que cualquier otra noche durante el resto de su vida podrán invocar sueños para sí mismos. Así es que con esto también se ha resuelto el tema de los regalos, que se entregan con gratitud a la persona que soñó para nosotros.

Ahora, mientras cada persona cuenta su sueño, todos cerramos los ojos tratando de ver en nuestra mente las imágenes que describe el soñador y de sentir sus reacciones emocionales. Después abrimos los ojos y a partir de allí hay varias posibilidades. La primera consiste en que las personas que así lo deseen, comenzando por las del este, van dando sus comentarios, interpretaciones y sugerencias al soñador, hasta que el círculo se cierra de nuevo con el mismo soñador, quien hace una recapitulación de lo que más le ha servido. Otra posibilidad es que en lugar de hablar sobre el sueño, lo escenificamos, escogiendo el soñador a los compañeros como representantes de sus personajes oníricos y montando su trama en escena, para tener otra perspectiva dejando que se desarrolle un poco más que el sueño original o interrogando a los representantes e interrelacionándose con ellos. También podemos hacer un trabajo de reentrada guiada al sueño, con el soñador acostado en medio reviviendo su sueño o experimentando el sueño invocado por otro hasta el momento del conflicto y a partir de allí se da una variación a la trama para concluirlo de otra forma más positiva. Y, en ocasiones, a partir de los personajes del sueño, realizamos un trabajo sistémico, similar al de Constelaciones Familiares para trabajar con almas familiares, grupales o tribales que se hayan expresado a través de la experiencia onírica del soñador.

EJEMPLO DE TRABAJO DENTRO DE UN FESTIVAL DE SUEÑOS

Éstas son las experiencias de Ana María, de Madrid, quien tuvo la gentileza de enviarme una copia de lo que escribió en su diario acerca de su participación en un taller de sueños que culminó con un festival. Por cierto que éste fue el mismo taller (mencionado en el capítulo siete) al que asistieron sólo mujeres y en donde hicimos por primera vez el exitoso experimento de invocar sueños para otras personas:

Los primeros ejercicios, tan fáciles, y tan claros, me mostraron tanto de mis sueños... sólo interpretando las palabras clave de un sueño que creí que estaba claro el mensaje (cogí uno «fácil» para empezar), al sacar las palabras clave y poner lo primero que me venía a la mente, lo que representaba para mí en el contexto del sueño, luego volví a releer el sueño con este nuevo significado de las palabras y fue como entrar «por detrás del sueño», fue tan claro que me emocionaba de lo que tengo en el subconsciente, de los mensajes del interior.

Hay un ejercicio que dice Karina que suele hacer, y es pedir un sueño que nos dé la solución a un problema. A la noche invoco una respuesta en sueños, y para dar más énfasis lo puedo anotar en un papel y poner debajo de la almohada. Pero hoy vamos a hacer un experimento, y es que cada una anota lo que necesita, lo que desea, y lo metemos en una cajita, luego vamos cogiendo aleatoriamente un papelito, así que tengo que invocar un sueño que ayude a una de las chicas a encontrar lo que necesita.

Me acuesto el sábado por la noche y pongo el papelito debajo de la almohada, invoco un sueño que ayude a esta mujer a seguir sus instintos según necesita, o aclarar por qué no los puede seguir, y doy permiso a quien va a soñar para ayudarme a mí a resolver mi problema del dolor, un dolor especial que siento hace bastante tiempo y a saber cuál es el origen aunque cueste aceptarlo, pero ahora lo que quiero es la solución, no tengo tiempo para más.

Esta noche duermo sola a diferencia del resto de las noches, hay puente en Madrid y he decidido quedarme. Doy muchas vueltas durante la noche; Karina nos ha hablado de la página web de mind-surf.net y siento que cada vez que doy una vuelta en la cama viajo de esta página a otra, así entre dos durante toda la noche, hacia un lado, hacia otro... A las 6 y media me despierto, como casi todas las noches (a veces antes) y pienso, ¡Dios mío, no he soñado!, pero me quedo unos instantes en la cama tranquila y de pronto me vienen 4 o 5 sueños que anoto rápidamente, y me vuelvo a dormir aunque me cuesta mucho.

La tarde del domingo hacemos un círculo de poder, nos limpian energéticamente con copal, el cuerpo y la sala donde estamos, nos sentamos en círculo con un altar en el centro; nos sentamos al este, sur, oeste y norte, donde nos corresponde a cada una según el momento de nuestra vida en el que nos encontramos, ya sea comienzo de un proyecto, o quien tiene un proyecto recién comenzado, o quien lo tiene avanzado, o quien está cerrando una etapa en su vida, respectivamente, así que yo estoy en el norte, estoy terminando una etapa de mi vida, quiero cerrar con todo y empezar un ciclo nuevo.

Bendecimos y pedimos a los cuatro puntos cardinales y a los cuatro elementos, hacemos una meditación para ampliar nuestro cuerpo dorado luminoso a todo el grupo y nos vamos relatando lo que hemos soñado; unas veces cuesta más interpretarlo, otras veces cuesta menos, otra vez es tan sencillo... y a veces gracioso.

Pues quien iba a soñar mi sueño para ayudarme a solucionar mi dolor, me ha visto en él, me ha visto tumbada desnuda en unas aguas sucias estancadas, parece que me queda un halo de vida, la respiración muy corta y débil... y luego añade: «pero ella no es tan débil, ella es muy fuerte, mucho más que eso, y no sale de ahí porque no quiere, lo que no sabe... es que hay unas corrientes potentísimas de agua limpia corriendo por debajo... y la sanación vendrá a través del fuego, necesita una purificación con el fuego...». y yo le digo: «Gracias, gracias», pues la pregunta era concreta pero la respuesta no puede ser más clara.

Luego una persona saca la piedra azul y es con ella con quien haremos un trabajo especial, se trata de un trabajo sistémico, es como una constelación pero en vez de representantes de la familia, las personas representan personajes de los sueños. Fue un trabajo muy fuerte y me alegro porque por medio de ese trabajo se han liberado almas que no estaban tranquilas, y para eso estamos aquí, este maravilloso círculo de poder y de amor, para hacer ese milagro.

Una de las chicas ha visto en un sueño lúcido que todas tenemos una misión común, y es la sanación, la sanación del planeta y de la humanidad, y para eso estamos aquí. La misión se va clarificando. Hace poco pedí conocer mi misión en la vida para encontrar el sentido de la vida, y cada vez la voy encontrando con más claridad, ahora tendré que invocar cómo llevarla a cabo. Gracias Karina, gracias al grupo de amor que se formó ayer.

Ana María y yo trabajamos al siguiente día en una sesión personal para que pudiera liberarse de su dolor, que como el sueño le advirtió, era ella quien no quería soltar. Utilizamos las imágenes que recibió para ella su compañera y que nos fueron de gran utilidad durante un ejercicio de «Reentrada al sueño», el cual nos dio las claves que necesitábamos para realizar un buen trabajo terapéutico.

Constelar un sueño

En mis Talleres de Sanación del Alma ocasionalmente también trabajamos en grupo con algún sueño que yo suelo invocar la noche anterior para quien lo necesite.

Al inicio de los talleres paso un cuestionario a los asistentes y entre otras cosas les pregunto qué les gustaría sanar concretamente durante el fin de semana. En una ocasión, una chica llamada Inés respondió: «Me gustaría dejar de sentirme culpable sin tan siquiera saber de qué». La noche anterior, sin conocerla aún, tuve un sueño en el que presencié como alguien, por encargo, ponía una bomba y mataba a varias personas, incluyendo a un primo suyo que accidentalmente también estaba allí. Después, una sobrina que había heredado parte del dinero que el tío ganó con el asesinato estaba usando un software comprado con ese dinero sin sospechar de dónde provenía.

Al día siguiente, ya en el taller, a través de mi oráculo de las cinco piedras de colores, pedí a mis guías que le tocara la piedra azul a quien necesitara aquel terrible sueño. A la única que le salió la azul fue a Inés. Al recordar que quería sanar su sentimiento de culpa injustificada, comprendí que había recibido para ella un *sueño sistémico*, tal como los define Bert Hellinger, o sea, los que describen algo de importancia para el sistema, algo no solucionado, manifestándose en una persona que normalmente nació después de que este problema ocurriera.

Según Hellinger, los sueños sistémicos se caracterizan por su crudeza o su brutalidad, tratando en la mayoría de los casos de asesinatos o de suicidios. Si un descendiente toma sobre sí, por ejemplo, la culpa no asumida por quien cometió un delito, ésta queda transferida y quien sufre las consecuencias del hecho es el miembro de la siguiente generación que se ha identificado inconscientemente con el perpetrador.

Así pues, para trabajar con la culpa injustificada de Inés constelamos el sueño que tuve para ella, utilizando representantes para los personajes oníricos. Los configuramos espacialmente tal como los vi; es decir, pusimos un representante de pie para el tío, otro de pie para la sobrina, otros tirados en el piso para los muertos anónimos y uno para el primo. El representante del tío no quería mirar a los muertos, sin embargo, la chica que representaba a la sobrina inmediatamente se arrodilló a su lado cargando sobre sí todo el peso de la culpa. El trabajo que hicimos con este sistema familiar sirvió para liberar a Inés de esa carga que no le correspondía y de la cual ella no sabía nada. Seguramente nunca tendrá manera de averiguarlo, ya que éstas son el tipo de cosas que las personas se llevan a la tumba. Sin embargo, mediante este tipo de trabajos pueden salir a la luz para ser solucionadas. Normalmente, como en el caso de Inés, basta que la persona se dé cuenta de que está identificándose con algo que no le pertenece y lo devuelva a quien sí le corresponde.

DÉCIMA TAREA:

TRABAJA EN GRUPO CON LOS SUEÑOS

Organiza un grupo con amigos y/o personas desconocidas interesadas en los sueños para que podáis realizar juntos un festival contemporáneo y, quizá, os apetezca continuar haciendo reuniones de forma periódica para trabajar con vuestros respectivos sueños. En el «Anexo» al final del libro encontrarás las instrucciones generales para montar un festival onírico.

También puedes unirte a algún grupo ya formado que te quede cerca. Y si no encuentras nada, siempre puedes asistir a los festivales que yo organizo. Desde mi página personal en internet (www.karinamalpica.net) podrás inscribirte a mi lista de correos a través de la cual hacemos circular con anticipación la información sobre los talleres y los eventos que realizamos todos los solsticios y equinoccios.

¡Anímate!

Capítulo 10

«Me resisto a la mitificación de los sueños. Algunos los toman como revelaciones que han de tomarse en serio. […] Los sueños dependen del flujo de energía que una persona presenta. Existen los sueños que nos ayudan a salir adelante, pero sólo a aquellos que ya están en camino. Éstos, desde lo profundo, aún reciben otra ayuda más. Al que se queda parado, no le aportan nada.»

BERT HELLINGER
Felicidad dual

¿Cómo usar los sueños
en la práctica terapéutica?

Aunque este capítulo está dirigido a los terapeutas, también puede resultar muy útil para las personas que los consultan ya que se mostrarán ejemplos del uso de los sueños invocados. Voy a presentar algunos ejemplos cuyo propósito es inspirar a los profesionales del campo de la salud física y mental para que encuentren la manera de utilizar los sueños en conjunción con sus respectivas herramientas y estilos personales de trabajo.

Diagnosis

Como ya se ha mencionado en capítulos anteriores, el primer uso de los sueños consiste en obtener un diagnóstico, ya sea para dolencias físicas o para trastornos psicológicos. Esto permite ahorrar tiempo al dirigir la atención del terapeuta hacia ciertas áreas concretas a fin de llevar a cabo los diagnósticos médicos o psicológicos necesarios que confirmen lo que se haya deducido a través de estos sueños, invocados por los propios interesados e interpretados con ayuda de sus terapeutas.

A manera de ejemplo se presenta este sueño simbólico de una mujer a quien un psiquiatra, el doctor Mckenzie, estuvo tratando durante algún tiempo. El doctor estaba aplicando en sí mismo y en sus pacientes las técnicas de Control Mental desarrolladas por José Silva, en las que se aconseja la programación de sueños como parte del programa completo. La paciente llamó a Mackenzie, para comunicarle que sentía agudos dolores en el pecho y en el estómago. El doctor le pidió que incubara un sueño para determinar el origen de esas dolencias y su solución. Esto fue lo que la mujer le contó al día siguiente:

[«Obstrucción»]
Ella, su esposo y sus tres hijos viajaban en automóvil por un camino sinuoso. Empezó a nevar y el automóvil se atascó y comenzó a cubrirse de nieve. El esposo le dijo que apagara el motor y después un grupo de ocho o diez personas acudieron al lugar para desenterrarlo. Cuando salieron del auto, sus tres hijos habían desaparecido. El camino se acababa allí delante y comenzaba otro que se dirigía a la derecha y que entroncaba en un ángulo recto con otro camino, que a su vez conducía a otro camino más, una gran autopista, también en ángulo recto.[79]

Concretamente el doctor le había pedido a su paciente que programara un sueño para responder cuatro preguntas: «¿Cuál es el problema? ¿En dónde se encuentra? ¿Qué lo ocasionó? y ¿Cómo me puedo deshacer de él?». Así es que, teniendo esto en mente, el doctor sospechó que las sinuosidades del camino podrían ser la forma en que el inconsciente de la mujer estaba describiendo el sistema intestinal, así es que le pidió que dibujara un mapa de aquel camino sinuoso. Ella lo hizo y el doctor notó que «efectivamente» seguía con precisión el curso del sistema intestinal humano. Entonces el coche atascado le hizo pensar en una obstrucción intestinal. Relacionó la nieve blanca con un producto lácteo, como el causante de la obstrucción.

Por su práctica clínica y sesiones anteriores con la paciente, dedujo que el hecho de que sus tres hijos hubieran desaparecido era la manifestación de su deseo inconsciente de que sus hijos dejaran de interponerse en su matrimonio para que su esposo le prestara más atención a ella. Respecto a la forma de solucionar el problema, el doctor encontró que el consejo onírico de su esposo de apagar el auto, significaba «suspende el suministro del combustible de tu cuerpo: deja de comer». Y el hecho de que hubiese recibido ayuda de gente externa para desenterrar el auto le hizo pensar que debía enviarla a un hospital para que confirmaran este diagnóstico onírico y, de ser correcto, le practicaran una intervención quirúrgica para desobstruir su intestino, «ya que una obstrucción intestinal como ésta requiere cirugía inmediata». En el hospital, efectivamente, se le encontró a la mujer una obstrucción en el lugar en el que el automóvil quedó cubierto por la nieve, o sea, «el sitio en el que el intestino delgado se une al intestino grueso».

---

79. Doctor Clancy McKenzie: «Control Mental Silva y el paciente psiquiátrico», en José Silva y Philip Miele: *El Método Silva de Control Mental*, Ed. Diana, México, 2003.

Éste caso se cita en el libro *El Método Silva de Control Mental*, para ejemplificar cómo fue que siguiendo estas técnicas la mujer logró curarse a sí misma y no tuvo necesidad de ser intervenida quirúrgicamente. Y también sirve para demostrar el gran peso que se les concede a los sueños dentro de este método cuya finalidad consiste en disciplinar la mente y desarrollar más extensamente sus capacidades.

Sobre el recurso de programar sueños que den respuesta a los problemas que surgen en la práctica terapéutica, el mismo psiquiatra comenta otro caso interesante de una chica de 18 años que acudió a él en busca de consejo, ya que se había quedado embarazada y no estaba casada. A esta chica también le pidió el doctor que incubara un sueño:

[«Buen consejo»]
En su sueño apareció un hombre. Él le dijo: «Te aconsejo que tengas al bebé, que esperes tres años, te cases con el padre del niño y te vayas a vivir a otro estado».[80]

Al psiquiatra le pareció muy sensata esta solución ya que «la proporción de divorcios entre adolescentes es de 80 %, de modo que una espera de tres años en casa era lógica». Dedujo que el padre del bebé que esperaba era la persona adecuada para ella, «pero para que su matrimonio tuviera éxito era necesario que ellos se alejaran de la casa de los padres». El doctor McKenzie aseguró que él no hubiera podido darle un mejor consejo, así es que se animó a utilizar la incubación él mismo para solicitar ayuda con algunos problemas en su práctica terapéutica.

Una noche preguntó acerca de un paciente que estaba en tratamiento con él, un chico de 27 años, que no había salido con chicas porque pensaba que «las mujeres estaban en su contra» y además «no valían la pena». En una parte de su sueño el doctor se vio a sí mismo diciéndole al paciente: «Me da lo mismo que jamás llegues a tener una relación heterosexual». Así es que la siguiente ocasión en la que el paciente se empezó a quejar acerca de las mujeres, el doctor le dijo exactamente aquella frase que le había dicho en su sueño y dice que funcionó.

El paciente se quedó atónito. El evitar a las mujeres era su manera de resistirse al tratamiento. Ahora esto ya no daría resultado. Además, sintió pánico cuando pensó que jamás tendría una relación normal con una mujer. Esa noche la tuvo.[81]

---

80. *Ídem*

81. *Ídem*

El psiquiatra y sus pacientes recibieron información muy útil proveniente de sus respectivas imágenes oníricas. Sin embargo, también es posible entrar en contacto con alguna parte de la conciencia del cliente mismo para recibir información que sea de utilidad en el trabajo conjunto. A esta clase de sueños, el psicólogo Mark Thurston les llama «sueños telepáticos».

Para ejemplificarlos, comenta el caso de Alan, un joven colega suyo recién salido de la universidad que se había hecho cargo de un trabajo voluntario los domingos por la mañana. Guiaba un grupo de discusión para adolescentes donde podían hablar de los desafíos y problemas que tenían en casa, en la escuela y en sus relaciones.

De los cerca de diez jóvenes que asistían a cada reunión, todos participaban excepto un joven de catorce años llamado Ben, a quien el psicólogo describe como «un muchacho bastante callado y poco motivado, que en cierto modo carecía de iniciativa y autoestima». Ben desconcertaba a Alan y frustraba en gran medida todos sus intentos de ayudarle. Aunque conocía a la familia de Ben desde hacía algunos años, no podía establecer ningún lazo de unión claro entre su personalidad y la situación familiar. A raíz de su preocupación por Ben, el psicólogo comenzó a rezar por él todas las noches y una de ellas tuvo este sueño:

> [«Diagnóstico de personalidad»]
> Estaba caminando fuera y de repente se dio cuenta de que estaba en el mundo de los sueños. Alan pensó: «Deseo hacer algo útil en este sueño», y comenzó a mirar en torno suyo en busca de alguien a quien ayudar. Ben vino hacia él montado en una bicicleta y comenzó a hablar. Alan observó la claridad de su imagen, lo «real» que parecía Ben. Habló acerca de por qué tenía una personalidad reservada y poco motivada. Describió sus sentimientos hacia su propio padre y sus difíciles experiencias en común. Su padre era a menudo muy crítico y despreciaba los torpes esfuerzos de Ben para hacer nuevas cosas. Para autodefenderse, Ben había decidido dejar de intentarlas. Alan se despertó con el sentimiento de que había establecido contacto psíquico con Ben a través de su sueño.[82]

En las semanas que siguieron, la nueva perspectiva de Alan sobre el comportamiento de Ben en el grupo dominical lo hizo más tolerante y comprensivo, y dejó de sentirse frustrado por la falta de motivación del chico. Poco después, Alan decidió verificar su sueño telefoneando

---

82. Mark Thurston: *Los sueños...* Ed. Edaf, Madrid, 1991.

a la madre de Ben. En confianza, le contó el sueño. Ella se sintió confrontada ante el problema familiar pero asombrada ante la precisión del sueño de Alan, pues los detalles de la relación entre Ben y su padre eran correctos.

Después de comentar el caso de su joven colega, Mark Thurston se pregunta: «¿Fue la autenticidad de la preocupación de Alan por el adolescente el estímulo que provocó el sueño telepático?». No ofrece ninguna respuesta, pero asegura que sea cual fuera la causa, «ha arrojado una luz de primera mano sobre lo que es posible en el estado de los sueños: el contacto psíquico directo con otra persona».[83]

Desde mi propia experiencia con sueños telepáticos, a mí me parece que la respuesta a esa pregunta es afirmativa ya que el sincero deseo de ayudar a otros es justamente la clave para comenzar a tener esta clase de experiencias oníricas… y para continuar teniéndolas.

Psicochamanismo

Cuando estaba guiando a un grupo experimental para abandonar las adicciones, un día les expliqué a los asistentes la teoría de que la gente cae en una adicción cuando no está llevando a cabo la misión o los propósitos que su alma se planteó lograr en esta encarnación. Todos estaban de acuerdo con esto, pero me comentaron que no tenían ni idea de qué es lo que se propusieron lograr en sus respectivas vidas y me preguntaban cómo podrían averiguarlo.

Dado que yo tampoco tenía ni la más remota idea, pedí ayuda a mi «Consejo Asesor Onírico», o sea, mi propio inconsciente y la inteligencia de mis guías en otros planos. Para ello invoqué y recibí un sueño muy importante.

«Pautas kármicas»
Estoy a punto de dar una terapia a una persona que está a mi lado en una camilla. De pronto comienzo a ver figuritas de animales danzando ante mis ojos y después se me muestran una serie de breves imágenes de sus últimas cuatro encarnaciones en las que, consecutivamente, había elegido nacer en la riqueza y luego en la pobreza para trabajar el tema del uso responsable del poder. Yo me emociono muchísimo al pensar que de ahora en adelante voy a recibir esta clase de información para mis consul-

---

83. *Ídem.*

tas. Dentro de mi sueño entiendo que cada animal está asociado a ciertas situaciones que su alma se ha propuesto superar, las lecciones que quiere aprender y cómo desea emplear sus talentos para contribuir al beneficio de los demás. Me parece una idea fantástica para transmitir información. De hecho, me despierto de tanta emoción...

Aquella noche volví a dormirme y el siguiente sueño que tuve fue para mi amiga Silvana, de Buenos Aires. El día anterior me comentó que próximamente daría su primera clase y se encontraba muy nerviosa. Poco antes me había hecho un gran favor y yo me sentía muy agradecida con ella, quizá por eso intenté corresponderle cuando la vi en mi sueño:

«Uvas»
Voy conduciendo y de pronto veo a mi amiga Silvana. Detengo el coche, abro la puerta y le pregunto: «¿Cuál es el acuerdo kármico que tienes con tu marido?». Me responde que eso no es de mi incumbencia. Voy tras ella, ahora corriendo. Se sube a un autobús. Me siento a su lado y le explico: «Silvana, te lo pregunto porque quiero ayudarte». Entonces, ella me muestra un álbum de fotos suyas. En la primera veo sólo su rostro, tiene dos uvas sobre sus párpados cerrados y me dice: «Dile a mis alumnos que sobre todo, nadie me mire a los ojos». En la siguiente foto ella está tendida y ahora tiene todo el cuerpo cubierto de uvas.

Fui a visitar a Silvana y le comenté ambos sueños. Yo estaba un poco desconcertada porque nunca había tenido visiones y no me sentía capaz de ver imágenes de animales ni escenas kármicas en mi mente. Y a partir del sueño de las uvas tampoco pude deducir con claridad ningún «patrón kármico». En términos esotéricos, un patrón kármico significa una serie de comportamientos erróneos que hemos presentado en más de una vida y que continuamos repitiendo porque aún no hemos aprendido la forma de evitarlos. En este sentido, el karma no es un castigo, sino una reacción o consecuencia de nuestros propios actos.

Mi amiga Silvana se ofreció a ser mi «conejilla de indias» para explorar en una terapia mi segundo sueño ya que las uvas le hicieron recordar que su padre tenía viñedos cuando ella era niña. Entonces le pedí que comprara un kilo de uvas y las trajera al consultorio pensando en hacer con ellas algún trabajo de psicochamanismo.

Según Alejandro Jodorowsky, la psicomagia consiste en realizar un acto contundente y simbólico desde la conciencia, para que el inconsciente capte la idea de que algún apego, hábito o creencia ha llegado a su fin.[84] Esto es básicamente lo que hacemos muchos terapeutas y practicantes de chamanismo de distintas maneras. Nuestro propósito es lograr que el consultante abandone las creencias que le han llevado a enfermarse o a tener determinados conflictos y las reemplace por otras que le dirijan a la sanación o resolución de sus problemas. En palabras del investigador Fred Alan Wolf, «los chamanes utilizan cualquier truco para alterar las creencias del paciente sobre la realidad».[85]

Se me ocurrió hacer algún tipo de psicomagia o psicochamanismo con las uvas que cubrían el cuerpo de mi amiga en mis sueños. Le dije que yo iba a representar a la parte de su inconsciente que me enseñó el álbum de fotos y me acosté en una camilla cubriéndome el cuerpo de uvas. Entonces le pedí que me mirara en silencio.

Esto resultó impactante para ella. Después de observarme durante unos minutos, revivió el recuerdo de que en su niñez se había sentido muy avergonzada por ciertas cuestiones que su padre había hecho en sus negocios con los viñedos. Sintió que de alguna forma ella aún estaba cargando con la vergüenza que toda la familia tuvo que soportar durante aquella época. Entonces le pedí que visualizara a su padre frente a ella y le dijera en voz alta: «Padre: yo llevo esto por ti. Te ayudo a cargarlo. Por amor».

Dentro de la terapia sistémica usamos este recurso de encontrar frases cortas y concisas que resuman el desorden provocado por un amor mal entendido. Esta clase de desorden se produce cuando el niño, en su ingenuidad, intenta «salvar» a alguno de sus padres tomando sobre sí una carga que no le corresponde, como la de cuidarlos a ellos, con lo cual se rompe el orden natural que es justo el contrario ya que son los padres quienes cuidan a los hijos. Bert Hellinger explica que otra forma de trastocar el orden ocurre en casos como el de Silvana, cuando el niño intenta hacerse cargo de sentimientos no asumidos por el propio progenitor en su momento.[86]

Después de expresar aquellas frases en voz alta, Silvana sintió que en verdad era así. Entonces le pedí que se diera cuenta de que eso no beneficiaba a su padre y mucho menos a ella, aunque de niña hubiese llegado a

84. Alejandro Jodorowsky: *Psicomagia*, Ed. Siruela, Madrid, 2004.

85. Fred Alan Wolf: *La búsqueda del águila, un físico cuántico viaja, en alas de la Ayahuasca, a los reinos del inconsciente humano y al mundo de los chamanes*, Los libros de la Liebre de Marzo, Barcelona, 1997.

86. Bert Hellinger: *Los órdenes del amor*, Ed. Paidós, Madrid, 2004.

esa conclusión. Ella estuvo de acuerdo, así es que le pedí que, simbólicamente, retirara todas las uvas de su cuerpo (o sea del mío, ya que en esos momentos yo estaba representándola a ella) y que las dejara a los pies de su padre diciéndole: «Ahora veo que esto no me corresponde. Tú sabes mejor que yo qué hacer con esto. Te lo devuelvo con amor».

Aquella vergüenza inconsciente es lo que mantenía muy tensa a Silvana frente a la posibilidad de mostrar su trabajo en público, lo cual había estado postergando durante mucho tiempo. Así es que entregó aquellas «uvas de la vergüenza» a su padre y días después, de manera muy relajada, logró impartir con éxito su primera clase.

En nuestro contacto telepático onírico, el alma o la parte de la psique de Silvana que encontré, decidió no hablarme del tema de su matrimonio, lo cual conscientemente yo consideraba como algo muy importante para su felicidad; sin embargo, en esos momentos estuvo dispuesta a mostrarme otro tema que necesitaba y podía resolver de forma más inmediata con mi ayuda. Así es que, gracias a esta lección, ahora ya no pido información concreta, sino que me abro a recibir lo que la persona desee mostrarme en esos momentos para nuestro trabajo conjunto.

A partir de esta primera experiencia he continuado teniendo muchos sueños telepáticos y he ido adaptándolos poco a poco a mi estilo de trabajo. Con el tiempo he podido ver que mi experiencia onírica de las «Pautas kármicas» presagiaba hacia dónde podría yo llegar si continuaba con mi labor. Fue el anuncio de la siguiente etapa dentro de mi desarrollo como terapeuta. Los animales que veía danzar frente a mis ojos se han convertido en un código a través del cual los guías me envían información resumida sobre lo que el cliente viene a trabajar conmigo. Primero tuve que escribir un libro con cartas, *El juego de los animales de poder*,[87] en el cual el espíritu de los animales, mis guías, y yo establecimos lo que significa cada uno de los 54 animales que lo componen en relación a qué tipo de misión se propuso lograr una persona. Contiene instrucciones para hacer un ritual y descubrir cuáles son los animales que guían al consultante. También se puede utilizar como un oráculo para recibir orientación sobre temas específicos. Ahora utilizo este sistema, además de los sueños, como herramientas con la cuales ayudar a las personas que acuden a consultarme en las sesiones individuales que llamo «Terapias de Sanación del Alma».

---

87. Karina Malpica: *El Juego de los animales de poder*, Ediciones Obelisco, Barcelona, 2011.

Éste es el procedimiento que suelo utilizar, con algunas variaciones:

Cuando el cliente llega, le pido que cierre los ojos y le guío en una breve relajación. Después ambos visualizamos una luz azul en la parte superior de la habitación que representa la Conciencia Superior a la cual todos estamos conectados y solicitamos que nos guíe en el trabajo que haremos proporcionándonos la información que sea necesaria.

Visualizamos un triángulo que une mi frente y la del cliente con la Conciencia Superior simbolizando nuestra disposición a dejarnos guiar y a confiar mutuamente. Entonces, le pido al cliente que abra los ojos y me explique el motivo por el cual decidió acudir a la sesión.

Luego pedimos a la Conciencia Superior que nos señale qué tipo de trabajo puede ser más beneficioso para la persona en esos momentos por medio de mi oráculo de cinco piedras de distintos colores. En este contexto, la piedra azul significa que nos aconsejan llevar a cabo algún tipo de trabajo onírico con un sueño que el cliente haya tenido recientemente o que yo haya invocado para él. La piedra blanca sugiere que hagamos un trabajo de rescate del alma; la roja un trabajo de tipo sistémico; la amarilla un trabajo con los animales de poder; y la piedra negra es una especie de comodín, que básicamente significa «ninguna de las cosas anteriores», por lo cual, según el problema (aunque también me visitan personas que realmente no acuden por nada concreto), trabajamos el psicochamanismo, ofrezco alguna información relevante basada en mi experiencia personal o, simplemente, conversamos para despejar sus dudas sobre las drogas, sobre algún tema espiritual o alguna situación concreta que la persona no sabe cómo encajar.

Liberación emocional

Cuando sale la piedra azul, le pregunto al cliente si tiene algún sueño repetitivo y, en caso contrario, le pido que me cuente sus sueños más recientes o el sueño de su vida. En ocasiones, sucede que la persona no suele recordar sus sueños, entonces trabajamos con alguno que yo haya invocado para él o ella la noche anterior o creamos un sueño lúdico que le ayude a la persona a resolver el problema por el cual me consulta.

En el caso de que utilicemos los sueños del cliente, solemos emplear alguna de las técnicas de trabajo ya descritas (en el capítulo 8) y a veces hacemos un trabajo de liberación emocional que me enseñó el Capitán un día que desperté fatal después de haber soñado con mi abuela paterna.

Cuando era niña pasaba buena parte de mi tiempo libre con ella en su casa y teníamos una relación súper estrecha y entrañable. Fue un gran ejemplo para mí, me enseñó muchas cosas valiosas y realmente marcó mi vida. No obstante, cuando ella enfermó, en lugar de acompañarla yo estaba viviendo la intensidad del primer amor de mi adolescencia. Estuvo en cama mucho tiempo y yo prácticamente no aparecí nunca por su casa. Mi madre, que la cuidó mucho, era quien me daba noticias de su estado. Tampoco recuerdo haber llorado en su funeral. Sin embargo, tenía sueños repetitivos en los que me escondía de ella porque no sabía cómo explicarle mi ausencia en su lecho de muerte.

Después pasaron años en que no volví a soñar con mi abuela, hasta que un buen día apareció de nuevo en una de mis escenas oníricas dentro de la habitación de su casa. Yo hice lo que antes: tratar de que no me viera y esconderme, pero esta vez hubo una variación. Ella vino hacia mí y me dijo algo muy jungiano para hacerme ver que no estaba resentida conmigo: «Al final el arquetipo de la abuela ya no estaba allí». Yo desperté con un intenso dolor físico en ambas piernas y un gran dolor emocional.

Pedí ayuda para trabajar con este sueño a mi guía. Me aconsejó que pusiera una música muy triste y, simplemente, me dejara experimentar las emociones que surgieran en mí al reentrar en la escena de mi sueño y escuchar las palabras de mi abuela.

Puse *Glassworks* de Phillip Glass y, por primera vez, lloré mi dolor por la muerte de mi querida abuela. Lloré mucho. Pensé que ya había terminado pero mi guía me dijo que había más sentimientos reprimidos además del dolor de pérdida y estaban guardados en mis piernas. Entonces volví a reentrar en el sueño y esta vez ya no experimenté dolor sino una sensación de enfado y sobre todo una culpa enorme…

Hablé con mi abuela y le dije que sentía mucho no haber estado a su lado en los momentos difíciles y lloré otro rato, hasta que me sentí totalmente reconciliada con mi abuela y conmigo misma. El Capitán me sugirió que terminara el ejercicio bailando para permitir que el cuerpo acabara de soltar todas las emociones y, al hacerlo, aún salió por allí una capa rara de sensaciones muy ambiguas como tipo vacío y frío.

Desde entonces nunca he vuelto a esconderme cuando veo la imagen de mi abuela en mis sueños… Y he aprendido que un mismo evento genera varias capas de sentimientos, aunque a veces sólo establecemos contacto con alguno o algunos y sólo cuando liberamos todos el evento pierde la carga emocional por completo y realmente lo trascendemos.

Esto mismo pudo comprobar Ana, de Bilbao. Ella es una terapeuta que precisamente trabaja con la asociación del cuerpo y las emociones a través de una técnica corporal. Antes de trabajar con ella tuve este sueño:

«Terrible enfado»
Estoy en un salón de clases de mi escuela primaria, me siento en mi banco, pero veo que ya está ocupada por una niña que al mismo tiempo también está sentada en él. Es una imagen muy extraña porque al mismo tiempo las dos estamos sentadas en él. Debajo del banco veo una especie de acuarela corrida que ha hecho ella. Me parece que también hay algo escrito que he hecho yo. Luego llega un profesor y me regaña delante de todos. Me siento humillada, pero más que nada enfadada, siento tanto, pero tanto enfado que me duele la garganta y despierto tosiendo.

El trabajo de liberación emocional que hicimos con Ana fue con un grupo de alumnos de chamanismo a los cuales les estuve enseñando algunos fundamentos de inteligencia emocional antes de explicarles cómo abrir y cerrar sus campos energéticos para percibir en sí mismos las emociones de otros y cómo dejar de hacerlo a voluntad.

Todos estábamos rodeando a Ana, cuya intención era trabajar con el evento que originó la inseguridad que sentía. Mis instrucciones fueron que se relajara y permitiera que su mente, de forma espontánea, le mostrara la primera escena de su vida actual en la que se originó su sentimiento de inseguridad. Lo intentó, pero no le llegaba ninguna imagen, así es que se me ocurrió que el sueño podría haber sido para ella y comencé a relatárselo para que lo experimentara como si fuera propio.

A raíz de ello comenzó a revivir los sentimientos que tenía asociados a un hecho similar en su infancia, pero al principio no habló del enfado. Además de contar con la información del sueño, al tener los campos energéticos abiertos yo tenía una sensación de opresión en la garganta. Cuando les pregunté a los compañeros si sentían dentro de sus propios cuerpos que Ana ya hubiera terminado de liberar todas sus emociones respecto a ese hecho, unánimemente dijeron que no. Algunos sentían dolor en el estómago, en el pecho o tenían otras sensaciones más ambiguas, pero nadie estaba cómodo. Entonces le pedí a Ana que continuara hasta que finalmente pudo hacer contacto con el enfado y expresarlo mediante golpes en el suelo y gritos a las imágenes oníricas. Cuando terminó, todos nos sentimos físicamente liberados y volvimos a cerrar nuestros campos energéticos.

El rostro de Ana se había transformado. El ceño fruncido en un rictus de enfado que tenía desde la primera vez que la vi, había desaparecido. Fue muy impactante. Éstas son sus propias impresiones sobre el trabajo:

Yo me encontraba nerviosa, como siempre que me encuentro en alguna situación parecida, con el típico miedo de «¿y si me toca a mí?» y con ello la retahíla de costumbre: qué vergüenza, todos pendientes, no seré capaz...; que tan bien conozco, pero decidida a no hacerle demasiado caso. Así que cuando saqué la piedra azul y resultó que me tocaba a mí, estaba decidida a llegar hasta donde pudiera.

Mi pregunta había sido «¿Cuál es la causa de mi inseguridad?» y por más que lo intenté la primera vez no me surgió nada, así que esta vez estaba dispuesta a volver a intentarlo con la ayuda de todo el grupo. Así que, a pesar de mis resistencias, me coloqué en el centro y me dispuse a vivir la experiencia.

Karina fue dirigiendo el grupo, todas a mi alrededor, y empezó a preguntarme qué veía, yo la verdad no veía nada, estaba en esa especie de nebulosa y no aparecía ninguna imagen, ninguna sensación, bueno, ninguna aparte del enfado que llevaba ya tiempo presente en el fondo, por eso me costaba asociarlo a la situación concreta.

El caso es que como no aparecía nada, Karina me fue haciendo algunas preguntas, no recuerdo exactamente lo que me decía pues yo estaba centrándome en mis sensaciones, pero comenzó por algo como «Veo una silla, pero ya está ocupada...».

Al principio esto no me decía nada, pero de pronto recordé un episodio que me sucedió en la escuela cuando tenía aproximadamente 5 o 6 años. Lo recordaba muy bien porque, a lo largo de estos años de trabajo personal y diversas terapias, este episodio ya había salido en diversas ocasiones por eso me sorprendió. El caso es que relaté el suceso:

En la escuela que yo iba entonces había dos turnos, uno de mañana y otro de tarde, yo asistía al de la mañana y por la tarde otra niña ocupaba mi pupitre. La clase la daba una maestra a la que yo adoraba. Nunca he recordado exactamente qué había sucedido, sólo puedo recordar que había hecho algo con mis cosas y yo me enfadé mucho y decidí escribirle una nota para que no volviera a hacerlo. Mi gran sorpresa fue que, estando en clase, de repente, entró el director y delante de toda la clase me echó una bronca por haber escrito la nota, no recuerdo qué me decía, sólo que le dio más importancia a que tuviera faltas de ortografía y que la otra niña se había molestado, pero nunca preguntó por el motivo que me llevó a escribirla. Y la maestra en ningún momento salió en mi defensa. Yo me sentí humillada, traicionada, dolida... y muy enfadada por la injusticia. Estaba claro que había sacado las capas de humillación, dolor, traición, pero hasta ese momento no había conectado con el enfado que aquella situación me produjo. Con la dirección de Karina y el apoyo de todas las compañeras puede conectar y expresar mi enfado, tanto tiempo retenido.

Cuando todo terminó, sentí un gran descanso y una profunda gratitud a todo el grupo por haberme ayudado y apoyado en este proceso. Y aún tuve otra sorpresa cuando Karina nos mostró el sueño que había tenido la noche anterior y que realmente representaba esta situación.

Recuperación del alma

La recuperación o rescate del alma (*soul retrival*) es una práctica terapéutica contemporánea arraigada en la antigua tradición del chamanismo. Se basa en la creencia ancestral de que todos nacemos con una determinada cantidad de energía consciente (el alma) que basta y sobra para sostenernos con vida. Cuando sufrimos un trauma o un accidente, una parte de esa energía puede fragmentarse y quedarse unida a ciertos acontecimientos o personas de nuestro pasado. Cuando esta energía nos abandona, se crea «un agujero» en nuestro campo de energía que genera distintos problemas emocionales. Ocasionalmente la energía de otra persona puede ocupar el lugar de estos agujeros, a esto se le llama «tener una intrusión» y provoca una dependencia emocional hacia esa persona.

Desde estos paradigmas, la enfermedad surge de dos maneras: 1) debido a la pérdida de nuestra energía; y 2) debido a la entrada en nuestros campos energéticos de energía ajena. En la tradición chamánica que sigo, hablamos de energía ajena o inútil. No creemos que haya «mala energía», sólo se trata de energía que no es provechosa porque está en un lugar inadecuado. Entonces, la forma para recuperar la salud o el equilibrio emocional consiste en recobrar la energía que hemos perdido y/o en deshacernos de la que no nos pertenece.

Según comenta la experta Sandra Ingerman:

Hay muchos síntomas de pérdida de alma. Algunos de los más comunes podrían ser la disociación, cuando una persona no se siente que esté totalmente en su cuerpo y viva y totalmente comprometida con la vida. Otros síntomas incluyen depresión crónica, tendencias suicidas, síndrome de estrés postraumático, problemas de inmunodeficiencia, y dolor que simplemente no sana. Las adicciones son también un signo de pérdida de alma ya que buscamos fuentes externas para rellenar los espacios vacíos internos a través de sustancias, comida, relaciones, trabajo o comprando objetos materiales. Cada vez que alguien dice que nunca ha vuelto a ser el mismo desde cierto evento y no se refiere a algo bueno, puede ser que haya ocurrido una pérdida de alma.[88]

La recuperación del alma es una sola entre las múltiples maneras eficaces de lograr reintegrarla. Personalmente, considero que cualquier otra terapia que se desarrolle con éxito puede ocasionar este mismo retorno de la energía perdida y el desalojo de la energía ajena. Por ejemplo, la terapia de contacto con el niño interior es una forma de recuperar fragmentos de alma perdidos en nuestra niñez. Y también he observado la misma pauta en constelaciones familiares, especialmente con las personas que han abortado voluntariamente, cuya alma realmente se fragmenta en el momento del legrado y se recupera durante la constelación, cuando se expresan los sentimientos reprimidos, se asumen las responsabilidades correspondientes y la persona queda liberada de la carga consciente o inconsciente del remordimiento. El resultado es el mismo, sólo es cuestión de los términos que emplea cada uno dependiendo de sus códigos culturales y de la escuela o línea terapéutica en la que se formó.

A mí me gusta practicar la recuperación del alma debido a su enfoque holístico que apoya a la persona y cubre sus necesidades espirituales y emocionales, no sólo las del cuerpo, que es el foco de la medicina; o sólo las de la mente, que es el territorio del psiquiatra o el analista.

Lo que le sucede al cliente durante la recuperación es que incorpora una forma distinta de entender las cosas y sus preocupaciones se colocan en un contexto que las sitúa dentro de un cuadro más amplio y más profundo de la realidad. Muchas personas ven, quizá por primera vez, su papel verdadero y su lugar único en un universo multidimensional. Lo cual es muy importante sobre todo para quienes han perdido su autoestima junto con alguna parte de su alma.

Cuando sufrimos un abuso o experimentamos un suceso traumático, como un asalto, una violación o un accidente físico, dependiendo de la forma en que lo vivamos, es posible que partes de nuestra alma se frag-

---

88. Sandra Ingerman: *La recuperación del alma*, Círculo Chamánico, Argentina, 2004.

menten y se refugien en el pasado, se pierdan o queden atrapadas en «los otros mundos» a los que tiene acceso un chamán.

La fragmentación en sí misma es una acción de autoprotección. Es solamente cuando la pérdida de esta energía comienza a tener efectos perjudiciales que el fragmento del alma necesita ser devuelto. Debido a ello, la tarea del chamán en todas las culturas ha sido viajar a los otros mundos para encontrar estos fragmentos perdidos.

Hay practicantes del chamanismo contemporáneo, como Sandra Ingerman, que hacen solos este viaje; encuentran los fragmentos, vuelven con ellos y los incorporan nuevamente al campo energético de la persona, sin que ésta participe o se entere de lo que está pasando hasta que el chamán regresa y le comenta su experiencia.

Otros practicantes preferimos guiar al cliente de modo que éste se pueda incorporar al viaje y participar en la búsqueda o encontrar los fragmentos por sí mismo, pues consideramos que no sólo la recuperación energética es sanadora sino que la participación activa del cliente es en sí otro aspecto curativo.

El viaje chamánico es un viaje mítico y como tal es un arquetipo de la búsqueda del héroe para encontrar un tesoro perdido (una parte de su alma) que, por su misma naturaleza, ubica al cliente en el centro de ese drama, otorgándole una posición de enorme valor que a menudo ha olvidado y necesita recordar. Durante el viaje se emprende en su favor una aventura que a veces tiene partes difíciles o peligrosas. En este viaje es acompañado por alguien que actúa expresamente a fin de proteger sus intereses y que hace lo que haga falta para traer de vuelta al fragmento o fragmentos perdidos, lo cual es una acción de empoderamiento personal que envía tanto al inconsciente como a la conciencia el mensaje de que se ha tenido éxito en algo y se ha recuperado algo importante. Y con ello, automáticamente, se están manifestando señales de que las cosas pueden cambiar para mejor y de que él o ella no están solos, tienen fuerza y en adelante también contarán con los recursos internos para cambiar lo que haga falta ya que el fragmento recuperado trae consigo, además de sentimientos y recuerdos desagradables, el regalo de una habilidad, un don o una característica perdida.

La recuperación del alma marca a menudo el comienzo de una importante transformación que sólo se logra a través del valor y la constancia que el cliente tenga para hacer y sostener los cambios que su vida requiera a fin de solucionar sus problemas. En este sentido, es un gran impulso para quienes anteriormente no han encontrado la fuerza suficiente para comenzar a hacer aquello que ya saben que tienen que hacer...

Según la describe Ross Heaven, una sesión típica de recuperación del alma es como sigue:

1. La voluntad del chamán purifica y limpia el cuarto donde va a llevarse a cabo la recuperación del alma. Se hace esto usando una mezcla de hierbas sagradas con las características de limpieza. Él también se limpia y limpia al cliente.

2. El cliente y el chamán discuten el problema y cualquier síntoma.

3. El chamán decide si él o el cliente deben emprender este viaje. En cualquier caso, el cliente yace en el piso en una posición exacta de trance y recibe las instrucciones detalladas para el viaje. El chamán mantiene un golpe constante con un tambor especial de medicina y dará al cliente otras instrucciones necesarias.

4. El chamán emprende el viaje y busca el momento en el que el fragmento del alma se perdió. Puede ver a la persona, puede describir la situación, lo que le está sucediendo, etc. en un cierto detalle y esto es exacto en muchas ocasiones y en otras es presentado de forma simbólica. Cuando él o el cliente traen el fragmento del alma consigo, el chamán la sopla en el cuerpo energético del cliente, entonces utiliza una maraca para sellar la pieza del alma adentro fundiéndola en el interior del cuerpo del cliente unas cuatro veces.

5. Entonces habrá una discusión del viaje del cliente con el chamán y éste puede hacer recomendaciones y observaciones futuras.

6. Si el chamán viaja solo, las etapas son iguales pero el chamán es quien vuelve con la pieza del alma y da la explicación y las indicaciones adicionales necesarias. [89]

Ross Heaven, practicante y autor de varios libros sobre chamanismo, advierte que para hacer esta clase de trabajo, un chamán o terapeuta de recuperación del alma «debe haber desarrollado habilidades considerables para viajar y haber construido una buena relación de funcionamiento con sus propios animales de poder y espíritus aliados». Los chamanes contemporáneos pueden desarrollar estas habilidades en los talleres que personas como él o Sandra Ingerman imparten en América y Europa, en donde se llevan a cabo muchas horas de viaje supervisado en los otros

---

89. Ross Heaven: www.thefourgates.com

mundos, y se buscan objetos o energías que se han ocultado deliberada-
mente para estas prácticas.

Otra forma de encontrar estos fragmentos perdidos consiste en la
invocación de sueños especiales para tal efecto. Desde que comencé a
hacerlo he tenido toda clase de experiencias oníricas. La mayoría de ellas
son simbólicas y resultan muy intensas. A veces he soñado con escenas
terroríficas y me he despertado sintiendo el pánico que el alma de los
clientes ha experimentado en el momento de la fragmentación, como
fue el caso por ejemplo, de una señora colombiana a quien siendo niña
la guerrilla intentó secuestrar. Ella y su hermano estuvieron agazapados
mientras su padre intentaba protegerlos de las balas de una ametralla-
dora. El terror de la niña era tan insoportable que la única salida era la
locura o la muerte. Allí comprendí que, en verdad, la fragmentación es
una medida de autoprotección ante conflictos tan intensos que el alma
se ve sobrepasada por completo y la única manera que encuentra para
lidiar con ello es disociarse.

Afortunadamente, he tenido muy pocos sueños así de intensos y di-
dácticos, creo que en parte ha sido porque he aprendido a pedir que me
muestren las escenas de maneras más indirectas… Por ejemplo, una
vez que invoqué un sueño para una recuperación del alma, soñé con
Gloria Trevi, una cantante mexicana que desafortunadamente pasó un
tiempo en prisión por estar involucrada con un hombre que fue sen-
tenciado por corrupción de menores. Lo que se me mostró en el sueño
fue la imagen de una mujer que en su juventud había sufrido abusos
frente a los cuales no se reveló externamente, manteniendo una actitud
pasiva o de sumisión. Esto es lo que le expliqué a mi cliente, Margarita,
una madrileña que nunca había oído hablar de Gloria Trevi y que, sin
embargo, se sintió totalmente identificada con ella al haber vivido una
situación similar.

El motivo de su consulta fue a raíz de un sueño que una compañera
invocó para ella durante un taller. Margarita preguntó por qué no encontraba pareja y su compañera soñó que la veía hablando sin inmutarse
con el hombre más guapo que ella conocía, como si fuera un hermano,
totalmente ajena a su propia sensualidad y feminidad. Margarita quiso
recobrar ambas cosas a través de un trabajo de recuperación del alma.

Para saber cuándo exactamente se disoció de estas partes de su personalidad y dónde estaban los fragmentos, invoqué el sueño donde salía
Gloria Trevi. La vi en un baño y Margarita se recordó a sí misma llorando en un baño después de encontrar a su mejor amiga en su propia

cama con su propio novio quien la sometió a una «relación libre» que ella soportó por amor hasta que no pudo más. Ese fragmento de su alma se quedó atrapado en el pasado, justo en esa escena del baño y allí fuimos a buscarlo durante el viaje chamánico que emprendimos ambas en compañía de su amiga Mariluz, quien también colaboró en la aventura.

Antes de eso el alma de Margarita ya había perdido otro fragmento, durante un abuso sexual en su infancia. El fragmento de esa niña no estaba atrapado en el pasado, sino fuera de este mundo, en una caverna helada a la que subimos las tres en compañía de una pantera negra y una tigresa blanca que nos guió y nos ayudó a resucitarla, pues la encontramos casi sin vida.

Fue un viaje muy emotivo que las tres recordamos con mucho cariño. A raíz de esa recuperación, Margarita ha hecho otros trabajos terapéuticos (Gestalt, Constelaciones y Rebirthing) que, en conjunto, han traído cambios importantes en su vida e incluso se notan en su físico, ya que en menos de un año ha perdido trece kilos de peso y ha cambiado su peinado por uno que le queda mucho mejor. Internamente, la reintegración de sus aspectos masculino y femenino va viento en popa, como se refleja en este sueño que tuvo diez meses después del trabajo de recuperación:

«Ejercicio de gestación»
Después de que decido irme (todos los de mi grupo ya se han ido), salgo por la puerta y estamos en el monte, como en Gredos. Hay rocas y grupos de gente hablando, saludo a alguien y sigo andando, aunque con ganas de quedarme. Luego me voy resbalando como por un tobogán de piedra con un dedo de agua (estoy desnuda) y me encuentro con Pedro y le saludo. Salgo del riachuelo y veo a alguien y me paro a hablar. Y al rato está Pedro otra vez y el riachuelo ahora cubre y él me hace una aguadilla y me mira a los ojos, mezcla de maestro y mezcla de hombre, y me dejo hacer. Voy bajando como buceando en el agua, sujeta a sus brazos, de vez en cuando salgo a respirar y nos miramos, muy sensual. En una de esas veces me doy cuenta que el riachuelo es un tanto más amplio y por eso ha venido Pedro conmigo, porque está haciendo un ejercicio como de reproducir mi gestación dentro del vientre materno. Sé que no me suelta. En un momento dado tengo miedo y tiro de su brazo para que me saque y me saca. Se da cuenta de que quiero pero también de mi miedo. Al sentir su apoyo me dejo llevar y floto. Me despierto por la sensación de contacto con el agua y el hecho de flotar.

En forma de moraleja podríamos expresarlo de esta manera: *Quien enfrenta sus miedos puede aprovechar la ayuda que recibe para lograr sus propósitos.* Analizando además los elementos simbólicos de su sueño, Margarita llegó a la siguiente conclusión:

> *Últimamente estuve reviviendo los abusos y maltratos que recibí de pequeña. Cuando analicé el sueño no me propuse nada en concreto, sino que para mí supuso darme cuenta de cómo estoy cambiando, porque ahí veía que el miedo desaparecía, y que no tenía que hacer ningún esfuerzo porque la ayuda la tenía y salía a flote (otro de mis puntos constantes de terapia es el esforzarme siempre por todo). Pedro es uno de los terapeutas con los que hemos trabajado en el grupo de Gestalt, y en ese sentido simbolizaría mi parte cuidadora y sanadora; también me gusta como hombre, y en ese sentido simbolizaría mi parte masculina y también mi deseo. En realidad lo que me propuse hacer era no hacer nada, no esforzarme por nada y confiar en la vida. Me dio mucha alegría y me dejé despertar, nacer.*

Trabajo sistémico

Los terapeutas sistémicos que trabajan con un cliente en sesiones individuales utilizan un juego de muñecos de diferentes colores para realizar este tipo de trabajo que sigue los fundamentos de las Constelaciones Familiares (según Bert Hellinger), ya comentados con anterioridad. Se le pide a la persona que escoja muñecos para representarla a ella y a su familia o a los personajes implicados según el tema a tratar. Una vez que el cliente los escoge y acomoda cada uno en relación a los demás, el terapeuta ofrece una primera lectura en función del simbolismo de los colores y las posiciones en que fueron colocados.

A partir de aquí comienza un trabajo para identificar cuál es el orden que se ha roto en el sistema hasta realizar algún movimiento con los muñecos para restablecerlo. Muchas veces, como en Constelaciones, se le pide al cliente que se conecte con la energía de alguna de las personas representadas y vea qué se siente estar en esa posición o se le pide que repita alguna frases que le hagan cobrar conciencia del problema y de su solución.

En lugar de muñecos, yo uso pequeños cristales y piedras (turmalina, fluorita, turquesa, obsidiana, rodocrosita, malaquita, cuarzos, etc.). También tengo una carpeta chamánica circular dividida en cuatro cuadrantes de distintos colores orientada a los cuatro puntos cardinales. Antes de comenzar un trabajo hacemos un pequeño ritual de invocación de la fuerza de los ancestros de la persona.

Por lo demás, trabajo de forma bastante similar al resto de los terapeutas sistémicos. También hago una primera lectura en función de las piedras escogidas y su colocación dentro de los diferentes cuadrantes de la carpeta. En base a ello comenzamos a desarrollar lo que va surgiendo en función del conflicto particular del cliente o de su sistema.

Hay ocasiones en que este trabajo sistémico lo realizamos con ayuda de la información que el cliente o yo hayamos recibido en un sueño, como en el caso de Flora, de Toledo. Ella misma explica en estos términos el motivo de su consulta:

> *Quiero trabajar el «aislamiento». Tengo la sensación de que me muevo entre el rechazo de los demás y mi propio rechazo hacia la gente. No sé por qué, pero cuando entablo una amistad tengo la sensación de que terminaré rompiéndola. Me siento muy preocupada por el aislamiento en mi trabajo y por todas las relaciones con las que he tenido cortes abruptos o salidas de tono... Karina saca su bolsa de piedras y me explica que, dependiendo de la piedra que yo saque al azar, trabajaremos una cosa u otra. Saco la piedra roja y por tanto el trabajo será* SISTÉMICO.

Una noche antes yo había solicitado un sueño para Flora. Primero desperté sin ningún recuerdo claro, sólo con la información de que había un tema que ella no podía resolver, era algo que estaba entre dos vidas y ella estaba furiosa. Luego volví a quedarme dormida y soñé esto:

> *«Terremoto»*
> *Estoy en casa de mi abuela preparándome para ir a dormir. Cierro la puerta del corredor y al ver el balcón pienso que cuando era adolescente y me escapaba por allí para irme de fiesta era muy valiente, porque ahora me da vértigo. Desde arriba veo que alguien llega, es una de mis tías (es terapeuta) y viene con tres amigas, todas vestidas de fiesta. Me dirijo a mi habitación pensando en encerrarme a dormir y no saludarlas hasta mañana, pero cuando llego mi tía ya está allí. Miro mi ordenador, me hubiera gustado que estuviera abierto algún archivo para que ella viera que soy escritora. La saludo con un abrazo no muy caluroso porque siento que no he recibido de ella el reconocimiento que yo esperaba y estoy enfadada. Ahora estamos en el corredor y empieza a temblar, nos sujetamos de una baranda. Sigue temblando, es un terremoto muy fuerte. Mi tía dice que debemos salir y lo intenta pero le da miedo. Yo me lanzo corriendo por la escalera y todas*

me siguen. Afuera es de día ahora. Pienso en mi abuelo. Veo unas piedras que brillan como las de Galicia.

La lectura chamánica del sueño podría simplificarse en dos frases:
1) *Alguien, que ha perdido algo que antes tenía, está enfadada por no recibir el reconocimiento que esperaba.*
2) *Alguien se lanza a hacer lo que alguien no se atreve.*

Dado que ella quería trabajar el aislamiento y el rechazo y los guías nos recomendaron hacerlo a través de un trabajo sistémico, el sueño nos orientó hacia el hecho de que le estaba exigiendo a alguien un reconocimiento que, en términos sistémicos, es el que no se ha obtenido de la madre o del padre. Al no ser resuelto en su origen, esta falta de reconocimiento se traslada y se proyecta como una exigencia sobre cualquier otra persona.

Cuando le conté mi sueño a Flora, ella se sintió identificada con la trama. Me comentó que estaba disgustada con una mujer (que al igual que mi tía es terapeuta). Flora se sintió infravalorada porque le manifestó interés de colaborar en su proyecto y le envió información sobre su trayectoria profesional y muestras de su trabajo como escritora (justo lo que quería que mi tía notara en mi sueño). Al no haber recibido una respuesta por su parte, le llamó y tuvo un altercado con ella debido a lo que consideró una falta de reconocimiento hacia ella y su trabajo.

En alusión a la parte final del sueño en que yo relacionaba una piedra brillante con Galicia y pensaba en mi abuelo, me comentó que su abuelo era gallego y que hacía unos meses había sentido el fuerte impulso de dejar su trabajo en Toledo y trasladarse a Galicia para trabajar dando clases de creatividad y seguir con su labor como escritora. Incluso al meditar, se veía escribiendo mirando el mar, una y otra vez. Estaba decidida a abandonar Toledo y sentía que una nueva vida podía estar esperándola en ese nuevo destino. Lo cual concuerda con el mensaje de la segunda simplificación de mi sueño, de lanzarse a hacer algo atrevido, y también puede recibir cierto apoyo de la imagen del terremoto como símbolo, que según el diccionario onírico:

Representa un cambio brusco de vida en un sentido positivo o negativo. De forma inesperada y repentina, se rompe el equilibrio sobre el que hemos basado nuestra vida para dar paso a una situación distinta... Replantéate las cosas con calma, reflexiona el tiempo que necesites y no tomes decisiones precipitadas.[90]

El hecho de resolver su problema de falta de reconocimiento, que la lleva a rechazar para evitar ser rechazada y le hace vivir en aislamiento, así como la idea de cambiar de profesión, son cosas que no sólo van a beneficiarla a ella, sino a muchas personas más, según mi *Juego de los animales de poder*. Al consultarlo preguntando qué podía hacer ella para resolver sus problemas, salieron tres animales que nos proporcionaron esta información adicional:

> **La cobra** en el pasado significa: Has llegado a estas circunstancias debido a una falta de aprendizaje o a ciertos malos hábitos que han estado muy arraigados en tu conducta hasta ahora. Se trata de hábitos adquiridos en tu infancia o procedentes de pautas negativas que se originaron en otras vidas, pero en cualquier caso, la cobra te señala que en estos momentos tienes la oportunidad de transmutarlos porque ya has tenido suficiente y tu alma está gritando: ¡Basta ya!

> **El tigre** en el presente significa: Aunque las circunstancias parezcan estar en tu contra, no te des por vencid@. En estos momentos necesitas fuerza y poder de voluntad para enfrentar la adversidad. Éste es tu reto. A medida que avances irás descubriendo todas tus maravillosas capacidades y te darás cuenta de lo valios@ que eres. Además, sabrás distinguir lo que tiene importancia en la vida y lo que no, lo que vale la pena conservar y lo que es mejor dejar atrás.

> **La mantis** en el futuro significa: Si cumples el reto que tienes en el presente, tus plegarias serán respondidas en el momento más oportuno. La mantis te asegura que el Universo entero conspirará en tu favor para que logres lo que te has propuesto, ya que seguramente aquello que deseas no sólo es bueno para ti sino que, directa o indirectamente, va a beneficiar a muchos seres más.[91]

Así fue como, pertrechadas con toda esta información y buenos augurios, comenzamos el trabajo sistémico de Flora.

Primero le pedí que escogiera cinco piedras para ella, sus padres, su trabajo y la terapeuta con quien había tenido el conflicto. Para repre-

---

90. Milena Llop, *op. cit.*

91. Karina Malpica: *El juego de los animales de poder*, Ediciones Obelisco, Barcelona, 2011.

sentarla a ella, Flora escogió un huevo de sodalita (que simbólicamente significa una falta de desarrollo). Para la terapeuta, escogió una turquesa verde (renacimiento); para su trabajo, una turmalina oscura (tensión); para su madre, un cuarzo transparente (fluidez); para su padre un ágata lechosa (dolor).

Antes de continuar, debo aclarar que estos significados que he dado a las piedras (o que se dan a los colores en el caso de que se trabaje con muñecos) únicamente tienen validez dentro del contexto del trabajo sistémico en el que se usan, pues dentro de él funcionan oracularmente para dar información adicional que el terapeuta requiere para su primera lectura de las circunstancias que han generado el conflicto y del rol que desempeñan en él las personas involucradas.

En este caso no le pedí a Flora que colocara las piedras en el espacio según su propio parecer, lo cual también ofrece pistas importantes, porque consideré que ya teníamos suficiente información y, además, quería que recurriera a la fuerza de sus ancestros (representados por siete fluoritas, símbolo de fuerzas sanadoras) que situamos en el cuadrante del norte de mi carpeta chamánica. Así es que le pedí que colocara su piedra con forma de huevo delante de ellos. Luego, delante del huevo, un poco a su izquierda, le pedí que colocara la piedra de la terapeuta y detrás de ella la de su madre. También frente a su piedra, pero del lado derecho, le dije que colocara la de su trabajo y detrás de ésta la de su padre. Por último, le pedí que escogiera otras dos piedras y las colocara detrás de cada uno de sus progenitores para que representaran el origen kármico de sus conflictos. Esto último fue en virtud de la percepción que se me mostró antes del sueño y que fue confirmada por el mensaje de la cobra durante la consulta del *Oráculo de los animales de poder*. Ella escogió para estos orígenes una hematita (apego) y una carneolita (remordimientos).

Cuando Flora tomó entre sus manos la piedra que representaba a la terapeuta, le pedí que entrara en contacto con su energía y que sintiera que, al no haberle dado el reconocimiento que esperaba, en realidad esta mujer le había hecho un gran favor, puesto que si lo hubiera obtenido de la fuente equivocada, el origen de su conflicto habría permanecido escondido y, quizá, podría haberse vuelto dependiente de esa fuente externa de reconocimiento, en lugar de tener la oportunidad de volverse autosuficiente, como la tenía en esos momentos. Al establecer contacto con esta verdad, le expresó su gratitud a la terapeuta mediante la piedra. Luego la dejó en su sitió y pasamos al tema de su madre.

En cuanto cogió esta piedra comenzó a sentir una sensación de peso en su cuello y ganas de toser. El peso era tan fuerte que echó todo su cuerpo hacia delante, con una gran sensación de falta de vida y energía, casi no podía articular las palabras. Entonces trabajamos con algunas frases que dieran expresión a sus sentimientos y la hicieran entrar en contacto con el amor para solicitar, desde el amor, la mirada de su madre y el reconocimiento que echaba en falta. Al entrar en contacto con la piedra que representaba el origen de su falta de autorreconocimiento por la rama materna, experimentó una sensación de gran tristeza y culpa y afloraron por primera vez las lágrimas, indicando que era una historia irresuelta que venía de más atrás, con la cual también trabajamos mediante frases sanadoras.

Después le pedí a Flora que repitiera el mismo procedimiento, pero ahora con la rama paterna, comenzando por la piedra que representaba su trabajo. Antes quiso despedirse de él, agradeciéndole lo que había obtenido a nivel material durante los años que ha estado allí, lo cual me pareció muy buena idea, hasta que escuché pidiéndole por favor que antes de irse, le otorgaran al fin el reconocimiento que merecía... O sea que por la fuerza del hábito, nuevamente estaba exigiéndolo externamente. Entonces le recordé eso que todos sabemos aunque constantemente lo olvidamos: aquello que buscamos debemos encontrarlo en el interior, antes de poder verlo manifestado en el exterior. Así es que dio gracias adicionales a su trabajo por lo mismo que a la terapeuta: por no distraerle de la verdadera causa y del verdadero origen de su falta de autorreconocimiento y entonces sí, tomó la piedra de su padre para dirigirse hacia lo más duro.

Reconoció que en su relación con él, durante toda su infancia y juventud, vivió la dinámica de rechazo que ahora estaba reviviendo en sus relaciones laborales. Aquí entró por fin en un profundo contacto con sus sentimientos y con sus necesidades afectivas, con la ausencia de la mirada de su padre y de allí se remontó con fuerza hacia el origen anterior.

Al entrar en contacto con esta última piedra comenzaron a llegarle una serie de imágenes que le hacían sentir vergüenza, se veía «con el culo al aire y con las faldas levantadas, con las muñecas atadas a algún sitio». Experimentar estas emociones y sacarlas a la luz de la conciencia fue muy impactante para ella y muy terapéutico ya que después de expresarlas, comenzó a ver en su mente con mucha claridad otras imágenes, sus pies llevaban calzados «unas botas negras y unos pantalones azul marino, como si fuera un militar uniformado... sólo veía los pies y las piernas».

Esta imagen le sorprendió porque le proporcionaba «una creciente sensación de bienestar y autoestima, alegría y fuerza».

El trabajo sistémico nos da una imagen de solución que el alma interioriza para después encontrarla y llevarla a la práctica en la vida cotidiana. Es como una semilla que eventualmente rinde sus frutos si nos encargamos de cuidarla, lo cual significa no volver a poner nuestra mirada en el conflicto sino mantenerla en la imagen de solución.

Supervisión

Para ver de qué forma había impactado a su inconsciente este trabajo, le pedí a Flora que prestara atención a sus sueños durante los siguientes días, confiando en que ella había hecho antes el taller de sueños conmigo y contaba con herramientas para descifrarlos.

La misma noche después de la terapia sistémica que hicimos, tuvo este primer sueño:

Estoy en el trabajo con compañeros, estamos todos en una mesa en forma de «U», pero levantados. Mi sitio está en el medio, debajo del aire acondicionado (esto ocurre en la realidad). El aire empieza a funcionar y digo que está dando muy fuerte sobre mí. Una compañera que en la realidad no me dirige la palabra, se acerca al aire acondicionado y comenta: «Pero ¿esto te molesta?» y yo digo «sí, es que me da en toda la garganta». Me siento impotente porque a todo lo que digo no me hacen caso y me lo rechazan.

Luego estoy en una tienda y aparece un hombre con una mirada extraña (me recuerda a los ojos de un chico con quien trabajé pocos días antes en una constelación), son de locura y dolor... A este chico en el sueño lo identifico por un instante con mi padre y el resto con mi ex pareja. Los ojos me inquietan sólo un poco, pero el caso es que salimos de la tienda a una plaza donde hay gente y yo puedo elevarme muy por encima de las personas, como si volara, es una fuerza que me sale de las piernas. De esta manera puedo mirar dónde está este chico de la mirada, pero entre la gente lo pierdo de vista. Un chico me pregunta «¿Cómo haces eso?», y le respondo: «Lo hago desde pequeña» (se lo digo con seguridad, en el sueño me siento fuerte). Vuelvo a mirar si veo al hombre de la mirada por algún lado y no está...

La primera parte del sueño muestra el conflicto que podemos simplificar de esta forma: *Alguien se siente impotente frente a alguien que no comprende el origen de su molestia.* En la segunda parte, se ve que el inconsciente ha captado la imagen de sanación ya que elabora todo el trabajo terapéutico a través de la siguiente moraleja: *Alguien que encuentra la mirada de su padre en la mirada de otros hombres, al conseguir elevarse, ya no la encuentra y se siente fuerte.*

Los siguientes cuatro días tuvo otra serie de sueños que, prescindiendo de las correspondientes imágenes oníricas, se pueden simplificar en los siguientes términos: 1. *Alguien que sabe lo que busca no se conforma con menos. 2. Alguien que siente que ha sido ensuciada por algo masculino intenta librarse de esa suciedad. Alguien trata de integrarse con quienes rechazan lo femenino. 3. Alguien siente que sus dificultades son parte de su proceso de limpieza y sanación. Alguien que rechaza lo femenino se siente mal y comienza a integrarse con lo femenino. Alguien se hace más mujer conforme se expresa. Alguien se da cuenta del dolor que significa perder una parte femenina. 4. Alguien se da cuenta de que las cosas no son como pensaba. Alguien se deja llevar y pierde momentáneamente el rumbo. Al recuperarlo piensa que es mejor estar contenta que cumplir las expectativas de los demás.*

Esta sucesión de experiencias oníricas muestra que el inconsciente de Flora, al captar la imagen de solución derivada del trabajo sistémico, los siguientes días ha estado ensayando la forma de readaptarse a nuevos parámetros de creencias y conductas.

En función de esta lectura, la aplicación práctica que Flora pretende darle a esta serie de experiencias oníricas consiste en reorganizar su vida para poder abandonar su trabajo en Toledo y mudarse a Galicia. Está pensando en contactar con centros de enseñanza de allá para dar clases durante todo un curso ya que de esa manera tendría más seguridad. Mientras tanto, se prepara para dar su primer taller de creatividad:

> *Tengo una esperanza puesta en mí, hay un poquito de miedo con el debut de mi taller, pero al cerrar los ojos, me veo desenvolviéndome bien con la gente y con ese tema...*

A través del estupendo trabajo de Flora se puede ver cómo los sueños de la persona después de una terapia reflejan si ésta ha asimilado verdaderamente la imagen de sanación (o el objetivo que haya tenido la terapia realizada). En caso contrario, nos permiten saber que la persona no ha captado el mensaje y se requiere reforzarlo mediante otra sesión o algún otro tipo de trabajo.

Una buena pregunta para los terapeutas

A fin de cerrar este capítulo con un auténtico broche de oro, me gustaría mucho compartir con los colegas terapeutas una pregunta importante que el Capitán me ha formulado y reiterado a lo largo de nuestro trabajo conjunto.

Resulta que un día me invitaron a dar una charla en una de las ediciones de la «Feria del Cáñamo» en Barcelona, donde se reúnen anualmente todos los vendedores de insumos para el cultivo del *Cannabis*, todos los vendedores de parafernalia para los fumadores de la hierba, todas las publicaciones sobre el asunto, más todas las asociaciones a favor de su uso terapéutico y recreativo, así como los movimientos en pro de la despenalización de la marihuana.

Yo no quería aceptar la invitación porque pensaba que era inútil que fuera allí a comentar mis experiencias negativas del abuso de esta fascinante planta, frente a un auditorio que esperaba que le hablara justo de lo contrario, tal como solía hacer antes, durante mi etapa apologética... Así es que me quejé con mis guías porque me sentía en una situación muy incómoda. Creía que los prohibicionistas no me aceptarían por mi visión positiva del uso ritual de las plantas de poder y los consumidores me rechazarían por mi visión negativa sobre su excesivo consumo del *Cannabis*. Basándose en mi propia experiencia, pensé que lo último que querrían oír todos los asistentes a una feria como ésa era precisamente lo único que yo ahora podría decirles...

Entonces el Capitán me preguntó: «¿En quién estás pensando? ¿En ti o en los asistentes?».

Y por supuesto única y exclusivamente estaba pensando en *mí*. En lo que otros iban a pensar de *mí*. En el rechazo que temía experimentar *yo*. En lo mal que me iba sentir *yo*. En ningún momento me pasó por la cabeza pensar: ¿En qué puedo servir a mi potencial auditorio? ¿Cómo puedo transmitir mi experiencia sin que las personas se sientan juzgadas o atacadas? No. Nada de esto pasó ni un segundo por mis pensamientos.

Además, el Capitán me explicó que todo el mundo tiene un «punto de quiebra», y que nunca podría saber de antemano si mis palabras serían el punto de quiebra para alguien o sólo una pequeña llamada acumulativa para que algún día esa persona llegue a su propio punto de quiebra a su estilo y en su momento adecuado; pero en todo caso serían un servicio para las almas que por alguna razón acudirían aquel día a escucharme, así es que sólo en ellas debía enfocarme.

Después de esto, obviamente acepté la invitación y preparé una didáctica presentación sobre el efecto de diferentes psicoactivos sobre el campo energético humano. Empecé por explicar qué son los chakras y así, de paso, hablé de la obstrucción del sexto chakra que produce el exceso de *Cannabis* y comenté mis experiencias, haciendo énfasis en las dos caras de la moneda. Al final me lo pasé muy bien despreocupándome por la aceptación o falta de aceptación de mi persona y dedicándome por entero a encontrar la mejor forma de transmitir lo que deseaba compartir.[92]

A raíz de esta experiencia, cada vez que surge algún problema con alguien dentro de los talleres o terapias, el Capitán siempre me vuelve a preguntar: «¿En quién estás pensando?». Invariablemente es en mí y no en la persona a la que supuestamente pretendo ayudar.

Debido a la constante reiteración del mismo error, poco a poco estoy aprendiendo que cuando cambio de enfoque el problema se convierte en un reto y dejo de sentirme mal.

---

92. Más al respecto en la sección de «Chakras y psicoactivos» de www.mind-surf.net/drogas

DECIMOPRIMERA TAREA:

USA LOS SUEÑOS EN TERAPIA

Para poner en práctica esta información, si eres terapeuta, encuentra y desarrolla tu propia forma de incorporar la invocación de sueños a tu propia corriente y con tu propio estilo. Comienza por pedir diagnósticos y, si lo consideras conveniente, incorpora también el trabajo a partir de los sueños que recibas.

Si no eres terapeuta pero estás en tratamiento con alguno, comparte con él o ella esta información y pídele que colabore contigo para usarlos de forma experimental en tu propio caso. De hecho, puedes utilizarlos por tu propia cuenta como diagnóstico y como supervisión de tus avances, sin notificarlo a tu terapeuta, pero es mejor que esté al tanto, ya que puede ser de utilidad para ambos.

Capítulo 11

«Siempre resulta muy recompensador "descifrar" lo que significa un símbolo onírico. Los diccionarios de sueños pueden ayudarte a iniciarte. El empleo de técnicas te llevará aún más lejos. Sin embargo, ninguna palabra o frase exclusiva capta todo lo que expresan y revelan para ti. No solamente el símbolo contiene en su interior un mensaje que tu mente intelectual puede captar; también funciona en ti a un nivel emocional, no verbal. [...] Además, hay algunos tipos de sueños que requieren poca o ninguna interpretación ya que *la propia experiencia constituye el significado del sueño*. Tal es el caso de los *sueños-lección* que nos colocan en situaciones de aprendizaje, los *sueños de espiritualidad cumbre* que nos dan un conocimiento de dimensiones superiores de la realidad, y los *sueños de contacto con individuos fallecidos*. [...] Edgar Cayce decía que la interpretación de estos sueños es lo que haces con ellos.»

MARK THURSTON
Los sueños. Sabiduría para la Nueva Era de Edgar Cayce

¿Por qué los sueños son simbólicos?

Al principio, cuando comencé mi investigación sobre los sueños, me hacía esta pregunta una y otra vez. Encontré varias respuestas interesantes en algunos libros. La primera explicación fue de corte fisiológico. Resulta que se han hecho distintos estudios que demuestran que, durante las horas de sueño, la parte del cerebro que registra mayor actividad es el hemisferio derecho; lo contrario que sucede durante el día, donde la actividad se desarrolla fundamentalmente en el lado izquierdo. Es sabido que el hemisferio derecho procesa las imágenes y el izquierdo las palabras. Entonces, ¿los sueños son simbólicos porque tenemos casi desactivado el hemisferio que nos domina durante la vigilia?

Hay otras explicaciones antropológicas. Supuestamente, antes de la aparición del lenguaje, nuestros ancestros homínidos se comunicaban de forma no verbal. Hablaban consigo mismos a través de imágenes mentales y con otros, mediante gestos y señas. Debido a ello, la primera forma de comunicación escrita fueron los pictogramas y jeroglíficos, que son dibujos de imágenes. Se supone que nos tomó mucho tiempo desarrollar un lenguaje y luego pasar a usar un código de símbolos tan sofisticado como la conjunción de letras con las que ahora yo codifico mi pensamiento y tú lo comprendes al descifrar mis palabras conforme las vas leyendo. Desde esta perspectiva, los sueños son como una especie de retorno a esos atávicos tiempos no verbales en los que usamos las imágenes como conceptos mínimos de expresión, dentro de la forma de comunicación onírica. Por eso es que Jung dejó dicho que:

«La riqueza del sentido de los sueños reside precisamente en la diversidad de las expresiones simbólicas y no en su reducción unívoca. El determinismo causal, por su misma naturaleza, tiende hacia una interpretación fija de los símbolos. La concepción finalista, en cambio, ve en las variaciones de la imagen onírica la expresión de una situación psicológica variada. No conoce interpretaciones fijas de los símbolos; desde este ángulo, las imágenes oníricas son importantes en sí mismas, pues en sí mismas llevan el significado por el que, en última instancia, se presentan en el sueño. El símbolo tiene más bien el valor de una parábola; no oculta, sino enseña».[93]

Los metafísicos coinciden con este planteamiento de que los sueños son vestigios de una concepción preverbal, pero difieren en el momento en que se originó y se desarrolló la comunicación a través del lenguaje. No hablan de los homínidos, sino de los atlantes. Dicen que en las míticas tierras de la Atlántida y Lemuria, la gente se comunicaba de forma telepática, facultad propia del hemisferio diestro. De hecho, atribuyen la caída de esas civilizaciones al cambio de predominio en los hemisferios cerebrales, con todo el conjunto de implicaciones perceptuales e ideológicas que supuso.

El lado izquierdo del cerebro funciona con palabras y conceptos, fragmentando y analizando el objeto que se quiere conocer. De ello resultan la ciencia y la racionalidad. Esta manera de entender las cosas está basada en la razón y, según los metafísicos, es una forma más estrecha de conciencia, resultado de abandonar el uso del lado derecho del cerebro mediante el cual es más fácil estar en contacto unos con otros y mantener conciencia de la unidad de la que todos formamos parte.

Las imágenes que capta el lado derecho del cerebro contienen un significado común debido a todas las ideas conectadas con él. Se supone que los atlantes se comunicaban transmitiendo imágenes metafóricas a fin de guiar la corriente de pensamiento, enfocando la conciencia hacia aquello que pretendían transmitir. Se servían de ilustraciones muy sencillas y abstractas que permitían comunicar instantáneamente muchas cosas a la vez, ya que una imagen transmite todo lo que significa el objeto, como si se hubiera enseñado lo que representa, para qué sirve, quién lo hace y cómo se utiliza. Al conectar simultáneamente muchas ideas, se evocaba inmediatamente la realidad interna de cada individuo que comprendía entonces la intención representada en la imagen. Esta forma de comunicación en imágenes, no en palabras, es la base de la telepatía, facultad del lado derecho del cerebro.

---

93. C. G. Jung: *Energética psíquica y esencia del sueño, op. cit.*

Cuando escuché esta explicación, comprendí por qué la gran mayoría de los sueños que he recibido para otras personas han sido simbólicos. Entendí que se trataba de transmisiones telepáticas emitidas y recibidas durante el estado de sueño, cuando nuestros hemisferios diestros toman el control.

No obstante, por tener la experiencia de haber recibido algunas pocas transmisiones literales, en mensajes verbales, me preguntaba por qué no todas serían así ya que, según yo, sería más conveniente para la persona y para sus guías que me enviaran la información «ya digerida» en forma de palabras. De hecho, ésta es la queja principal de todos mis alumnos en los talleres de sueños. Todos se preguntan por qué sus sueños no les hablan claro y les dicen con palabras lo que necesitan saber y punto.

Parece que el eslogan de los tejedores de sueños es el conocido dicho de «una imagen vale más que mil palabras». Durante un tiempo pensé que sólo rompían esa regla en caso de emergencia, cuando necesitaban asegurarse de que alguien recibiera su mensaje. Pero volví a dudar cuando leí el libro en el que el doctor Mackenzie compartía las respuestas a sueños invocados que tuvieron dos mujeres distintas (citados al inicio del capítulo anterior). Las dos mujeres estaban en cierto grado de peligro, por lo que ambos casos podrían considerarse como emergencias. La primera era una señora madura que estaba enferma y la segunda era una adolescente que descubrió que estaba embarazada y podría haber pensado en abortar.

A la joven sí le enviaron un sueño completamente literal en el que un hombre le dijo que tuviera al niño, se quedara tres años en casa de sus padres, luego se casara y se fuera a vivir lejos de ellos. Pero a la señora le enviaron un sueño muy simbólico para notificarle que tenía aquella obstrucción intestinal, lo cual requería una intervención quirúrgica inmediata, según Mackenzie. O sea que su vida corría peligro y, a pesar de ello, le enviaron un sueño rebuscado que si no fuera por los conocimientos fisiológicos del psiquiatra, quizá ella no hubiera podido interpretar. ¿Por qué? ¿Se debe al estilo pedagógico o a las habilidades de sus respectivos guías? ¿A una le contestó su inconsciente y a otra un guía? ¿Existe un mecanismo censor inconsciente que filtra la información y provocó que la señora soñara en símbolos y la chica de forma literal? ¿O acaso hay diferentes grados de desarrollo evolutivo de las almas en cuestión de recuerdo literal de sueños?

Se me ocurrió plantear éstas y otras cuestiones a mi Consejo Asesor Onírico. Para ello organicé una rueda de prensa utilizando el ejercicio del sueño lúdico ya explicado en el capítulo ocho. Con el poder de mi imaginación inventé un escenario idílico en medio de unos jardines en los que monté una carpa donde puse confortables sillones de bejuco en círculo frente a mesitas de cristal con las bebidas favoritas de los invitados. Para ayudarme con las preguntas invité a dos periodistas. A mi derecha estaba John Reed (el autor de *Los diez días que conmovieron al mundo*, una fascinante crónica de la Revolución Rusa) y a mi izquierda Mónica Terribas (una periodista catalana que me parece muy inteligente e incisiva). Para personificar a los miembros de mi Consejo Asesor Onírico escogí personajes que me han ofrecido orientación en mis sueños. Ya he mencionado a lo largo del libro a la mayoría de ellos, comenzando por Singing-Heart caracterizada como la terapeuta que me orientó en mi investigación sobre las drogas y en la organización de mis talleres de chamanismo (aunque ya dejó de estar conmigo, quise invitarla porque la quiero y admiro mucho). También estaban: el tejedor de sueños disfrazado del dramaturgo Arthur Miller que me enseñó que cuando recibes una idea creativa en un sueño tienes que trabajar mucho en el plano físico para materializarla; el extraterrestre que me dijo que les recomendara a mis alumnos que invocaran sueños; una metamorfa que juega conmigo en mis sueños lúcidos (en una ocasión estaba hablando con ella, me agaché a ver algo que me señaló en el suelo y cuando levanté la vista se había transformado en una niña, le dije: «¿Qué ha ocurrido… no eras una mujer?». Me guiñó un ojo y me respondió: «Los sueños, sueños son», y me desperté de la risa…). Obviamente estaba presente mi guía personal, el Capitán tejedor de sueños (le llamo así porque en mis sueños apareció una vez como Jean-Luke Pikard, el capitán de la nave «Enterprise» de *Viaje a las Estrellas* y otra vez se presentó con otro cuerpo, vestido con algo parecido a un uniforme y me dijo: «Soy el capitán»… aunque sé que prefiere mandarme mensajes por escrito en papeles y pantallas oníricas). Por supuesto, también estaba el profesor de sueños que me enseñó a valorar y cobrar mi trabajo en vísperas de mi primer taller de sueños; él es un especialista general en el campo de los sueños, maestro de mi guía y supervisor de mi trabajo. Y, por último, invité también al niño que vino del hiperespacio, que es el guía del Capitán y el «jefe» del proyecto en el que colaboro. Sólo aparece en mis sueños cuando tengo que tomar decisiones muy importantes. La primera vez que lo vi, me tocó la cabeza con una pluma y me dijo: «He viajado cuatro minutos en el hiperespacio para venir a verte». Hace tiempo me ofreció un maletín con dos lados para que abriera alguno presentándome las dos opciones que tenía frente a mí en esos momentos que eran continuar viviendo en pareja o vivir un montón de experiencias. En esa oportunidad escogí sin pensarlo la primera opción y eso fue lo que experimenté durante un tiempo, aunque al final, como presagiaba el resto del sueño, terminé cerrando ese lado y abriendo el otro. Ojalá que algún día regrese a ofrecerme una maleta sin divisiones...

De momento lo último que me ofreció fue un «contrato» para ser una reportera encubierta entre el mundo de los sueños y el mundo de la Tierra, mediante lo cual me comprometí a escribir este libro que tienes en tus manos, quizá otro dedicado al sueño lúcido y seguro uno para niños que me entusiasmó muchísimo. Me hacía muy feliz la idea de que iba a trabajar como una especie de corresponsal entre el mundo de los sueños y el mundo de la vigilia y, por lo tanto, terminaría escribiendo un libro sobre metafísica –en el sentido de su más estricta etimología– o sea, de aquello que sucede más allá del mundo físico, en los escenarios mentales o interdimensionales donde se desarrollan nuestras aventuras oníricas. De hecho, al final del sueño literalmente estaba gritando y saltando de felicidad porque estaba convencida de que me habían dado una idea más brillante que la de *Harry Potter* para hacer una saga que no comentaré para no estropear el factor sorpresa cuando me decida a desarrollar la idea, dentro de algunos años, jeje... Fue un sueño grandioso, casi completamente lúcido. Y por primera vez no desperté, sino que realmente descendí a mi cuerpo y noté todas las sensaciones físicas e incluso sentí cómo la euforia que estaba experimentando no se podía contener dentro de mi cuerpo físico y se transformaba en simple entusiasmo, como si la densidad material también densificara y, por lo tanto, disminuyera la intensidad de las emociones.

En fin, el caso es que el niño del hiperespacio asistió a mi rueda de prensa mental y se tomó un chocolate caliente. Yo di un sorbo a mi piña colada con amareto y comencé la rueda preguntando a rajatabla: «¿Por qué unos sueños son simbólicos y otros literales, se debe al estilo pedagógico o a las habilidades de los respectivos guías de los soñadores? ¿Es porque a veces responde el inconsciente y a veces un guía? ¿Es porque existe un mecanismo censor inconsciente que filtra la información y ocasiona que unas personas recuerden las cosas de forma literal y otras simbólicamente? ¿O acaso hay diferentes grados de desarrollo de las almas que determinan el recordar literalmente lo que hacemos durante el tiempo de los sueños?».

Al terminar de escucharme el niño del hiperespacio respondió con: «Un sí rotundo a las cuatro cosas». El Capitán tomó la palabra y explicó que cada guía y cada conexión con cada uno de sus alumnos es diferente, especial y única y los sueños que reciben de ellos también lo son. Dijo que incluso la ausencia de sueños de advertencia puede deberse al estilo pedagógico que tiene el guía y a las necesidades de cada alma, ya que algunas requieren más atención que otras; algunas demandan advertencias y otras piden que no se les advierta nada porque necesitan aprender de sus propios errores. Aseguró que: «Algunos guías son más metafóricos y otros son más directos. Además, en algunos casos se requiere dar información y en otros momentos lo más eficaz es proporcionar experiencias reales dentro de los sueños; situaciones y acontecimientos que produzcan cambios en las personas».

Mónica quiso asegurarse de que estábamos comprendiendo bien las cosas y preguntó: «¿Está usted asegurando entonces que los guías transmiten sueños simbólicos o literales dependiendo de su propio criterio pedagógico?».

Capitán: Es correcto.

Mónica: ¿Y por las mismas causas hay algunos que no envían sueños a sus alumnos?

Capitán: Que no envían ciertos tipos de sueños, concretamente los de advertencia, en determinadas ocasiones.

Karina: ¿Como el que me enviaste a mí sobre la marihuana?

Capitán: Sí, de ese tipo.

John: Parece injusto que otros que también están abusando del consumo del *Cannabis* (por seguir con el mismo ejemplo) no reciban advertencias en sus sueños.

Terapeuta: Seguramente sí las han recibido y no las recuerdan o las están recibiendo por otros conductos en el estado de vigilia. De hecho, se da el caso de que muchas personas que abusan de la marihuana precisamente lo que pretenden, a nivel inconsciente, claro está, es obstruir el recuerdo de sus sueños. Eso se debe a que están teniendo experiencias oníricas que les producen sentimientos de angustia, ya sea por problemas emocionales o por lo que sus propias almas o sus guías les advierten y no desean recordar. Para eso abusan precisamente de una planta como ésta que en exceso puede llegar a obstruir el sexto chakra, distorsionando con ello la relación con el mundo de los sueños y, en ocasiones, el recuerdo de los mismos.

Profesor: También es importante señalar que los guías nunca dejan de atender las peticiones de las personas. Si alguien invoca un sueño, invariablemente recibirá alguna respuesta. E incluso si no los invocan pero tienen la costumbre de orar pidiendo ayuda, nos abren la puerta para que podamos enviar esa ayuda a través de los sueños.

Karina: Yo solía pedir que por favor no me dejaran perder el tiempo y me enseñaran todo lo que necesitaba saber. Mi motivación en aquellos tiempos era la desesperación, el urgente deseo de cumplir con lo que sea que hubiera planeado hacer en esta vida para no tener que reencarnar ni una vez más, jeje. Ahora que me divierto, ya no pienso tanto en eso, pero en fin…

Mónica: Ya quedó claro que recibir una advertencia onírica, o no recibirla, depende de las necesidades y peticiones del soñador y del criterio de sus guías, pero, ¿de qué depende que la respuesta que le envían sea un mensaje literal o un sueño simbólico?

Extraterrestre: Depende de si queremos dirigirnos al guisante, a la cebolla o a la patata. [Mirándome a mí:] Explica esto en tu libro cuando transcribas y edites esta rueda de prensa.

Karina: OK. Aquí va la explicación: Los pleyadianos dividen nuestro enfoque de conciencia en tres estados cada vez más amplios y abarcadores. Con los términos que hemos usado en este libro, el guisante [chícharo] sería la conciencia diurna de ondas beta, muy limitada. La cebolla sería el inconsciente individual de la persona al cual se puede acceder a partir de frecuencias alfa y theta, o sea en estados de relajación y de sueño. La patata [papa] sería el inconsciente colectivo y únicamente se puede acceder a él a través de ondas muy lentas del nivel delta que sólo se alcanzan mediante la meditación muy profunda o el sueño. Dicen los pleyadianos que la mente cósmica se activa cuando simultáneamente todos los patrones de onda (beta, alfa, theta y delta) están presentes. En sus propios términos, lo explican de esta manera:

> Vosotros creéis que manejáis las cosas desde la mente consciente: el guisante, el ser que está atento, consciente y que piensa, la versión de vosotros que dirige los programas, siembra las semillas y pilota los aviones en la intención de realidad 3D. La mente subconsciente, o cebolla grande y jugosa, lleva a cabo las órdenes de la mente consciente, y es como un enorme banco de datos con respecto a las capas y capas de todas vuestras memorias de ésta y otras vidas. También sirve como almacén lúcido para el conocimiento de las conexiones multidimensionales y memorias que viajan mediante impulsos electromagnéticos desde los tiempos más remotos de vuestra época actual. La mente inconsciente o la gran patata, es el radar de vuestro

interior más profundo y acumula una importante base de conocimientos, rica y madura, para un reconocimiento que parte desde el nivel cósmico más profundo. Impulsos, señales y símbolos recibidos de la mente cósmica que, utilizando una analogía, es un jardín y se traducen y se guardan para ser transmitidos por la mente inconsciente profundamente enterrada.[94]

Karina: Entonces, ¿qué quieres decir concretamente? ¿Qué enviáis sueños literales cuando queréis dirigiros a la mente consciente, y simbólicos cuando pretendéis comunicaros con el inconsciente?

Extraterrestre: Así es. Por así decirlo, hablamos en lenguajes distintos dependiendo de la parte de vuestra totalidad a la cual queremos transmitirle información. Aunque nuestras transmisiones se reciben por el hemisferio derecho, podemos codificarlas para que se traduzcan directamente en palabras dando un limitado mensaje unívoco al guisante o podemos hacer que se queden predominantemente en el lado derecho al que hablamos con imágenes que impactan varias capas a la vez emitiendo diferentes significados para acceder a la cebolla o a la patata. Incluso podemos usar ambos lenguajes al mismo tiempo. Y después el guisante puede actualizar algo de esta información mediante la interpretación de sus recuerdos.

Mónica: ¿Estás queriendo decir que un sueño literal no es de mayor calidad, mayor mérito o mayor eficacia que uno simbólico?

Extraterrestre: Digo que no necesariamente lo es, ya que dependiendo de la ocasión y del propósito, un sueño simbólico puede ser más eficaz que uno literal o viceversa.

John: ¿Entonces qué papel juega el mecanismo censor inconsciente que filtra la información y provoca que unas personas recuerden las cosas de forma literal y otras simbólicamente?

Terapeuta: Si el inconsciente encuentra un beneficio secundario en caso de que cierta información no llegue a la conciencia o no logre ser retenida, estamos ante un filtro impuesto por la propia psique del soñador. En el caso de la paciente de Mackenzie, la señora evidentemente recibía un beneficio secundario de la obstrucción intestinal. Había aprendido a obtener la atención de su marido enfermándose. De hecho, en el mismo libro se comenta que no era la primera vez que la señora iba al hospital por la misma causa. Existían tendencias enfrentadas en su psique, una

94. Barbara Marciniak: *Recuperar el poder: Sabiduría pleyadiana para un mundo en caos*, Ediciones Obelisco, Barcelona, 2007.

parte no quería perder el mecanismo que había encontrado para cumplir sus deseos y otra parte deseaba que el doctor hallara la información en el sueño; ya que la mujer, desde su conciencia, estaba buscando activamente la forma de resolver sus problemas. No quería sufrir la falta de atención de su marido, pero tampoco quería enfermarse para conseguirla. El resultado de esta lucha fue un sueño simbólico que logró transmitir el diagnóstico de una manera eficaz. La joven, en cambio, no obtenía ningún beneficio secundario al no recibir una respuesta a su pregunta o al no recibirla con suficiente claridad. Por el contrario, estaba en un momento de angustia en el que su voluntad unificada solicitaba una respuesta y, al no existir ninguna tendencia opuesta censora, la obtuvo con total claridad y contundencia.

John: ¿Y quién le envió a la chica esa respuesta, su inconsciente o un guía?

Profesor: [Dirigiéndose a mí] ¿Y quién está haciendo ahora esta pregunta? ¿Tu inconsciente o un guía?

Karina: Mi inconsciente. Yo invité a John Reed para que me ayudara a formular algunas preguntas que no se me ocurrieran de forma consciente.

Miller: ¿Y estás segura de que no es un guía quien utiliza este personaje? ¿O estás segura de que alguna parte tuya no está respondiendo a través de nosotros?

Karina: No, no lo estoy.

Miller: Lo que queremos hacer ver, además de lo irrelevante de la pregunta, es que nunca puedes tener una clara certeza al respecto porque lo que llamas inconsciente y el contacto con un guía nunca están separados. Los tejedores de sueños contamos con el material inconsciente para ofrecer una respuesta y usamos el mismo inconsciente para transmitirla. Precisamente por eso se nos llama tejedores y no creadores o implantadores de sueños.

Karina: Bien, me reconforta, gracias por la aclaración.

Mónica: ¿Y no creéis que algunas personas se inquieten por no ver con claridad los límites para hacer esta distinción y lo puedan encontrar intimidante o incluso esquizofrénico?

Capitán: La causa de estos lógicos miedos se puede satisfacer mediante el discernimiento y el sentido común. Si la información que estás recibiendo te resulta útil, te une a los demás, eleva tu nivel de comprensión y de amor, si te trae bienestar, no hay nada que temer. En caso contrario, si te crea confusión o temor, si te pone en enemistad con otros, si te hace desconfiar de los demás y te separa de tu bienestar, entonces sí puede haber motivos de preocupación.

John: Si se presenta este último panorama, ¿qué recomienda usted?

Capitán: Esclarecer tus intenciones. Decretar con claridad el hecho de que quieres llevar a cabo estos ejercicios o esta comunicación para tu mayor bien y el de todos los que te rodean. Trabajar para salir del miedo y unificar tu voluntad hacia el amor. Mientras tanto, suspender todas las prácticas de canalización o exploración inconsciente y, de ser necesario, solicitar ayuda a personas que tengan experiencia, o sea, buscar orientación fidedigna dentro del mismo plano físico.

Karina: Gracias, Capitán. Pasemos entonces a la última pregunta: ¿Cómo está eso de que hay diferentes grados de desarrollo de las almas que determinan qué tan literalmente se puede recordar lo que hacemos durante el tiempo de los sueños?

Niño: En este punto conviene que expliques el origen de tu pregunta a tus lectores.

Karina: Bueno, pues resulta que he leído varias cosas sobre el tema. El Mahanta de la religión de Eckankar dice que él recuerda perfectamente lo que hace dentro de sus sueños y, además, asegura que todo lo hace de forma consciente, o sea que puede ir a visitar e instruir a sus discípulos y sabe con quién fue y qué le dijo. Se supone que se lo comenta a sus discípulos y algunos incluso recuerdan esos sueños compartidos.

Según Sri Aurobindo, esto no sólo es posible, sino que ése es el rumbo hacia el que nos dirigimos como especie:

«Existe una gradación infinita de realidades coexistentes, simultáneas, sobre las cuales nos abre el sueño una ventana natural. Este universo es una gradación de planos de conciencia que se escalonan sin interrupción de la materia al Espíritu puro y todo se sitúa en el seno de estos planos: nuestra vida, nuestro sueño y nuestra "muerte"... Vida, muerte, sueño no son sino diferentes posiciones de la conciencia en el seno de esta misma gradación... Cobrar conciencia de estos diversos grados de realidad es, pues, nuestra tarea fundamental, y cuando hayamos realizado íntegramente esta labor, desaparecerán las artificiales líneas de demarcación que separaban nuestros diversos modos de vida y pasaremos sin interrupción o sin lagunas de conciencia, de la vida al sueño y a la muerte, o, más exactamente, ya no habrá ni muerte ni sueño como nosotros lo entendemos, sino diversas maneras de percibir continuamente la Realidad total y, acaso, por último, una conciencia integral que todo lo percibirá simultáneamente».[95]

Supongo que esto es lo que los pleyadianos denominan el ser o la experiencia multidimensional... Además dicen que es algo que sólo se puede experimentar desde el interior de un cuerpo físico, por eso nuestra experiencia es tan valorada fuera de la Tierra y, por así decirlo, hay listas de espera para encarnar aquí...

Y también lo pregunto porque en uno de mis escasos sueños lúcidos un chico me dijo que había 10 niveles o grados y sólo en el nivel 10 adquirías la capacidad de ir y venir de un mundo a otro con tus recuerdos intactos y, si no, tenías que cruzar forzosamente una habitación donde había un mecanismo de censura (supongo que era algo simbólico) donde, de alguna manera, tus recuerdos de lo sucedido en esos planos se tergiversaban o se olvidaban.

Profesor: Sí, existe una correlación entre los diferentes grados o niveles de desarrollo evolutivo y la capacidad de interacción entre el mundo físico y los otros mundos. Pero es importante señalar que no siempre es así. Al igual que el hecho de ser un gran virtuoso en la música no necesariamente significa que el músico sea también una persona altamente evolucionada, igualmente es posible adquirir ciertas destrezas en el viaje interdimensional o en el grado de lucidez con que se pueden experimentar los sueños, sin que eso signifique una expansión del nivel de conciencia.

Extraterrestre: Aunque, definitivamente, para llegar a experimentar la multidimensionalidad sí es necesario que lo haya.

Karina: ¿Y qué se necesita para aumentar el grado de conciencia y de lucidez onírica al mismo tiempo?

Extraterrestre: Amor en primer lugar. Después algún tipo de marco de referencia que permita conceptualizar la multidimensionalidad como algo posible y deseable. Y mapas. Cualquier cartografía mínima de los diferentes planos que te invite a explorarlos de manera directa.

John: ¿Por medio de los símbolos de un sueño se puede distinguir con claridad en qué plano tuvo lugar dicho sueño?

Capitán: Lo símbolos no son determinantes, pero sí pueden ofrecer algunas pistas. Representan causas y efectos de un conjunto de circunstancias similares en otros planos.

---

95. Satprem: *Sri Aurobindo o la aventura de la conciencia*, Ediciones Obelisco, Barcelona, 1983.

Profesor: La memoria visual es metafórica. Las escenas originales de todas nuestras actividades oníricas quedan registradas en algún nivel, igual que todos los sucesos de la vida diurna. En el mundo de los sueños, ver un templo no es el registro literal de los bloques de piedra que lo componen, sino una interpretación visual de lo que significa ese templo para dicha alma. De vuelta a la Tierra, los recuerdos de los eventos sucedidos en otros planos son reconstrucciones de las experiencias oníricas moldeadas por las interpretaciones y el conocimiento consciente, eso que el amigo extraterrestre llama el marco de referencia de una persona.

Capitán: Los recuerdos de los soñadores se basan en vivencias pasadas almacenadas en los bancos de memoria de quien los procesa. Por ejemplo, un gran salón, un centro comunitario, un anfiteatro, la corte de un palacio, un aula de clases, una gran biblioteca, un consultorio, el auditorio de un colegio o el interior de un templo, pueden ser las diversas interpretaciones que las mentes de distintos soñadores traigan como recuerdo de haber estado en el mismo plano donde mantuvieron alguna conversación con sus guías.

Miller: Por ejemplo, si alguien en una vida pasada se sintió muy a gusto en un monasterio europeo del siglo XII en cuya biblioteca encontraba un refugio para el estudio y la paz, ésa será la imagen con la que su guía reciba a la persona durante sus sueños o la que esta persona asocie al experimentar una circunstancia parecida en ese otro plano. Los escenarios son creaciones conjuntas de los involucrados en cualquier encuentro.

Niño: Como veis, en cuestión de sueños no hay nada que no dependa de varios factores a la vez.

Karina: ¿Y tú qué, onda Metamorfa? ¿Quieres compartir algo con nosotros para cerrar la rueda?

Metamorfa: Sí. He visto que al comenzar a tener sus primeras experiencias de lucidez onírica, las personas pierden mucha energía esforzándose por cambiar los escenarios y personajes de su sueño en cuanto descubren el poder que tienen. Es fantástico jugar con estas cosas durante un tiempo, pero me gustaría recomendar que no lo conviertan en una pauta permanente, porque en vuestro plano equivaldría a la necedad de querer cambiar lo externo en lugar de cambiar lo interno, cuando lo primero es un reflejo de lo segundo. Si en estado de lucidez practicáis la pauta de explorar el escenario, sin modificarlo conscientemente, sino a través de la transformación de vuestras propias reacciones frente a lo que veáis, estaréis construyendo una pauta mucho más productiva para vuestra vida diurna. Además es igual de divertido, o incluso más... Digamos que si os topáis con un hombre que os apunta con una escopeta, en vez de cambiarle la escopeta por un ramo de margaritas, cambiad vuestro desagrado o vuestro miedo ante la escopeta y observad qué reacción provoca vuestro cambio en el escenario mismo... Os sorprenderéis gratamente y estaréis practicando una valiosa actitud que trasladar a la 3D.

Karina: ¡Genial, amiga Metamorfa! Muchísimas gracias a todos.

John: Salud y éxito con el libro de los *Sueños que guían.*

Después de escribir que John Reed terminó su whisky tras aquellas palabras y los demás brindamos a la manera de los Klingons (¡Kaplá!) o de los Vulcanos (¡Larga vida y prosperidad!), sólo nos resta desearte que tú también tengas muy buena suerte, que tu camino con los sueños sea largo y próspero y que recibas muchos sueños que te guíen.

Te enviamos un abrazo y mucha paz.

DECIMOSEGUNDA TAREA:

DISCIPLÍNATE

En este libro no encontrarás reglas fijas. Todas mis recomendaciones son sólo sugerencias. Cada persona es un mundo y lo que le sirve a una no necesariamente le sirve a otra. Si no has hecho algo antes, prueba mi sugerencia. Hazla tuya si te va bien y si no, busca otra forma de conseguir el mismo objetivo a tu manera.

Lo que sí te pido, y en esto no puedo transigir, es que dediques tiempo a tus sueños durante los próximos seis meses. Una par de horas a la semana para trabajar con uno de los sueños que hayas tenido y una tarde al mes o durante el plenilunio para dedicarla íntegramente a revisar todos tus sueños del pasado periodo y recapitular sobre lo que has descubierto y cómo lo has aplicado. Si no recibes un claro beneficio del recuerdo y el trabajo con tus sueños, terminarás por dejarlo como una breve historia anecdótica en tu vida.

Ahora que tienes entusiasmo, comprométete con tus sueños, disciplínate, recuérdalos, invócalos, trabaja con ellos, comparte y disfruta los frutos de tu trabajo con tus familiares y compañeros de camino.

Después de estos seis primeros meses, sé libre para adoptar tus propios ritmos, estilos y costumbres de trabajo onírico.

Anexo

*Instrucciones detalladas para llevar a cabo
cada uno de los ejercicios presentados en las páginas de este libro*

«La máquina de soñar plantada en el cerebro humano no se plantó en vano. Esta facultad aliada al misterio de la oscuridad es el gran tubo por el cual el hombre se comunica con la sombra. El órgano del sueño constituye junto con el corazón, el ojo, y el oído, el maravilloso aparato que encierra el infinito en las cámaras del cerebro humano y, desde eternidades que yacen debajo, esparce un negro resplandor sobre los espejos de la mente dormida.»

THOMAS DE QUINCY
Confesiones de un comedor de opio

Anexo

Análisis onírico

Objetivo: Mediante las asociaciones con los símbolos de un sueño concreto, buscar alguna vinculación con los conflictos por los que atravesamos en nuestra vida diurna, así como las decisiones que podemos tomar o las acciones que debemos emprender para resolver tales conflictos.

1. Escoge un sueño adecuado para trabajar con esta técnica

El tipo de sueño ideal para llevar a cabo este análisis sería cualquiera que tenga una función *prospectiva* o que, en virtud de su contenido, sea un *mal sueño*, un sueño de *ensayo* o un sueño de la *sombra*. Sin embargo, se puede aplicar a cualquier otro tipo de sueño siempre y cuando exista alguna clase de conflicto: ya sea que el soñador encuentre dificultades para conseguir un objetivo, que tenga un enfrentamiento con alguno o algunos de los personajes que aparecen en el sueño, o que sean éstos y no el soñador quienes sufran algún tipo de problemática. Si hay dos conflictos en el mismo sueño, quizá el desenlace está diagnosticando que como no se resuelve el primer conflicto, la confrontación continúa. Eso hay que determinarlo en el contexto del sueño.

2. Divide el sueño en tres secuencias dramáticas

En tu *Diario de Sueños* identifica cuál el la escena onírica que presenta el conflicto y ponla entre corchetes. Lo que hay arriba de esta escena va a ser la situación y lo que hay debajo de ella será la resolución.

a) La **situación** presenta el escenario y la circunstancia inicial en la que se desarrolla el sueño y normalmente termina con la introducción de nuevos personajes, con cambios de escenario o con algún otro tipo de cambios señalados con palabras como: *entonces, de repente, enseguida, ahora, después* o *luego*.

b) El **conflicto** es la presentación del dilema, el problema o simplemente la cuestión que presenta el sueño desde el punto de vista del soñador dentro del sueño y no fuera de él.

c) El **desenlace** no siempre está presente, pero si lo está, es la parte que muestra la utilidad potencial del sueño, pues contiene un diagnóstico o una sugerencia para una solución activa o un cambio de actitud en la vida del soñador.

3. Identifica los elementos

En el *Diario de Sueños* subraya los quince elementos que te parezcan más importantes dentro del sueño, cinco en cada parte. Pueden ser más o pueden ser menos, esto es sólo una orientación para no elegir demasiados ya que en ese caso las cosas se complican. Un elemento importante puede ser un personaje, un escenario, un sentimiento, un color, una actitud o una acción. Es importante subrayar no más de cinco palabras en cada parte para que tu análisis no se complique demasiado y se dirija a lo esencial. Déjate guiar por tu intuición para saber cuáles son los elementos más importantes ya que no hay reglas fijas para hacerlo. Subraya lo que llame más tu atención o te parezca más simbólico.

4. Aplica la asociación de palabras a cada elemento

En un cuaderno haz una lista con los cinco elementos o palabras que subrayaste en la situación, las cinco del conflicto y las cinco del desenlace. A continuación, escribe delante de cada elemento lo primero que acuda a tu mente al pensar en la imagen dentro del contexto del sueño. Puede ser una sola palabra, una frase o una anécdota. Si se trata de una anécdota completa, es necesario discernir la *emoción sumaria* a partir del recuento de la historia y ponerla delante del elemento. No te preocupes por la lógica o la conveniencia, simplemente exprésate lo más rápida y automáticamente posible.

5. Interpreta cada escena de acuerdo con sus asociaciones

Relee el contenido de las asociaciones por cada una de las tres partes y contesta las preguntas siguientes:

¿De qué trata este sueño? (con las asociaciones de la situación).

¿Cuál es el dilema, problema o cuestión que me presenta este sueño? (con las asociaciones del conflicto).

¿Cómo intento resolverlo? (con las asociaciones del desenlace). Si no hay una resolución clara y satisfactoria, entonces puedes preguntarte:

¿Cuáles son las posibles resoluciones o decisiones que todavía no se han manifestado en mi sueño?

6. Formula una aplicación práctica

Responde a la siguiente pregunta: ¿Qué puedo hacer al respecto?

Enuncia detalladamente las decisiones que tomarás en tu vida o las acciones que emprenderás a partir de la interpretación de este sueño. Si lo consideras necesario, fija algún plazo concreto para llevarlas a cabo.

Si no hay una resolución satisfactoria o si deseas esclarecer más alguna parte del sueño, puedes aplicar otra técnica de interpretación a este mismo sueño, de forma que puedas explorarlo más.

Conversar con un personaje onírico

Objetivo: Obtener información directamente del inconsciente por medio de un interrogatorio o diálogo con un personaje que aparezca en un sueño.

1. Elige un personaje onírico

De preferencia búscalo en un *sueño de descarga emocional, un sueño de la sombra, un mal sueño,* o *un sueño de sabiduría,* aunque en realidad puedes encontrarlo en cualquier tipo de sueño. Busca alguna persona con quien hayas tenido una conversación inconclusa o apenas iniciada, un personaje que haya escenificado un acto de violencia, un hombre o una mujer peculiar que te llame la atención por algún motivo o cualquier personaje que intervenga en un sueño donde se presente algún conflicto sin una resolución que consideres adecuada.

2. Elabora una lista de preguntas

Tienen que estar relacionadas con las cuestiones que te inquieten acerca de ese sueño en general y acerca de ese personaje en particular.

3. Entra en el personaje

Relájate y repasa en tu memoria todo el sueño con el mayor lujo de detalles. Luego vuelve a la escena donde aparece por primera vez el personaje con quien quieres dialogar y visualízalo tal como lo viste por primera vez en tu sueño. Cuando ya lo tengas claramente en tu imaginación, métete dentro del personaje. Imagina qué se siente al ser él o ella. Imagina cómo puede ser su vida y su forma de pensar. Siente que eres un actor y te estás identificando con el personaje conociéndolo desde el interior, adentrándote en su psicología.

4. Sostén un diálogo con el personaje

Regresa a tu propia personalidad y comienza el diálogo saludando al personaje e invitándolo a conversar contigo. No esperes una respuesta de un ser ajeno a ti. Recuerda que estás hablando con una tendencia de tu propio inconsciente que eligió expresarse a través de la imagen de ese personaje, así es que en esencia te estás respondiendo a ti mismo, aunque no desde tu conciencia habitual, sino a través del punto de vista de esa tendencia inconsciente.

Desde tu propia personalidad plantea una por una las preguntas de tu lista y respóndelas desde la óptica del personaje. Escribe con rapidez todo aquello que te venga a la cabeza sin pensarlo. Siéntete libre de añadir las preguntas o comentarios que consideres pertinentes. Céntrate y persiste para que tu personaje no divague y puedas obtener la información que buscas. Cuando termines el diálogo, pregúntale si hay algo que puedas hacer por él o ella o si tiene alguna recomendación que darte. Apunta la respuesta, agradece a tu inconsciente que se haya comunicado contigo y despídete del personaje.

5. Formula una aplicación práctica

Vuelve a leer el diálogo tratando de captar su significado para ver qué nueva información o qué sabiduría específica puedes extraer de este diálogo y dale alguna aplicación formulando modelos y acciones específicas para llevar a la práctica lo que has obtenido.

Explorar un símbolo onírico

Objetivo: Experimentar mediante la técnica de visualización el mensaje y los posibles significados que una imagen onírica nos pueda transmitir, de forma que el símbolo nos dé información acerca de sí mismo.

1. Elige un símbolo que quieras explorar

Busca un sueño donde aparezca una imagen, objeto, situación o acción que te parezca enigmática. Para emplear esta técnica puedes utilizar cualquier tipo de sueño. Resulta especialmente útil cuando no has encontrado una asociación libre que te parezca adecuada o suficiente para determinar el significado del símbolo, cuando sientes temor hacia él o cuando no te ha quedado claro el porqué de su aparición durante tu sueño.

2. Entra en un estado de relajación

Cierra los ojos, relaja profundamente todo tu cuerpo, deja salir la ansiedad y abre dentro de ti un espacio en calma. Luego rememora tu sueño con el mayor detalle posible de principio a fin y regresa al momento en que viste por primera vez la imagen simbólica con la cual quieres trabajar.

3. Explora el símbolo

Concéntrate en sus particularidades, siéntelas, implícate en ellas. Visualiza el objeto o el hecho desde diferentes ángulos. Si te parece oportuno, utiliza el poder de tu imaginación para meterte dentro del símbolo y observar las cosas desde su interior. Puedes permitir que el símbolo crezca y se expanda, pero no dejes que se diluya, ni que se transforme en otra cosa. Si aparecen nuevos símbolos tampoco les prestes atención. Mantén tu enfoque en el símbolo que estás investigando.

Algunas personas experimentan la exploración como un recuento de cualidades descriptivas, otras reciben percepciones o sentimientos que parecen provenir de su interior. Hay quien interacciona de alguna manera con el símbolo. Haz lo que te resulte más apropiado y divertido. Sólo procura no evaluar la experiencia mientras está sucediendo. Cuando sientas que has agotado todas tus posibilidades de experimentación, abre los ojos de nuevo y reconéctate a la experiencia diurna.

4. Consulta algún diccionario de simbología

Si es posible, contrasta tus propias vivencias con la sabiduría tradicional acerca del símbolo que acabas de explorar. Es importante observar en qué coinciden, en qué difieren y qué nuevas perspectivas nos pueden aportar estas descripciones para complementar o ampliar lo que hemos experimentado en torno al símbolo con el que elegimos trabajar.

Ten en cuenta que los diccionarios de símbolos no son lo mismo que los diccionarios de sueños. Mientras los primeros son estudios sobre lo que han representado determinados símbolos para diversas culturas, los segundos son compendios de interpretaciones oníricas del autor. Para este tipo de análisis y bajo los paradigmas psicoanalíticos, los diccionarios de simbología comparada son los adecuados para explorar el profundo significado de un símbolo.

5. Formula una aplicación práctica

Describe las experiencias que hayas tenido durante la exploración del símbolo y resume la información que hayas obtenido mediante la consulta del diccionario onírico o simbólico de tu elección añadiendo cualquier otra observación que te parezca pertinente. Luego reflexiona acerca de los sentimientos, percepciones o conclusiones a las que has llegado y piensa cómo puedes aplicar en tu vida este nuevo conocimiento describiendo las decisiones que tomarás o las acciones que deseas llevar a cabo. Si crees que es necesario, fija algún plazo concreto para cada cuestión.

Simplificar un sueño

Objetivo: Abstraer la pauta de comportamiento que está demostrando la trama de la experiencia onírica para convertirla en un mensaje, consejo, advertencia o moraleja aplicable a la vida del soñador.

1. Elige un sueño para trabajar con esta técnica

Prácticamente cualquier sueño de cualquier clasificación te servirá, a excepción de los intrascendentes u ordinarios.

2. Simplifica las acciones del sueño

Deja de lado los detalles y enfócate en describir con menos de 20 palabras la esencia de lo que está ocurriendo utilizando cualquiera de estos tres formatos:

    a) A alguien le sucedió algo.
    b) Alguien hizo algo a alguien.
    c) La moraleja de este sueño es que…

En el caso de que tu sueño sea muy largo, simplifica cada una de las acciones distintas que hayan ocurrido en la trama, usando alguno de los dos primeros formatos y luego intenta englobarlas todas bajo una sola moraleja. Si no es posible en una sola, inténtalo en dos o tres frases distintas, pero siempre procura que sea en el menor número posible.

3. Vincula esto con algún área de tu vida

Repasa cada uno de los ámbitos de tu vida diurna considerando si en alguno de ellos te está ocurriendo lo mismo que en la descripción anterior. Si aun así no te queda muy claro el mensaje, utiliza los personajes y objetos que aparecen dentro de tu sueño como pistas, reflexionando sobre su función particular en el contexto del sueño.

4. Encuentra la manera de llevar a la práctica este mensaje

Piensa de qué forma puedes aplicar en tu vida el conocimiento transmitido mediante acciones concretas y también escríbelo.

Consultar un diccionario

Objetivo: Buscar un consejo, advertencia o diagnóstico a partir de los símbolos de nuestros sueños descifrados por medio de las definiciones encontradas en un diccionario onírico.

1. Elige un sueño adecuado

Tiene que ser un sueño simbólico o semisimbólico, de cualquier clasificación, especialmente los sueños de ensayo, los de sabiduría o los espirituales.

2. Realiza algún tipo de interpretación

Simplifica tu sueño o aplica alguna otra técnica de interpretación para que tengas una idea general acerca del tema de tu sueño.

3. Busca en el diccionario los símbolos principales de tu sueño

Quédate únicamente con lo que te sirva dentro del contexto de lo ocurrido en tu sueño. Desecha cualquier interpretación que no venga al caso, o que no sea válida y aplicable a tu vida en el momento presente.

4. Reflexiona sobre lo que has obtenido

Resume conjuntamente la aportación que hayas adquirido tanto de tu interpretación como de la consulta del diccionario.

5. Busca una aplicación práctica

Piensa de qué manera puedes aprovechar en tu vida cotidiana esta información.

Reflexionar acerca de un sueño

Objetivo: Identificar la fuente de una experiencia onírica concreta, reflexionar acerca de su significado y acerca de la forma en que puedes trasladar esta experiencia a tu vida cotidiana para beneficiarte y beneficiar a quienes te rodean.

1. Escoge un sueño adecuado para trabajar con esta técnica
Puedes elegir cualquiera que sientas que contiene información relevante para ti, ya sea de forma literal o simbólica; o alguna experiencia onírica que te haya impactado por las emociones con las cuales despertaste. Si deseas esclarecer más alguna parte del sueño o su mensaje, puedes aplicar alguna técnica de interpretación antes de continuar con este ejercicio.

2. Responde a la siguiente pregunta: ¿Cuál podría ser la fuente de esta experiencia onírica?
Básicamente hay cinco respuestas posibles:

a) *La divinidad* tal como tú la concibas (Dios, Yahvé, Alá, el Todopoderoso, el Amor sin límites, la Diosa, etc.);

b) *Tu alma o tu psique* (ya sea tu inconsciente o tu supraconsciente);

c) *Alguna persona fallecida* (pariente, amigo o tus antepasados en general);

d) *Un guía* (según tus propios parámetros y creencias: ángel de la guarda, aliado, amigo, animal de poder, extraterrestre, guía personal o guía de alto nivel; o alguna emanación de la divinidad o maestro ascendido como Asclepio, Quetzalcóatl, Jesucristo, Temazcaltoci, etc.);

e) *Una combinación de más de una fuente o alguna otra fuente* (que no es ninguna de las anteriores).

3. Lee con detenimiento la siguiente lista de preguntas y elige dos para responderlas (por ejemplo, la que más te atraiga y la que más rechazo te provoque o las que tengan más vinculación con tu sueño):

1) ¿Por qué he soñado precisamente esto ahora?

2) ¿Qué quiere de mí la fuente de esta experiencia onírica?

3) ¿Puede ser que mis guías aparezcan disfrazados en este sueño?

4) ¿Estoy conforme con mi actuación en esta experiencia onírica?

5) ¿Por qué necesito este sueño?

6) ¿Cómo resumiría el tema de este sueño en una palabra?

7) ¿En qué escenario o escenarios tuvo lugar esta experiencia onírica y qué representan para mí?

8) ¿Qué símbolos aparecen en este sueño y cuál es mi relación con ellos?

9) ¿Qué relación tiene este sueño, si la hay, con lo que está sucediendo ahora en mi vida o con algo de mi futuro?

10) ¿Me está mostrando este sueño un rasgo de mi personalidad?

11) ¿Cuál es el significado que tiene para mí este sueño?

12) ¿Qué relación tiene este sueño, o sus símbolos, con otros sueños que he tenido?

13) ¿Qué es lo que está siendo aceptado en este sueño?

14) ¿Qué sentimientos experimenté y por qué?

15) ¿Qué sentimientos estuvieron inexplicablemente ausentes?

16) ¿Qué me recuerda este sueño?

17) ¿Por qué estoy enfrentándome de ese modo a la situación que me plantea esta experiencia onírica?

18) ¿Por qué no estoy haciendo en mi vida algo que sí hago en este sueño?

19) ¿Quién o qué es mi adversario en esta experiencia onírica?

20) ¿Qué se siente herido en este sueño?

21) ¿Qué me gustaría evitar en esta experiencia onírica?

22) ¿Por qué a veces tengo miedo de los personajes oníricos?

23) ¿Qué está siendo curado en este sueño?

24) ¿Qué fuerza de este sueño me ayuda o me sana?

25) ¿Quién o qué es mi compañero?

26) ¿Se manifiestan mis guías en este sueño y en mi vida diurna?

27) ¿Qué me gustaría añadir a esta experiencia onírica?

28) ¿Qué acciones sugiere este sueño que debería considerar?

29) ¿Por qué quise reflexionar acerca de este sueño en particular?

30) ¿Qué puede suceder si continúo trabajando con este sueño?

31) ¿Qué pasa si no hago caso de este sueño?

32) ¿Puedo cambiar mi futuro a raíz de esta advertencia onírica?

33) ¿Puedo crear o descubrir algo con las claves de este sueño?

Por supuesto, puedes responder más de dos preguntas y también puedes formular cualquier otra que se te ocurra después de leer la lista o a raíz de las respuestas que vayan surgiendo.

4. Elige otro par de preguntas al azar y respóndelas

Puedes hacer unas tarjetas especiales con cada pregunta o simplemente puedes numerarlas y escribir los números de cada una en papelitos. Luego pídele a la fuente de este sueño que te haga saber qué preguntas te conviene responder en estos momentos. Mete las tarjetas o papelitos en una caja y revuélvelos. Confía en que este medio servirá como un oráculo y escoge tus dos preguntas sacándolas al azar de la caja.

5. Formula una aplicación práctica

Enuncia las decisiones que tomarás en tu vida o las acciones que emprenderás a partir de haber trabajado con este sueño. Si lo consideras necesario, fija algún plazo concreto para llevarlas a cabo.

Invocar un sueño

Objetivo: Se trata de solicitar a la fuente de nuestros sueños (tal como cada quien la conciba), un sueño cuyo contenido particular nos ayude a contestar una pregunta específica, o nos dé orientaciones generales para abordar un problema, obtener una idea creativa o enfrentar cualquier cuestión determinada.

1. Haz una lista de las cuestiones que te inquieten

Tres o cuatro cosas importantes bastarán. Pueden ser preocupaciones generales, temas de salud, situaciones laborales, decisiones que tengas que tomar o cualquier otra cuestión concreta. Si no se te ocurre ningún tema, no importa, aun así puedes continuar.

2. Elige una cuestión y formula una pregunta

Escribe en un papel una pregunta o petición específica a la fuente del sueño sobre el tema que hayas elegido. Si no tienes tema, simplemente solicita que te haga saber algo que te sea útil en esos momentos. Cuanto más específica sea tu pregunta, más específica podrá ser la respuesta. Sin embargo, también puedes pedir información en términos generales y obtener un buen diagnóstico de amplio espectro.

3. Coloca el papel con tu pregunta debajo de tu almohada

Antes de dormir prográmate asegurando mentalmente: «El próximo sueño que recuerde, ya sea mañana o algún otro día, contendrá la respuesta a mi pregunta». Si te es posible, mantén una conciencia periférica mientras duermes con respecto a la cuestión y al hecho de que estás soñando.

4. Al despertar escribe el sueño o lo que te venga a la mente

Tal vez no recuerdes un sueño, pero puedes despertar con la certeza de que ya sabes cómo resolver tu problema, con una idea clara que puedas implementar, con un dolor, con un sentimiento inquietante, o por el contrario, con una agradable sensación de que aquello que te preocupaba ya se ha resuelto o en realidad es irrelevante. En cualquier caso, escribe lo primero que te venga a la mente al despertar.

5. Realiza los trabajos oníricos que consideres apropiados

Quizá recibas un sueño simbólico que requiera algún tipo de análisis o necesites emplear alguna otra técnica para ahondar en su significado. En todo caso, recuerda que el tema de tu pregunta será el tema de tu sueño y deberás interpretarlo en función del mismo.

6. Formula una aplicación práctica

Dale un buen uso a la información que recibas en tu sueño enunciando cosas concretas que puedes hacer a partir de la respuesta recibida.

Invocar un sueño para otra persona

Objetivo: Se trata de solicitar a la fuente de nuestros sueños (tal como cada uno la conciba) un sueño cuyo contenido particular nos dé alguna información que pueda ser de utilidad a otra persona, ya sea un familiar, un amigo, un paciente o un cliente.

1. Pide el consentimiento de la persona para la cual quieres invocar un sueño

En caso de que la persona sea tu paciente o tu cliente, tienes su consentimiento tácito, pues ha recurrido a ti en busca de ayuda y mediante esta técnica puedes obtener información que sea de utilidad en su consulta o tratamiento. En cambio, si se trata de una persona que no ha recurrido a ti en busca de apoyo, pero deseas brindárselo, coméntale primero tu intención solicitando su permiso y pregúntale si tiene alguna pregunta específica. Si la persona también está interesada en el mundo de los sueños y suele recordar los suyos, intercambia alguna pregunta con ella. Será más divertido y estaréis en igualdad de condiciones...

2. Formula una pregunta

Escribe en un papel la pregunta o petición específica a la fuente del sueño sobre lo que la persona desea o necesita saber en esos momentos. Desde la perspectiva de los tejedores de sueños, lo que uno desea saber no es siempre lo que uno necesita saber. Por eso es mejor ser flexibles.

3. Coloca el papel con la pregunta debajo de tu almohada

Antes de dormir prográmate asegurando mentalmente: «El próximo sueño que recuerde, ya sea mañana o algún otro día, contendrá la respuesta a mi pregunta». Si te es posible, mantén una conciencia periférica mientras duermes con respecto a la cuestión y al hecho de que estás soñando.

4. Al despertar escribe el sueño o lo que te venga a la mente

Aunque no recuerdes nada, escribe lo primero que te venga a la mente al despertar y continúa esperando la respuesta en el próximo sueño que recuerdes.

5. Realiza los trabajos oníricos que consideres apropiados

Quizá recibas un sueño simbólico que requiera algún tipo de análisis o necesites emplear alguna otra técnica para profundizar en su significado. Asegúrate de hacer estos trabajos junto con la persona para quien solicitaste el sueño, ya que la asociación simbólica que necesitas para interpretarlo, quizá no es la tuya, sino la de la persona en cuestión. En todo caso, recordad que el tema de la pregunta será el tema del sueño que hayas recibido y deberéis interpretarlo en función del mismo.

6. Pide a la persona que intente darle una aplicación práctica

Procura que enumere algunas cosas concretas que pueda hacer para sacar provecho del regalo que le habéis otorgado tú y la fuente de los sueños.

Detectar y transformar creencias inconscientes

Objetivo: Identificar las creencias y actitudes que dirigen, inconscientemente, las acciones de los personajes oníricos, que son las mismas que rigen nuestra conducta y nuestras reacciones cuando estamos despiertos.

El propósito de detectar estas creencias y actitudes consiste en decidir cuáles merece la pena conservar y cuáles podemos transformar conscientemente para elevar la calidad de nuestra vida.

1. Escoge un sueño adecuado para trabajar con esta técnica
Procura usar un *mal sueño*, un sueño de *compensación*, de *prospectiva* o de *ensayo* o cualquier otro cuya trama refleje comportamientos y actitudes, tuyas o de los personajes, que amenacen tu vida o la de alguien más; o que obstaculicen, impidan o se opongan de alguna forma a lo que sea que estés haciendo o intentes realizar dentro del sueño. Si eliges un sueño recurrente, aún mejor.

2. Enumera lo que haces y sientes dentro del sueño y lo que no
Utiliza una página en blanco y divídela en dos partes. En un lado escribe lo que sí y en el otro lo que no. Empezando desde el principio, describe literalmente lo que haces o dejas de hacer y lo que estás o no estás sintiendo. Escríbelo de la manera más breve y concisa que puedas, utilizando el tiempo presente. Por ejemplo:

Sí	No
Recibo una carta amenazadora	No me pregunto quién la escribió
Cojo una maleta y salgo huyendo	No me quedo a ver qué sucede
Me siento tranquilo	No siento miedo

3. Simplifica tus actitudes
Vuelve a leer ambas listas y describe la actitud que hay detrás de esa y otras acciones similares sin mencionarlas de forma concreta. Por ejemplo: «Cojo una maleta y salgo huyendo» y «No me quedo a ver qué sucede» pueden transformarse en: «Más vale huir frente a las amenazas». Y las frases de «Me siento tranquilo» y «No tengo miedo» pueden convertirse en: «Es mejor conservar mi tranquilidad, que enfrentarme a algo que me provocaría miedo».

4. Averigua el porqué de cada actitud
Búscale un porqué a tus simplificaciones. Por ejemplo: ««Es mejor conservar mi tranquilidad que enfrentarme a algo que me provocaría miedo...» *porque* «... soy demasiado débil para enfrentarme a determinadas

fuerzas negativas». Si lo consideras necesario, continúa preguntándote el porqué de esa creencia hasta que sientas que has llegado al fondo de la cuestión.

5. Evalúa tus creencias

Decide qué creencias y actitudes son valiosas, positivas, afirman la vida y deseas conservar y cuáles son negativas y perjudiciales y deseas cambiar.

6. Transforma las creencias y actitudes negativas por medio de afirmaciones

Para crear una afirmación, toma una creencia o actitud negativa y reescríbela como una frase que afirme tu poder. Por ejemplo, la actitud: «Es mejor evitar las amenazas que enfrentarse a ellas», puede transformarse en la de: «Es mejor quedarme y descubrir qué es exactamente lo que me amenaza y cómo puedo dejar de sentirme amenazado».

Ahora divide otro folio u hoja en dos partes por medio de una línea. Escribe la afirmación varias veces en un lado de la página y en el otro escribe todo lo que te venga a la cabeza. Será usualmente la «masa negativa» evocada por la nueva actitud. Te estás reformando mediante nuevas actitudes que ahora son valores, y son más integradores y afirman tu valía y tu derecho a disfrutar de la vida.

Sigue escribiendo la afirmación hasta que gane a la masa negativa. O escribe una nueva afirmación que incluya conjuntamente las actitudes nuevas y las negativas que han sido evocadas, si te parece que de este modo tu afirmación es más realista. Por ejemplo: «Es mejor evitar las amenazas que enfrentarse a ellas» puede convertirse en la afirmación «Cada vez soy más capaz de enfrentarme directamente a lo que percibo como amenazas en mi vida». Si aun así la voz de la masa negativa te responde con fuerza «¡No, no lo eres!», entonces escribe la afirmación como «Cada vez soy más capaz de enfrentarme directamente a algunas de las cosas que percibo como amenazantes en mi vida». Probablemente si das este primer paso, la confianza que generes en ti al ver que, efectivamente, eres capaz de enfrentar una amenaza, te dé la fuerza necesaria para que eventualmente puedas atreverte a pensar que, en realidad, puedes enfrentar cualquier amenaza y conseguir la ayuda que requieras para superarla.

7. Formula una aplicación práctica

Haz una lista con las actitudes y acciones específicas que materialicen tus nuevas creencias positivas. Después formula cuáles son los cambios que esperas que se produzcan y que tratarás de conseguir tanto en el mundo de vigilia como en los mundos oníricos.

8. Repite tus afirmaciones durante una semana

Antes de dormirte y si puedes, al despertar, escribe o repite mentalmente las afirmaciones que lograste elaborar en el paso número seis. Utiliza cinco minutos dos veces al día durante una semana. Con esto suele bastar para que puedas implantar las nuevas creencias en tu vida, aunque puede haber creencias demasiado arraigadas que requieran algo más de tiempo para transformarse.

9. Evalúa tus progresos

Busca en las próximas semanas los sueños y los acontecimientos sincrónicos que confirman estas nuevas actitudes y observa los resultados. Si no percibes ningún cambio, revisa tus afirmaciones positivas y vuélvelas a escribir dos veces al día hasta que comiences a percibir las transformaciones que esperas conseguir.

Reescritura y reentrada al sueño

Objetivo: Ensayar nuevas posibilidades de acción que reflejen las nuevas creencias y actitudes positivas que deseas implantar en tu inconsciente, de forma que eventualmente se trasladen a la conciencia y funcionen como un patrón automático.

1. Escoge un sueño adecuado para realizar este ejercicio

Se puede utilizar una experiencia onírica de cualquier clasificación, siempre y cuando no estemos conformes con el desenlace de la trama, ya sea porque nos despertamos antes de que hubiera concluido, porque no estamos satisfechos de la forma en que actuamos o porque el resultado fue adverso para el soñador o para alguna tendencia inconsciente que se desea preservar.

2. Reescribe el sueño imaginativamente

Vuelve a escribir el sueño tal cual hasta que aparezca el conflicto. A partir de este punto puedes cambiar lo que quieras, tratando de utilizar los mismos elementos presentes en el sueño original para enviarle un mensaje al inconsciente en sus propios términos. Esta vez interactúa con los personajes del sueño de una forma distinta, utilizando las actitudes nuevas y más creativas que se te ocurran. Deja que fluyan tus palabras y los sentimientos. Escribe lo más rápido que puedas y sin pensar demasiado, especialmente las respuestas de los personajes que interactúen contigo en tu sueño.

3. Realiza una reentrada al sueño
Antes de dormirte, cuando ya estés en la cama, vuelve a visualizar en tu mente las escenas de tu sueño ya reescrito, intentando que sea lo último que hagas antes de caer en el estado onírico. Al día siguiente, cuando recuerdes tus sueños, busca algo en ellos que pudiera ser una reacción a la propuesta que has introducido a tu inconsciente mediante la reentrada. Repite la misma reentrada cada noche si lo consideras necesario.

4. ¿Cómo puedes aplicar en tu vida este nuevo conocimiento?
Enumera los cambios que en tu conducta diaria reflejarían que tu inconsciente ha captado la nueva dirección que has introducido mediante esta reescritura. Después visualiza tus acciones diurnas para ver si lo has conseguido o no. Ten paciencia y persevera ya que la mayoría de las veces han sido varios los eventos que han hecho que una tendencia de tu psique llegue a una conclusión determinada y de la noche a la mañana no puedes borrar las conclusiones extraídas de esas experiencias. Hay veces que hace falta más de un intento para ir impactando todas las capas o tendencias que sostienen una misma creencia.

Expresión artística del sueño

Objetivo: Se trata de emplear cualquier técnica artística para representar el mensaje de un sueño a fin de grabarlo en el inconsciente y mantenerlo presente en la conciencia. Este ejercicio también puede utilizarse para ampliar el significado de un símbolo, para transmutar una situación o para construir un panorama gráfico de nuestro inconsciente.

1. Escoge una de las siguientes actividades:
a) Dibuja o pinta una escena representativa del sueño o los símbolos que aparecen en el mismo. También puedes dar forma a tus adversarios de los sueños para conocerlos y asimilarlos. O puedes invocar

sueños-diagnósticos sobre el estado de tu ánima y tu *ánimus* y dibujar a los personajes que aparezcan. Pintar una figura antes de dialogar con ella es una manera de potenciar la energía invocada. Y tener una serie de «pinturas oníricas» permite elevar el proceso de tu trabajo con los sueños. Puedes comprometerte a hacer una pintura periódicamente o a dibujar un símbolo recurrente cada vez que aparezca. Resulta útil poner título a las pinturas y escribir detrás una descripción básica o una referencia al sueño que representan y la fecha en la que lo tuviste.

b) Trabaja con arcilla o plastilina materializando figuras o símbolos curativos de tus sueños. Quizá te gustaría tener por toda tu casa figuras simbólicas que te recuerden el contenido de tu psique.

c) Construye con cartón tu propio «teatro de los sueños», un espacio a escala con varias áreas en donde colocar las figuras y los símbolos de tus sueños. El efecto de esta técnica te permite mirar el mundo interior de tu psique. Así puedes redisponer las figuras y los símbolos para producir diferentes efectos y significados.

d) Danza espontáneamente o elabora una coreografía inspirada en tus experiencias oníricas.

e) Escribe un cuento, un poema o una canción a partir de los personajes o la trama de algunos de tus sueños.

f) Utiliza tu propia imaginación y creatividad artística para expresar tus sueños como se te ocurra. No te limites.

2. Aplicación práctica

Enuncia algunas cosas concretas que puedas hacer o cambiar en tu conducta cotidiana como consecuencia de haber realizado esta obra artística.

Crear un sueño lúdico

Objetivo: Ejercitar el poder de tu imaginación y divertirte creando un sueño de principio a fin con todo lujo de detalles.

1. Relájate profundamente

Utiliza cualquier técnica que quieras, teniendo en cuenta que la calidad de tu inspiración creativa estará en proporción directa a la profundidad que logres alcanzar en tu relajación.

2. Sitúate en un nivel energético elevado

Solicítalo o visualízate subiendo a un ascensor de cristal en el que las opciones del tablero son los siete planos del mapa teosófico: 1. Físico, 2. Astral, 3. Mental-causal, 4. Búdico, 5. Nirvánico, 6. Ádico y 7. Monádico. Oprime el botón del tercer plano (o alguno superior si quieres probar suerte). Imagínate saliendo de la atmósfera terrestre, más allá de la luna (el mundo sublunar es el plano astral según los Teósofos). Imagina que entras a otra dimensión de luz. Cuando las puertas del ascensor se abren, la blanca luz te molesta los ojos hasta que te acostumbras a ella.

3. Crea tu sueño lúdico

Elige si quieres estar solo o si quieres contar con la asistencia de tu Consejo Asesor Onírico o de algún guía o maestro en especial. En tal caso invoca y agradece su presencia y participación antes de escoger el escenario, los decorados, el lugar, la época, los personajes, el vestuario y todos los elementos que se te ocurran. Visualízalo todo con el mayor lujo de detalles en este espacio vacío y maleable del plano mental.

Ahora continúa con la trama, tomando y soltando alternativamente el control de la misma con fluidez. Sin temor a hacerlo mal, porque precisamente se trata de un juego y no hay forma de hacerlo mal, excepto no disfrutándolo... Cuando decidas terminar tu aventura, despídete de los personajes y agradece su presencia antes de regresar en el ascensor al plano físico.

4. Escríbelo en tu *Diario de Sueños*

Consigna tu aventura lúdica en tu *Diario de Sueños*, como haces con el resto de tus experiencias oníricas.

5. Aplicación práctica

Si recibiste algún consejo o percibiste alguna pauta de comportamiento que te sea útil en tu vida diurna, formula tu intención de aprovechar esa información de formas concretas.

Realizar un festival de los sueños

Objetivo: Compartir los sueños dentro de un grupo a fin de lograr una interpretación más enriquecedora, para trabajar de forma terapéutica a partir de ellos y/o para tener apoyo durante el proceso de llevarlos a la práctica, según el caso.

1. Reúne un grupo de personas afines

Además de estar interesadas en el tema de los sueños y de recordarlos, es deseable que tengan algunos conocimientos básicos de interpretación y algunas herramientas terapéuticas y/o de trabajo con sueños, aunque no necesariamente todos compartan exactamente las mismas.

2. Escoger un lugar apropiado para trabajar en grupo

Es necesario contar con un espacio lo suficientemente grande como para llevar a cabo una representación con todos los participantes sin que sus movimientos queden restringidos. También es recomendable limpiar el lugar y adornarlo para la festividad que albergará, según el gusto de los participantes.

3. Escoger un sueño por persona

Se puede invocar un sueño, ya sea de manera personal o intercambiando previamente las preguntas entre los miembros del grupo para que cada participante tenga algún sueño que contar el día del festival. Pero también se puede compartir cualquier otro sueño, especialmente las pesadillas y los sueños repetitivos.

4. Realizar algún tipo de ritual o ceremonia de apertura

Para que sea un festival de estilo chamánico, es indispensable comenzar llevando a cabo algún tipo de ritual o ceremonia. Se puede usar el de la rueda lakota de las armonías, descrito anteriormente o cualquier otro de cualquier otra tradición. Incluso es perfectamente válido inventar un ritual entre los participantes. El caso es que recibamos el mensaje, tanto consciente como inconscientemente, de que estamos penetrando en una realidad no ordinaria y estamos abriéndonos a la oportunidad de interactuar con nuestros ancestros, nuestros guías y los espíritus de nuestros sueños con la finalidad de obtener sabiduría y sanación.

5. Compartir los sueños

Sería óptimo disponer de tiempo suficiente para que cada uno de los participantes cuente su sueño, pero si el número de personas sobrepasa el tiempo programado, se puede escoger a los participantes que más se beneficiarán con las aportaciones de ese grupo en esos momentos, mediante un oráculo (con piedras, papelitos o números), después de solicitar a los respectivos Consejos Asesores Oníricos de los soñadores presentes que les orienten al respecto mediante el oráculo elegido.

Es preferible escuchar cada experiencia onírica con los ojos cerrados, plenamente concentrados, recreando en la imaginación cada detalle para convertir el sueño en algo propio y poder entrar a él con mayor profundidad.

6. Trabajar con cada sueño

Hay que elegir por intuición y consenso el tipo de trabajo que se hará a partir de cada sueño relatado, ya sea una ronda de interpretaciones y comentarios, una representación o algún otro tipo de trabajo, en función del tipo de sueño, de las expectativas del soñador, de la energía del grupo y del tiempo disponible. En caso de dudas, esto también se puede escoger mediante algún oráculo, sacando una tarjeta o una piedra que represente a cada tipo de trabajo posible después de solicitar al Consejo Asesor Onírico del soñador que le oriente respecto a lo que le funcionaría mejor en esos momentos.

7. Intercambiar regalos

Si se intercambiaron preguntas para invocar los sueños, el soñador recibe un regalo de parte de quien formuló la cuestión. Si no se utilizó este método, cada soñador puede escoger a quien quiere darle su regalo, o se pueden colocar en algún sitio todos los regalos envueltos y cada soñador va escogiendo alguno, o se realiza un sorteo.

8. Cerrar el festival

Agradecer la ayuda recibida tanto del mundo invisible como de los compañeros visibles. También se puede danzar, tocar música o simplemente hacer una ronda de cálidos abrazos de despedida.

Bibliografía

Anónimo: *Un Curso de Milagros*, Foundatios for Inner Peace, USA, 2000.

Anwandter, Rosa: *Los sueños, el espejo del alma*, Editorial Platero, Santiago de Chile, 1999.

Arlow, Jacob A.: *The legacy of Sigmund Freud*, International University Press, Boston, 1984.

Barea, Consuelo: *El sueño lúcido*, Océano-Ámbar, Barcelona, 2001

Braden, Gregg: *La Matriz Divina*, Editorial Sirio, Barcelona, 2007.

Bosnak, Robert: *La práctica del soñar*, Ediciones Obelisco, Barcelona, 1996.

Cabarrós, Carlos: *Orar tu propio sueño*, Universidad Pontificia Comillas, Madrid, 1993.

Coromines, J.: *Breve diccionario etimológico de la lengua castellana*, Gredos, Barcelona, 1998.

Cox Miller, Patricia: *Los sueños en la antigüedad tardía*, Siruela, Madrid, 2002.

Cunningham, Donna y Andrew Ramer: *The Spiritual dimensions of healing addictions*, Cassandra Press, CA, USA, 1996.

Cunningham, Donna y Andrew Ramer: *Further dimensions of healing addictions*, Cassandra Press, CA, USA, 1998.

Daniel, Alma, Timothy Wyllie y Andrew Ramer: *Descubre a tus ángeles*, Ed. Javier Vergara, Buenos Aires, 1999.

Fontana, David: *El libro de los sueños*, Ediciones B, Barcelona, 1998.

Freud, Sigmund: *Interpretación de los sueños* 1 y 2, Alianza, Madrid, 1980

Harare, Keith y Pamela Weintraub: *Lucid Dreamings in 30 days, San Martin's Grifin, Nueva York, 1999.*

Hellinger, Bert: *Los órdenes del amor*, Ediciones Paidós, Madrid, 2004.

Hoppe, Geoffrey: *Tobias on Dreams*, Reno, Nevada, 26 de agosto de 2005.

Ingerman, Sandra: *La recuperación del alma*, Círculo Chamánico, Argentina, 2004.

Jaffé, Aniela: *C. G. Jung: Memories, dreams, reflections*, Vintage Books, Nueva York, 1989.

Jodorowsky, Alejandro: *Psicomagia*, Ediciones Siruela, Madrid, 2004.

Jung, Carl Gustav: *Energética psíquica y esencia del sueño*, Paidós, Barcelona, 1982.

—: *Psicología y alquimia*, Tomo, México, 2002.

—: *Obras completas,* en varias editoriales.

Klemp, Harold: *The art of spiritual dreaming*, Eckankar, Minneapolis, USA, 1999.

Leadbeater, C. W.: *El plano astral y el plano mental*, Editorial Kier, Argentina, 1984.

Leahey, T.H.: *Historia de la Psicología*, Pretince Hall, Madrid, 2005.

Llop, Milena: *El libro de los sueños, gran diccionario práctico, Mía*, España, 1990.

Malpica, Karina: *Sueños que guían*, Ediciones Obelisco, Barcelona, 2010.

—: *El juego de los animales de poder*, Ediciones Obelisco, Barcelona, 2011.

McKenzie, Clancy: «Control Mental Silva y el paciente psiquiátrico», en José Silva y Philip Miele: *El Método Silva de Control Mental*, Editorial Diana, México, 2003.

Marciniak, Barbara: *Mensajeros del alba*, Ediciones Obelisco, Barcelona, 1997.

—: *Tierra*, Ediciones Obelisco, Barcelona, 1999.

—: *Familia de Luz*, Ediciones Obelisco, Barcelona, 1999.

—: *Recuperar el poder: Sabiduría pleyadiana para un mundo en caos*, Ediciones Obelisco, Barcelona, 2007.

Newton, Michael: *La vida entre vidas*, Robinbook, Barcelona, 1995

—: *Destino de las almas,* Llewellyn Español, Minnesota, 2004.

Qualls-Cobertt, Nancy: *La prostituta sagrada*, Edicones Obelisco, Barcelona, 1988.

Robertson, R.: *Arquetipos junguianos*, Ediciones Paidós, Buenos Aires, 1995.

Roman, Sanaya y Duane Packer: *Opening to Channel - How to Connect with Your Guide,* H J Kramer Inc, CA 2000.

Ryback, David y Letitia Sweitzar: *Vea el futuro en los sueños*, Martínez Roca, 1994.

Satprem: *Sri Aurobindo o la aventura de la conciencia*, Ediciones Obelisco, Barcelona, 1983.

Saya: *Somos multidimensionales. Más allá de los sueños: ensoñaciones, viajes interdimensionales, canalizaciones*, Muñoz Moya Editores, Sevilla, 2003.

Sheij Muzaffer Ozak Al Halveti: *El amor es el vino: charlas de un maestro sufí en América*, Editorial Al Sur, Argentina, 1998.

Stephorn Kaplan Williams: *Manual para la interpretación de los sueños*, Edaf, Madrid, 1989.

Qualls-Corbertt, Nancy: *La prostituta sagrada*, Ediciones Obelisco, Barcelona, 1998.

Quan Yin, Amorah: *Manual de ejercicios pleyadianos*, Ediciones Obelisco, Barcelona, 2003.

Rampa, Lobsang: *Usted y la eternidad*, Troquel, Buenos Aires, 1964.

Torallas, T. S.: «Sobre la clasificación de los sueños de Filón de Alejandría y sus implicaciones posteriores», *Revista de Filosofía*, Universidad Complutense, Madrid, 1999.

Thurston, Mark: *Los sueños: sabiduría para la Nueva Era de Edgar Cayce*, Edaf, Madrid, 1991.

Twitchell, Paul: *The Spiritual Notebook*, Eckankar, Minneapolis, 1971.

Vargas, Lolita: *Copal, ofrenda divina: El sahumador y las sahumadoras*, Ed. Bugambilias, Querétaro, 2004.

Wolf, Fred Alan: *La búsqueda del águila*, Los libros de la Liebre de Marzo, Barcelona, 1997.

Agradecimientos

A todos mis amigos y todas las personas que me han hecho partícipe de sus aventuras oníricas durante todos estos años les agradezco mucho su confianza y la oportunidad que me brindaron para aprender más acerca de ellos. Especialmente quiero agradecer a quienes compartieron sus sueños con la intención de enriquecer este libro con ejemplos y casos prácticos.

Gracias a mi querida amiga-hermana Igone, que me prestó su acogedor departamento en Bilbao durante un par de meses para poder encerrarme a concluir este libro y *El juego de los animales de poder*. Gracias a mis estimadísimos amigos, anfitriones y padrinos de ambos libros: Mary Medina y Manolo Marín, Mercé Prats y Xavi Filleia. Gracias a mi ex compañero de la escuela de escritores, Juan Carlos Castrillón por sus citas sobre los sueños. Gracias a mi querido amigo Jean Pierre Kun por su trabajo para ayudarme a poner estas páginas en las manos de otros (BFF!) Gracias a mi ex marido por los sueños que soñamos juntos, especialmente por aquellos que confirmaron y respaldaron los míos.

Gracias a mi admirada y querida tía Angélica Olvera de Malpica, que entre otras mucha cosas útiles en la vida me enseñó la mirada sistémica de los sueños en la obra de Bert Hellinger.

Gracias a la biblioteca de Bilbao, a la biblioteca de Blanes y a todos los amigos que en distintos momentos clave me han proporcionado libros importantes para profundizar en mi investigación sobre los sueños. Gracias también a cada una de las personas que me han recomendado o prestado libros sobre los sueños, algunos de los cuales he citado en estas páginas.

Gracias a mis estimadas amigas de Zyan, a Teresa Flo, que me dio tan buenos consejos y apoyo para este libro, y a Bruni Concha-Alecchi, que me puso en contacto con mi editor, Juli Peradejordi. Con él ya de antemano estaba agradecida por todos los libros de Ediciones Obelisco que han guiado mi vida (especialmente los de Kryon y los pleyadianos). Ahora lo estoy aún más por el honor de entrar a formar parte del mismo catálogo.

Gracias a Freud, a mi querido Jung, a Kaplan, a Cayce y a todos los maestros que nos han precedido en el estudio y trabajo con los sueños desde sus respectivas visiones.

Evidentes y merecidísimas gracias a mi maravilloso Consejo Asesor Onírico que colaboró desde los planos sutiles para que este libro se gestara y pudiera plasmarse en la dimensión material.

Y, por supuesto, gracias a ti por leerlo, por darle utilidad, por recomendarlo y compartirlo con otros.

Acerca de la autora

Karina Malpica es una terapeuta e investigadora especializada en los estados no ordinarios de consciencia. Nace en México, obtiene la licenciatura en Ciencias Políticas y Administración Pública (UNAM) y posteriormente estudia Psicología Sistémica (CUDEC). Al mismo tiempo se inicia en el estudio de los principios metafísicos y la práctica del chamanismo contemporáneo. Es autora de diversos artículos en los cuales difunde el resultado de sus originales investigaciones y observaciones  experimentales en el campo de los sueños, la meditación, así como el uso de plantas y sustancias psicoactivas. Actualmente imparte conferencias, talleres grupales y terapias individuales en diversos lugares de México, España y Sudamérica.

Durante su trayectoria vital estudia con diversos maestros y viaja a lugares de poder como el desierto mexicano y la selva peruana donde vive procesos extraordinarios que la llevan a realizar descubrimientos de una profundidad insospechada. Gracias a todo este bagaje de conocimientos teóricos y experiencias vivenciales, dispone de una gama de herramientas poco convencionales, con las cuales sorprende a los participantes de sus talleres y consultas llevándolos a identificar dónde se ha detenido su poder y reorientándolos hacia un proceso de consciencia global y acción individual que transforma sus vidas.

Talleres que imparte: Trabajo con Sueños, Introducción al Chamanismo Contemporáneo, Trabajo con los Animales de Poder, Sanación del Alma, Ritual Sistémico y Constelaciones Familiares.

Encontrarás más información sobre el contenido de cada taller, los lugares y fechas en que se imparten en:

www.karinamalpica.net

Índice